证券虚假陈述侵权责任因果关系研究

ZHENGQUAN XUJIA CHENSHU
QINQUAN ZEREN
YINGUO GUANXI YANJIU

刘伟◎著

法律出版社 LAW PRESS · CHINA | 北京

图书在版编目(CIP)数据

证券虚假陈述侵权责任因果关系研究 / 刘伟著. --
北京 : 法律出版社, 2024
ISBN 978 -7 -5197 -9015 -8

Ⅰ. ①证… Ⅱ. ①刘… Ⅲ. ①证券交易-经济纠纷-案例-中国 Ⅳ. ①D922.287.5

中国国家版本馆 CIP 数据核字(2024)第 072745 号

证券虚假陈述侵权责任因果关系研究
ZHENGQUAN XUJIA CHENSHU QINQUAN ZEREN YINGUO GUANXI YANJIU

刘 伟 著

责任编辑 李 群 赵雪慧
装帧设计 臧晓飞

出版发行 法律出版社
编辑统筹 法规出版分社
责任校对 张红蕊
责任印制 耿润瑜
经 销 新华书店

开本 710 毫米×1000 毫米 1/16
印张 15.5 **字数** 230 千
版本 2024 年 5 月第 1 版
印次 2024 年 5 月第 1 次印刷
印刷 北京虎彩文化传播有限公司

地址:北京市丰台区莲花池西里 7 号(100073)
网址:www. lawpress. com. cn
投稿邮箱:info@ lawpress. com. cn
举报盗版邮箱:jbwq@ lawpress. com. cn
销售电话:010 - 83938349
客服电话:010 - 83938350
咨询电话:010 - 63939796

书号:ISBN 978 -7 -5197 -9015 -8
定价:58.00 元
凡购买本社图书,如有印装错误,我社负责退换。电话:010 - 83938349

摘　要

证券市场虚假陈述侵权案件层出不穷，裁判结果五花八门，反映出证券虚假陈述因果关系的认定规则存在不足。一些案件简单适用欺诈市场理论推定信赖和交易因果关系，判令证券市场发行人和服务机构承担连带责任或者比例责任，引起了理论上的广泛讨论和争议。美国法院以欺诈市场理论作为认定证券虚假陈述因果关系的重要理论基础，其适用范围、适用规则等均有待进一步研究和讨论。价格上涨或者下跌的表面现象不应当作为证券虚假陈述因果关系认定的主要依据，而应当将证券虚假陈述的信息欺诈作为因果关系认定的基础。本书基于证券虚假陈述的实质是信息欺诈来修正从美国司法实践中引入的欺诈市场理论，完善证券虚假陈述因果关系的认定规则和抗辩事由，结合类型化分析研究，以期推动我国证券虚假陈述因果关系认定规则的完善。

第一章回顾侵权法中的因果关系研究成果，简要分析了因果关系的哲学起源，从哲学上的因果关系起源研究来了解和分析侵权法中因果关系认定存在的诸多不同理论观点。大陆法系侵权法理论中的条件说是证券虚假陈述交易因果关系认定的基本方法，相当因果关系说主要是证券虚假陈述损失因果关系的认定依据，法规目的说理论是解释证券虚假陈述交易因果关系认定中的信赖推定的最合适的理由。英美法系侵权法理论中的事实因果关系认定的“若无,则不”规则与证券虚假陈述交易因果关系的认定规则基本相同,法律因果关系认定中的近因原则和可预见性同时也是证券虚假陈述损失因果关系认定的重要因素。

第二章论述了证券虚假陈述因果关系的理论发展,即欺诈市场理论,系统梳理了美国法院从 Basic 案、Dura 案、Amgen 案、Halliburton Ⅰ案和 Halliburton Ⅱ案中构建和修改的证券虚假陈述因果关系认定规则。Basic 案法院采用欺诈市场理论推定信赖和交易因果关系成立,Dura 案法院进一步提出欺诈市场理论并不需要虚假陈述必然造成价格影响,Amgen 案法院确认在集团诉讼确认阶段不需要投资者单独就重大性进行举证,Halliburton Ⅰ案和 Halliburton Ⅱ案法院重新考虑了 Basic 案中确立的欺诈市场理论适用规则,明确信赖和交易因果关系的推定是可辩驳的。本章着重分析了欺诈市场理论的理论基础有效资本市场假说,其不仅是证券虚假陈述因果关系认定中信赖推定的信息判断基础,同时也是损失因果关系中的价格认定基础。我国证券虚假陈述因果关系认定中,对于欺诈市场理论的借鉴,经历了新旧司法解释的初期探索和普遍接受。司法实践中,还没有能够实现欺诈市场理论的统一适用规则,各地法院裁判规则不一。

第三章欺诈市场理论的修正,明确提出证券虚假陈述属于信息欺诈而非当前普遍认可的价格欺诈,据此可将有效资本市场假说从欺诈市场理论中剥离。本章指出,证券虚假陈述的信息欺诈侵犯了证券市场投资者的知情权,以及欺诈市场理论中的重大性是指信息的重大性,而非当前认定的价格影响的重大性。对于预测信息构建安全港制度,保障证券市场主体的灵活性和积极性。证券虚假陈述因果关系中的信赖推定,应当以一般投资人作为判断标准,并不适合采用理性投资人作为判断标准。一般投资人更加广泛适用于间接信赖推定,以及非理性投资市场的客观现实。证券虚假陈述损失因果关系认定中,证券的价格差异属于损失范畴而非原因范畴,由于价格差异的多元性和混合性,难以采用事件研究法进行准确的分析,因此价格损失的衡量侧重于公平而非精确。相应地,可以得出证券虚假陈述因果关系的认定不应基于推定的因果关系认定,而应当基于法定的因果关系认定。

第四章基于修正的欺诈市场理论对证券虚假陈述因果关系的认定,分析了证券虚假陈述交易因果关系的前提是信息具有重大性。重大性的法理基础在于投资人的知情权益,现实基础在于司法裁判的认定和行政处罚的认定。具体的认定标准应当是影响投资者决策,即对投资者决策产生影响的信息具有重大性。由于证券市场的多样性和复杂性,信息往往不是单一的而是多种多样的。单一信息可以采用条件说认定证券虚假陈述交易因果关系是否成立,混合信息则需要采用条件说结合法规目的说进行综合认定。多样化投资中,同样需要对积极投资、消极投资,集中竞价和大宗交易,单一投资和投资组合情形下的证券虚假陈述因果关系进行具体分析和认定,并考虑交易模式和信赖利益是否具有正相关性。对于证券虚假陈述损失因果关系的认定,应当采用可预见规则修补。对于损失认定的方法应当采用事前观点而非事后观点,才更为客观公允。

第五章主要从投资者保护角度构建了证券虚假陈述因果关系的抗辩事由体系,要从投资者保护和责任限缩角度进行利益平衡。对于个人投资者,原则上严格适用侵权构成要件来认定证券虚假陈述因果关系;对于群体投资者,才能考虑适用欺诈市场理论认定证券虚假陈述因果关系。从影响信息而非影响价格的证券虚假陈述交易因果关系方面来看,证券虚假陈述实施之前的交易、知情投资者的自愿交易、非自主行为的交易均属于并非基于证券虚假陈述信息的交易行为。证券虚假陈述之外的其他重大信息、政府政策调整,以及外部环境的客观变化等介入因素也可以作为交易因果关系的抗辩事由。还有一些法律规定的违法行为,如内幕交易、操纵市场、窃取客户信息等,均可以作为证券虚假陈述交易因果关系的抗辩事由。此外,他人操纵市场、证券市场风险、特定事件的过度反应,以及上市公司内外部环境的变化,也可以作为证券虚假陈述损失因果关系的抗辩事由。

第六章基于修正的欺诈市场理论对证券虚假陈述因果关系的认定进行了类型化研究。基于价格扭曲的证券虚假陈述因果关系认定需要区分诱多型虚假陈述行为和诱空型虚假陈述行为，但是基于信息欺诈的证券虚假陈述因果关系认定则不需要作此区分。证券市场中发行人的控股股东及实际控制人、董事、监事、高级管理人员等内部人员，与券商、保荐人、其他中介服务机构等外部人员之间，对于证券虚假陈述因果关系的认定，需要进行适当的区分。对于证券市场的普通投资者和专业投资者，其合理信赖的基础差别较大，认定证券虚假陈述因果关系过程中同样需要谨慎对待。对于公开市场，如深圳证券交易所、上海证券交易所、北京证券交易所，以及不完全公开的市场，如区域性的股权交易市场，均应区别进行证券虚假陈述因果关系的认定。还有无担保的股票与有担保的债券之间，对于有担保的债券，不宜适用欺诈市场理论直接推定信赖并认定证券虚假陈述因果关系。

第七章基于修正的欺诈市场理论对证券虚假陈述因果关系的认定规则提出了完善建议。以条件说和法规目的说认定证券虚假陈述交易因果关系，以相当因果关系说和原因力理论认定证券虚假陈述损失因果关系。区分不同信息类型的重大性认定，构建一般投资人的信赖基础，围绕信息欺诈时的证券价值认定损失。并且有必要规定证券虚假陈述因果关系认定的时效机制，避免投资者利益过度保护，从基础因果关系、可预见基础上的原因力判断来探索构建证券虚假陈述比例因果关系的认定规则。

本书最后总结证券虚假陈述司法解释潜在的一些争议问题，并探索提出修改完善建议。

目 录 Contents

导 论

一、问题的提出

2022 年 1 月 21 日,《最高人民法院关于审理证券市场虚假陈述侵权民事赔偿案件的若干规定》(以下简称 2022 年《证券市场虚假陈述侵权规定》)正式发布并自次日起生效。该解释针对 2003 年 1 月 9 日公布的《最高人民法院关于审理证券市场因虚假陈述引发的民事赔偿案件的若干规定》(以下简称 2003 年《证券市场虚假陈述赔偿规定》)实施以来,理论界与实务界一直研究和讨论的诸多问题,进行了一定的修改和完善。其中关于证券虚假陈述因果关系问题,主要修订内容包含以下三个方面:第一,确立预测信息安全港规则,将预测信息与实际经营情况之间产生的差异排除在因果关系之外;第二,进一步明确区分交易因果关系和损失因果关系的概念和认定;第三,将因果关系抗辩事由中的证券市场系统性风险修改为他人操纵证券市场的风险、证券市场对特定事件的过度反应、上市公司内外部经营环境等其他因素。

2022 年《证券市场虚假陈述侵权规定》的出台,一方面是出于证券市场法治化建设的理论推动,另一方面是由于司法实践中的迫切需要。近年来,证券市场虚假陈述侵权案件与日俱增,但是部分法院对证券市场虚假陈述侵权案件的裁判却存在差异，引发了理论界和实务界的种种困惑。证券市场虚假陈述侵权案件中的因果关系与责任认定密切相关，但是我国不同省市法院的司法裁判并没有形成一个规范的模式或者明确的比例标准，以至于法院对于证券虚假陈述因果关系的认定和责任承担几近于自由裁量。例如，2021年5月，中安科公司（原上海飞乐音响）证券虚假陈述纠纷一案中，上海市高级人民法院二审判决招商证券和瑞华会计师事务所对投资者的相关损失承担证券虚假陈述侵权责任。因果关系方面，法院认为，首先，中安科公司股票价格因A股市场出现整体剧烈波动影响，其与大盘指数均出现下跌情形，投资者因A股市场指数下跌造成的损失部分，应认定与证券虚假陈述行为没有因果关系。其次，中安科公司股票受到退市风险警示的影响，中安科公司股票在此期间虽处于停牌状态，但复牌后，股价出现连续跌停，投资者因此遭受的损失，也应认定与证券虚假陈述行为不具有因果关系。最后，公司的重大投资行为、订立重要合同均属于可能对股票交易价格产生较大影响的重大事件，是《证券法》明确列举的法定披露事由。中安科公司于证券虚假陈述实施日至揭露日期间多次发布的签订重要合同、重大资产购买等利好信息，于揭露日后发布的重大资产购买终止等利空信息，均会对其股价产生影响。中安科公司股价在上述重大事件公告期间发生较大波动，不能完全归因于证券虚假陈述行为，投资者由此所受损失与中安科公司证券虚假陈述之间没有因果关系。[1] 时隔不久，2021年11月，广州市中级人民法院针对康美药业证券虚假陈述纠纷一案作出一审判决，判令康美药业及其董事、监事、高级管理人员，以及会计师事务所及其合伙人承担证券虚假陈述侵权责任。因果关系方面，法院按照2003年《证券市场虚假陈述赔偿规定》规定的交易行为推定存在交易因果关系，并排除通过大宗交易等非竞价交易方式买入的投资者。损失因果关系方面，对于损失认定，法院支持投服中心采取移动加权平均法计算并且考虑证券虚假陈述实施日到揭露日整个期间投资者每次买入股票的价格和数量，同时扣减因卖出证券产生的

[1] 参见上海市高级人民法院（2020）沪民终666号民事判决书。

损益的做法。对于系统风险扣除，法院认可投服中心选取的申银万国医药生物指数作为比对指数，并采用“个体相对比例法”测算投资者证券市场系统风险扣除比例。对于经营不善、受贿等情形的非系统风险，法院认为证据不足，不予扣除。[1]

除了股票市场，债券市场的虚假陈述案件也层出不穷。2021 年年底，沸沸扬扬的五洋债证券虚假陈述责任纠纷一案，经杭州市中级人民法院一审、浙江省高级人民法院二审，以及最高人民法院再审驳回德邦证券的再审申请，终于缓缓落下帷幕。法院判决证券公司和会计师事务所以及律师事务所和评级机构分别承担证券虚假陈述侵权责任。因果关系方面，法院认为，五洋建设在上海证券交易所发布行政处罚事先告知书之日为揭露日，揭露日之前于二级市场购入债券的原告，系基于对记载虚假财务数据的公开募集文件的信赖买入债券，并因债券未能兑付到期本息产生损失，故损失与虚假信息披露之间存在因果关系。五洋建设的募集资金使用管理不规范、募集资金专户管理不到位等违规行为和原告投资债券产生损失之间并无直接因果关系，也无证据证明原告损失部分由与证券虚假陈述行为无关的其他因素造成。[2] 但是，一审、二审、再审司法程序的终结并不意味着理论上和司法实践中的观点统一。对于证券虚假陈述因果关系的认定和责任的承担，理论上和司法实践中仍然存在不少问题亟待解决。

除了上述有重大影响的司法案例之外，根据威科法律数据库里行政处罚决定书和裁判文书的统计数据，自 2003 年 2 月 1 日 2003 年《证券市场虚假陈述赔偿规定》施行后至 2012 年年底，中国证监会及派出机构作出关于虚假陈述的行政处罚决定书累计 102 件，平均每年 10 件。其后，2013 年作出行政处罚决定书 5 件，2014 年作出行政处罚决定书 11 件，2015 年作出行政处罚决定书 4 件，2016 年作出行政处罚决定书 7 件，2017 年作出行政处罚

〔1〕 参见广东省广州市中级人民法院(2020)粤 01 民初 2171 号民事判决书。

〔2〕 参见浙江省杭州市中级人民法院(2020)浙 01 民初 1691 号民事判决书、最高人民法院(2021)最高法民申 7624 号民事裁定书。

决定书 3 件,2018 年作出行政处罚决定书 10 件,2019 年作出行政处罚决定书 7 件,2020 年作出行政处罚决定书 9 件,2021 年作出行政处罚决定书 9 件,2022 年作出行政处罚决定书 11 件。[1] 2019 年之前,行政处罚决定书中均未提及证券虚假陈述的因果关系,但是 2020 年有 3 件行政处罚决定书提到了证券虚假陈述的因果关系,2021 年有 2 件行政处罚决定书提到了证券虚假陈述的因果关系。2001 年至 2018 年,涉及证券虚假陈述侵权的我国法院作出的一审、二审判决书共有 6032 件,2019 年作出的判决书有 3809 件,2020 年作出的判决书有 3467 件,2021 年作出的判决书有 3154 件,2022 年作出的判决书有 2122 件。[2] 共计 18,807 份判决书,其中 17,582 份判决书均涉及证券虚假陈述的因果关系。上述统计数据虽然不完整,但是可见中国证监会对于证券虚假陈述方面的行政监管日渐加强,法院案件也与日俱增。即使考虑 2020 年至 2022 年新冠疫情的影响,投资者追究证券虚假陈述侵权责任的案件数量也一直居高不下。这些行政处罚和裁判文书中均涉及证券虚假陈述侵权责任的因果关系问题。

通过上述司法实践中的案例可以发现,证券虚假陈述侵权案件中,对于虚假陈述因果关系如何进行准确认定,十分重要。由于侵权责任的因果关系认定建立在传统侵权法理论之上,故要求虚假陈述行为与投资者的损害后果之间构成引起与被引起的法律关系。一直以来,由于证券市场的"非面对面"交易特征与传统的"面对面"侵权行为特征明显不同,早些年的行政处罚倾向于直接认定证券虚假陈述的因果关系,回避了因果关系的认定问题。司法裁判中也是直接根据虚假陈述行为的客观存在和投资者因投资证券受到经济损失来认定构成侵权责任的因果关系。对于证券市场发行人提出的投资者没有看到和信赖虚假陈述信息等抗辩理由,法院避而不谈或者直接否定该抗辩理由。司法实践中引入美国的欺诈市场理论之后,在该理论的

[1] 在威科法律数据库中"行政处罚"菜单栏中以关键词"虚假陈述"和作出机关为"中国证监会(局)"检索得出。

[2] 在威科法律数据库中"裁判文书"菜单栏中以关键词"证券市场虚假陈述""判决书"检索得出。

适用基础尚不清晰,可能还不具备适用条件的情形下,法院直接将其作为裁判依据。2019 年适用该理论的判决书达到 90 件,然而 2001 年至 2018 年适用该理论的判决书只有 57 件。[1] 这不仅造成了证券市场的不安和司法裁判的不稳定,而且导致了证券市场投资者的非理性甚至盲目投资。

综合我国司法实践和理论研究现状,本书围绕以下问题进行研究和分析,探索我国证券虚假陈述侵权责任的因果关系理论及其认定规则的修正和完善。

第一,基于"面对面"侵权的传统侵权法中的因果关系理论及认定规则是否适合证券市场虚假陈述侵权案件的因果关系认定?传统侵权法中因果关系理论一般包括条件说、原因说、相当因果关系说、法规目的说等多种理论,以及基于前述不同理论构建的不同认定规则。这些理论学说及其认定规则是否可以直接适用于证券市场虚假陈述侵权责任因果关系的认定?

第二,美国证券市场的欺诈市场理论是否适合我国证券市场的现状以及能否适用于证券虚假陈述侵权责任因果关系的认定?美国证券市场的欺诈市场理论主要是指虚假陈述行为是对整个证券市场的欺诈,投资者购买或者售出证券受到价格损失,就可以认定投资损失与虚假陈述行为之间存在因果关系。其中虚假陈述行为与投资者交易行为之间属于交易因果关系,投资者交易行为与价格损失之间属于损失因果关系。同时,欺诈市场理论还包含着有效资本市场的假设前提以及推定投资人信赖的判断标准等内容。我国新旧司法解释均吸收了美国证券市场的欺诈市场理论和信赖推定原则,结合我国国情,规定了虚假陈述行为模式下的因果关系认定规则。那么对于欺诈市场理论中的有效资本市场假设前提,以及推定投资人信赖的判断标准,是否一并接受和适用?是否符合我国的证券市场现状?

第三,投资者购买或者售出证券并产生价格损失,是美国法院适用欺诈

[1] 在威科法律数据库中"裁判文书"菜单栏中以关键词"证券市场虚假陈述""判决书""欺诈市场理论"检索得出。

市场理论认定虚假陈述因果关系成立的主要依据,我国法院也相应借鉴和引入。但是价格损失是否必然与虚假陈述行为之间成立因果关系?如何界定和剥离证券价格变化中的其他介入因素?抑或价格损失是否原本就不应该作为虚假陈述因果关系认定的依据?

二、文献综述

(一)关于证券虚假陈述因果关系的认定现状

1. 国内研究情况

马其家教授提出,因果关系是侵权行为法的核心,因果关系的认定以及证明,在侵权赔偿责任中有着举足轻重的作用。马其家教授将虚假陈述分为两种情形:一种情形是隐瞒重大性事件,另一种情形是错误陈述或者重大性误导事件。对于第一种情形,采用推定信赖方式认定事实因果关系;对于第二种情形,采用"欺诈市场理论"认定交易因果关系。当间接原因导致虚假陈述时,才需要推定原则,推定损失因果关系成立。同时,对于损失因果关系按照主观过错的程度不同,分为故意侵权和过失侵权,前者适用直接后果说,后者适用合理预见说。[1] 郭峰教授和程啸教授提出,对于虚假陈述交易上的因果关系,可以通过隐瞒重大事实的虚假陈述和欺诈市场理论来推定;对于损失上的因果关系,可以通过直接后果、某种程度影响的后果,以及未加披露的风险导致的后果来判定。并建议认定重大性的标准可以选择"投资者决策标准",而非"价格重大影响标准"。[2] 樊健副教授认为新三板市场效率性相比主板市场明显不足,该市场上的投资者不能推定成立交易上因果关系,如果投资者基于股价波动进行交易,则可以依据欺诈市场理论

---

〔1〕 参见马其家:《美国证券法上虚假陈述民事赔偿因果关系的认定及启示》,载《法律适用》2006年第3期。

〔2〕 参见郭峰主编:《虚假陈述证券侵权赔偿》,法律出版社2003年版,第284-305、325-332页。

主张推定信赖。[1] 在虚假陈述民事诉讼中，虚假陈述实施后的证券价格发生明显波动，即可以构成重大性。法院应当在司法审判中独立判断行政处罚决定书是否具有重大性。[2] 上海交通大学葛其明的博士学位论文《证券市场差异化信息披露法律制度比较研究》一文中，认为美国证券法一开始将“重要性”定义为“普通谨慎的投资者在购买证券前应该被合理告知的信息”，其后重新定义为“理性投资者在作出证券投资决策前，存有对它予以重视的实质可能性”。1968 年美国上诉法院确定重大事实的三个标准为：(1)事实性质比较特殊，披露后会导致股票价格发生明显变化的事实；(2)从客观合理的角度来说，有可能会对公司股票价格造成影响的事实；(3)事实公布后很有可能会影响公司未来发展前进，以及其他可能引发投资者买进证券或者卖出，或者继续持有的事实。1976 年美国联邦最高法院修正了重要性的标准，从投资者能力角度认定重大性的标准为一个理性的投资者在决定是否投资、如何投资的过程中，会认为该事实对其决策具有重大影响。1988 年美国法院重新将“重要性”用来确定要求任何证券市场主体提供什么样的信息，也就是信息的标准需要考虑事件发生的概率性和该事件发生对公司正常运营的影响程度两者之间的平衡，这个标准既考虑了证券价格，又考虑了投资者决策。[3] 中南财经政法大学廖升的博士学位论文《虚假陈述侵权责任法律适用研究》一文中，认为对于因果关系从事实和法律两个方面分析，事实因果关系方面，依据信赖推定、重大性标准原则进行分析，区分隐瞒性虚假陈述和对重大事实的错误陈述或误导性陈述；法律因果关系方面，通过对合理预见说和直接后果说的研究，提出区分故意和过失的认定。对于损失，从发行市场和交易市场两个方面分别计算买卖证券的平均价格，

---

[1] 参见樊健：《我国证券市场虚假陈述交易上因果关系的新问题》，载《中外法学》2016 年第 6 期；樊健：《我国证券市场虚假陈述民事责任理论与实践的新发展》，法律出版社 2021 年版，第 10－19 页。

[2] 参见樊健：《证券市场虚假陈述重大性要件的再厘清：基于司法实践的批判性思考》，载《深圳社会科学》2021 年第 6 期。

[3] 参见葛其明：《证券市场差异化信息披露法律制度比较研究》，上海交通大学 2018 年博士学位论文。

并主张合理计算及扣除系统风险。[1] 汤欣等教授认为，对于“重大性”的认定，司法实践中，法院可以参考美国法院的理性投资者标准、可能性或影响程度标准、市场反应标准，以及其他预先警示原则、定量与定性标准等。[2] 李有星等教授认为，交易上的因果关系解决的是“为什么而交易”的问题，损失上的因果关系解决的是“损失从何而来”的问题。[3] 朱锦清副教授归纳虚假陈述因果关系要件的认定情形，将其具体分为四种情况：首先按照在证券交易所、柜台市场这一类不公开接触的市场交易和私下一对一交易这两种情形分类，然后每一类中又分为主动虚假陈述或者被动遗漏或隐瞒。第一类都可以适用欺诈市场理论，第二类一对一交易中被动的未披露信息情形下推定投资者已信赖，主动披露虚假信息时由投资者举证因果关系。[4] 对于损失因果关系的认定，我国台湾地区有的法院要求投资者证明损失因果关系，有的法院没有要求投资者直接证明，而是以不实财报被揭穿后股价发生变化，从而认定具有损失因果关系。[5] 司法实务中，最高人民法院民事审判第二庭认为审判实践中有些法院混同了重大性要件和信赖要件，认为虚假陈述的行政处罚不会对投资者交易产生重大影响，从而不认可虚假陈述的重大性。重大性是指对投资者作出投资决策具有重要影响的信息，对于已经受到监管部门处罚的虚假陈述行为，应当认定为具有重大性的违法行为。[6] 上海金融法院林晓镍、单素华、朱颖琦法官以方正科技虚假陈述案件裁决结果为例认为，投资者买入上市公司股票的时间在虚假陈述司法解释确定的范围内，就可以推定买入行为与虚假陈述之间存在交易上的

---

[1] 参见廖升：《虚假陈述侵权责任法律适用研究》，中南财经政法大学2018年博士学位论文。

[2] 参见汤欣、张然然：《虚假陈述民事诉讼中宜对信息披露“重大性”作细分审查》，载《证券法苑》2020年第1期。

[3] 参见李有星、潘政：《瑞幸咖啡虚假陈述案法律适用探讨——以中美证券法比较为视角》，载《法律适用》2020年第9期。

[4] 参见朱锦清：《证券法学》（第4版），北京大学出版社2019年版，第216页。

[5] 参见赖英照：《股市游戏规则——最新证券交易法解析》，中国政法大学出版社2006年版，第683页。

[6] 最高人民法院民事审判第二庭编著：《〈全国法院民商事审判工作会议纪要〉理解与适用》，人民法院出版社2019年版，第448页。

因果关系。[1]

证券中介服务机构的因果关系认定方面,武亦文教授认为应当通过探究个案具体情况进行事实发现,来判断会计师事务所的行为与投资者损失之间的因果关系,不宜僵硬地适用市场欺诈理论,应将因果关系的认定与责任主体的主观过错紧密关联,重点考察会计师事务所与发行人之间虚假陈述的主观过错情况,进行合目的性限缩解释。[2] 曹兴权等教授认为,交易因果关系层次中投资者是基于对信息披露义务人的信赖而进行投资交易的,因此监事在交易因果关系中的原因力问题实际上是投资者对监事的信赖程度问题。在损失因果关系层次中,应该通过结合各方在虚假陈述中的角色、地位及作用等判断原因力大小。董事起主要作用,监事起次要作用。[3] 缪因知教授提出,近年来有些法院开始探索避免机械适用虚假陈述实施和交易这些简单的时间轴公式来推定因果关系,而作为一种可辩驳的信赖推定。[4] 证券中介服务机构方面,应该从法益平衡的角度思考审计人的虚假陈述法律因果关系。因果关系是为了实现矫正正义,而非装饰。审计报告对投资者信赖虚假陈述具有原因力,但不是全部原因力,还有其他与虚假陈述无关的市场因素等方面的影响。[5] 陈洁教授认为,在重大性的认定方面,应优先以行政处罚决定为准,以"价格敏感标准"和"投资决策敏感标准"结合补充,并提出民事诉讼与行政执法应当建立协同机制。[6] 关于审验机构与委托人客观关联的共同侵权行为,委托人的虚假陈述足以导致

---

[1] 参见林晓镍、单素华、朱颖琦:《全国首例证券群体性纠纷示范判决解析——投资者诉方正科技公司证券市场虚假陈述责任纠纷案》,载《证券法苑》2020 年第 1 期。

[2] 参见武亦文:《证券市场虚假陈述中会计师事务所民事法律责任的承担机制》,载《人民法院报》2021 年 9 月 2 日,第 7 版。

[3] 参见曹兴权、洪喜琪:《证券市场虚假陈述中监事民事责任研究——兼论〈证券法〉第 85 条的适用》,载《北方法学》2021 年第 5 期。

[4] 参见缪因知:《证券市场虚假陈述与投资者损失因果关系否定的司法路径》,载《证券法苑》2020 年第 3 期。

[5] 参见缪因知:《证券市场虚假陈述赔偿中审计人责任构成要件与责任限缩》,载《财经法学》2021 年第 2 期。

[6] 参见陈洁:《证券民事赔偿诉讼取消前置程序的司法应对——以虚假陈述民事赔偿为视角》,载《证券市场导报》2021 年第 5 期。

全部损害的发生，但证券中介服务机构的审计相关服务却未必足以导致全部损害的发生。证券中介服务机构的不实报告与投资者的损失之间是否具有因果关系是确认其责任范围的基本要件。投资者基于一定程度上对证券中介服务机构鉴证意见的信赖才会作出投资。不同证券中介服务机构的功能与投资者的损失之间存在的因果关系强弱是有差别的，承担责任范围也不同。[1] 2022年《证券市场虚假陈述侵权规定》借助因果关系推定等立法技术，使虚假陈述侵权责任的认定和赔偿可行、通畅，体现了以救济为核心的侵权法观念，实现的填补损害功能也符合民事救济法的基本定位。证券虚假陈述侵权责任的因果关系认定属于可辩驳的推定，交易因果关系与损失因果关系的区分是事实因果关系和法律因果关系在证券民事赔偿中的具体表现，两者的判断标准不同，抗辩事由也不同。[2]

丁宇翔法官认为，证券虚假陈述民事诉讼前置程序取消后，在重大性要件的认定上，法院应以理性投资者标准和降低的影响性标准为核心构建独立于行政执法程序的标准。[3] 对于虚假陈述赔偿责任中的证券中介服务机构，从因果关系来看，应当基于原因力的不同承担相应的责任。[4] 吴弘等教授从债券虚假陈述角度认为，投资者最关心的是虚假陈述信息给发行人债务偿还能力带来的负面影响。投资者因该虚假陈述信息遭受损失以及损失大小，与该信息给发行人债务偿还能力造成的影响及大小是等同的，这是认定损失因果关系的依据。如果虚假陈述信息具有重大性，即对投资者决策产生重大影响，则可以判断交易因果关系的成立。[5] 曹明哲法官认

---

〔1〕 参见陈洁：《证券市场虚假陈述中审验机构连带责任的厘清与修正》，载《中国法学》2021年第6期。

〔2〕 参见陈洁：《虚假陈述民事赔偿制度的新发展理念及其规范实现》，载《法律适用》2022年第3期。

〔3〕 参见丁宇翔：《证券市场虚假陈述前置程序取消的辐散效应及其处理》，载《财经法学》2021年第5期。

〔4〕 参见丁宇翔：《证券发行中介机构虚假陈述的责任分析——以因果关系和过错为视角》，载《环球法律评论》2021年第6期。

〔5〕 参见吴弘、吕志强：《债券承销商虚假陈述侵权行为认定机制探析》，载《证券法苑》2021年第2期。

为,虚假陈述司法解释确立了“推定重大性+价格敏感性”的重大性认定标准,即属于法律法规以及规范性文件要求披露的重大事件或者重要事项的,即可推定信息具有重大性,同时,导致证券交易价格明显变化或者交易量明显变化的,也属于重大事件。[1] 最高人民法院林文学、付金联、周伦军法官解读2022年《证券市场虚假陈述侵权规定》时提出,信息披露义务人虚假陈述分为证券发行市场和交易市场两种类型,并且重大性和交易因果关系属于两个独立的侵权构成要件,2022年《证券市场虚假陈述侵权规定》分别对董事、监事、高级管理人员等内部人、独立董事、履行承销保荐职责的机构,以及证券中介服务机构等外部机构的过错审查及免责抗辩理由进行了规定。从我国监管实践来看,虚假陈述重大性的认定标准有两个:一是理性投资者标准,实质性地影响投资者的交易决策的信息具有重大性;二是价格敏感性标准,对相关股票价格产生实质性影响的信息具有重大性。2022年《证券市场虚假陈述侵权规定》采用的重大性标准是主客观相结合的认定标准:(1)具有《证券法》上的重大性;(2)具有中国证监会信息披露要求上的重大性;(3)会在特定时间、期间对证券交易价格和交易量产生明显影响的重大性。对《证券法》规定和中国证监会信息披露要求上的重大性认定,被告可以提交证据证明上述重大性对证券交易量及交易价格没有产生重大影响以推翻重大性的认定。交易因果关系中区分推定信赖与实际信赖,推定信赖是客观判断标准,从信息披露和交易时间等客观方面判断;实际信赖是主观判断标准,要求投资者实际知情并形成信赖,被告可以提供证据抗辩。[2] 汤欣教授认为2022年《证券市场虚假陈述侵权规定》相比2003年《证券市场虚假陈述赔偿规定》而言,区分了交易因果关系和损失因果关系,避免了此前笼统推定两种因果关系的情形。[3]

---

〔1〕 参见曹明哲:《债券虚假陈述民事赔偿诉讼制度应“内外兼修”》,载《金融市场研究》2022年第2期。

〔2〕 林文学、付金联、周伦军:《〈关于审理证券市场虚假陈述侵权民事赔偿案件的若干规定〉的理解与适用》,载《人民司法》2022年第7期。

〔3〕 参见汤欣、李卓卓:《新修虚假陈述民事赔偿司法解释评析》,载《法律适用》2022年第3期。

台湾学者戴铭昇认为，证券欺诈损害赔偿案件中，因果关系的成立必须同时具备交易因果关系和损失因果关系，两种因果关系既具有认定上的关联性又具有界限的模糊性。通过交易因果关系判断欺诈行为与交易之间是否存在引起与被引起关系，通过损失因果关系界定因欺诈行为受到某种程度的经济损失。损失因果关系从英美法系普通法的最近因果关系而来，是仍处于发展中的概念，不同法院、不同案件对这一要件的认定均不一致。[1] 我国台湾学者庄永丞认为，证券欺诈损害赔偿案件中的交易因果关系，本质上就是事实上的因果关系，判断标准仍然沿用“若无，则不”的条件法则，属于事实认定范畴。对于损失因果关系，原告需要证明被告的虚假陈述是造成其经济损失的最主要原因，法院在评判时，也需要公平客观审查有无其他可以阻却被告责任的事由。[2] 我国台湾学者邵庆平认为，虚假陈述被揭穿后股价下跌或停止交易即可认定交易上的因果关系，这个基本被实务界接受，但是对于损失因果关系，学理上争议较大。邵庆平提出我国台湾地区有学者认为损失因果关系可以用于在证券虚假陈述侵权案件中对于赔偿范围的认定，不必要作为单独的因果关系要件；也有学者认为应当认为原告仅需要证明以不当股价进行交易就可以认定完成举证责任；还有学者认为需要采取举证责任倒置，由被告反证推翻。[3]

2. 国外研究情况

美国学者吉尔加科普鲁斯（Georgakopoulos）很早提出，在证明原告损失的虚假陈述因果关系链条中，信赖是一个重要因素。虚假陈述只有在原告依靠虚假信息作出或者不作出行为时才构成对原告的影响。信赖因素是因果关系认定中一个被普遍接受的检验条件。但是从普通法到现代证券法，信赖的重要性明显降低了。信赖与交易行为之间的交易因果关系不再需要

---

〔1〕 参见戴铭昇：《美国证券诈欺损失因果关系要件之研究》，载《法令月刊》2012 年第 7 期。

〔2〕 参见庄永丞：《由美国 Dura v. Broudo 案反思证券投资人之损害因果关系》，载《东吴法律学报》2011 年第 4 期。

〔3〕 参见邵庆平：《证券团体诉讼中因果关系构成要件的比较研究——兼论投保中心制度的改革方向》，载《台北大学法学论丛》2016 年第 99 期。

证明,信赖只有在证券欺诈诉讼中导致交易损失的损失因果关系中才需要证明。[1] 罗思教授和塞利格曼教授认为,就重大事实的错误陈述和依赖,欺诈与撤销合同的构成要素相同,另外购买者需要证明因果关系和存在故意。加利福尼亚州法院认定证券购买者提出的错误陈述普通法欺诈案件中,必须要证明存在实际依赖。依据纽约州法律,普通法欺诈的实质构成要件包括重大虚假陈述、违法意图、对陈述的合理依赖以及对原告造成的损害。[2] 费希(Fisch)教授等学者认为价格影响对于损失因果关系的认定至关重要。[3] 他认为Dura案中包含了一个损失因果关系的分析,即低层级法院把损失因果关系与信赖区别开来,归类到普通法的近因中。美国国会也将损失因果关系要件写入《私人证券诉讼改革法案》,虽然没有在条文中直接规定损失因果关系。Dura案坚持的两个原则包括:第一,原告必须证明被告欺诈和原告经济损失之间的因果关联;第二,虚高的购买价格本身并不等同于经济损失。[4] 在Halliburton Ⅰ案中,美国最高法院隐含了这样一个观点,那就是损失因果关系和信赖是两个独立的概念,不应当与联邦证券欺诈裁判中是否将已经过时的信赖要件继续作为构成要件这个核心问题混为一谈。法院在Basic案中在价格影响概念中适用欺诈市场理论,但是并没有清晰地阐述相关问题。法院认为虚假陈述信息扭曲了证券价格过程中可以推定信赖。这个观点一直以来也存在争议。纠正性披露之时所表现的价格影响并不能成立损失因果关系,即不能认为股票价格是在欺诈之时发生扭曲的。同样的原因,如果事件研究法不能证明损失因果关系,那么同样也不能证明原始的虚假陈述没有影响股票价格。正如法院在Halliburton Ⅰ案中总

---

〔1〕 See Nicholas L. Georgakopoulos, *Frauds, Markets, and Fraud-on-the-market: The Tortured Transition of Justifiable Reliance from Deceit to Securities Fraud*, 49 THE UNIVERSITY OF MIAMI LAW REVIEW 671, 711-716 (1995).

〔2〕 参见[美]路易斯·罗斯、乔尔·塞利格曼:《美国证券监管法基础》,张路等译,法律出版社2008年版,第841页。

〔3〕 参见[美]吉尔·E. 费希、约拿·B. 格尔巴赫、乔纳森·克利克:《证券欺诈诉讼中事件研究法应用的逻辑与界限》,钟俊杰译,载《证券法苑》2020年第1期。

〔4〕 Jill E. Fisch, *The Trouble with Basic: Price Distortion after Halliburton*, 90 Washington University Law Review 895, 914-915 (2013).

结的,事前发生和事后发生的价格影响是不同的两个概念。[1] 福克斯(Fox)教授认为美国最高法院 Dura 案之后,不应再基于交易因果关系和损失因果关系的结构进行分析,而是应将虚假陈述和损失之间的因果关系分为四种情形来分析,具体为虚假陈述被揭露后证券价格立即下降且原告持有证券,虚假陈述被揭露后证券价格没有立即下降且原告持有证券,虚假陈述被揭露后证券价格没有立即下降且原告已售出证券,虚假陈述被揭露后证券价格立即下降且原告已售出证券。第一种情形原告毫无疑问可以主张赔偿因价格下降产生的损失;第二种情形和第三种情形则需要原告提供证据证明其因虚假陈述受到损失,才能主张赔偿,需要具体情况具体分析;第四种情形由于原告在虚假陈述揭露之前已售出证券,无权主张赔偿。[2] 对于纠正性披露同时可能会存在多个信息影响投资者对公司未来的预期,法院会要求原告寻找证明损失因果关系的方法,比如以事件研究法为基础的专家证明,该证明需要达到 95% 的可信度标准。[3] 考克斯(Cox)教授认为,因果关系需要在证券欺诈案件中独立被证明,这很重要。因此,需要信赖的证据或者证明因果关系并没有达到实质上的重大性。[4] 科菲(Coffee)教授认为,原告只要证明虚假陈述是重大的,就可以直接推定虚假陈述影响了购买价格的这种情形,属于推定的因果关系,它实际上消除了具有重大性的虚假陈述与实际股票市场下跌之间的因果关系证明义务,这种认定是存在很大争议的。排除损失因果关系或者用推定因果关系将会使被告公司成为一个保险人,需要赔偿投资人某个期间的交易损失,即使事实上这个交易损失与虚假陈述没有什么关系。而且目前这种推定因果关系在一级市场适

---

〔1〕 Jill E. Fisch, *The Future of Price Distortion in Federal Securities Fraud Litigation*, 10 Duke Journal of Constitutional Law & Public Policy 87,88,95(2015).

〔2〕 Merritt B. Fox, *After Dura: Causation in Fraud – on – the – market Actions*,31 Journal of Corporation Law 829,859 – 861(2006).

〔3〕 Merritt B. Fox, *Halliburton Ⅱ: It All Depends on What Defendants Need to Show to Establish No Impact on Price*,70 Business Law 437,442(2015).

〔4〕 James D. Cox, *Understanding Causation in Private Securities Lawsuits: Building on Amgen*, 66 Vanderbilt Law Review 1719,1740(2013).

用,但是二级市场仍然要求原告对损失因果关系提供证明。[1] 默德克(Murdock)教授认为价格影响、重大性、损失因果关系三者之间是相互关联的。价格影响基于重大性,没有价格影响,就没有损失因果关系。[2] 早先的美国联邦最高法院坚持认为原告不需要在集团诉讼确认阶段证明损失因果关系,也不需要在这个阶段证明重大性。[3] 普瑞查德(Pritchard)教授指出,在非披露案件中,不可能要求原告承认信赖,因为违法行为本身就是不说话,而不是虚假陈述。在这个情形下,法院总结认为隐瞒信息的重大性将被认为构成了事实上因果关系的要件。但是这明显存在争议,人怎么可以信赖一些没有说出来的信息?不同于 Halliburton 案中的直接推定,在 Dura 案中,法院坚持认为原告仅仅举证购买了因虚假陈述而价格虚高的证券是不够的,他们也需要证明虚假陈述被揭露导致了股票价格下降。[4] 美国学者温格特(Weingarten)指出,重大性和损失因果关系的很多讨论和研究是针对美国集团诉讼确认阶段而展开的,法院在一些案件中要求原告对重大性和损失因果关系提供证明,在另一些案件中则未要求证明。[5]

3. 现状总结与存在问题

国内外学者对于证券虚假陈述因果关系中的重大性、信赖、交易因果关系、损失因果关系等方面进行了普遍的研究。我国学者对证券虚假陈述因果关系的研究成果主要表现在:

第一,证券虚假陈述因果关系区分为交易因果关系(事实因果关系)和

---

[1] John C. Coffee Jr., *Causation by Presumption - Why The Supreme Court Should Reject Phantom Losses and Reverse Broude*, 60 Business Law 533,535(2015).

[2] Charles W. Murdock, *Halliburton, Basic, and Fraud on the market: The need for a New Paradigm*, 60 Villanova Law Review 203,241(2015).

[3] Charles W. Murdock, *The Significance and Impact of Price Distortion in the Fraud - on - the-market Theory after Halliburton* Ⅱ, 46 Loyola University Chicago Law Journal 551, 552(2015).

[4] A. C. Pritchard, *Halliburton* Ⅱ: *A Loser's Story*, 10 Duke Journal of Constitutional Law & Public Policy 27,41 -42(2015).

[5] Noah Weingarten, *Halliburton* Ⅱ *at Four: Has It Changed the Outcome of Class Certification Decisions?* 25 Fordham Journal of Corporate and Financial Law 459,468(2020).

损失因果关系(法律因果关系),这得到学者的普遍认可或者接受。

第二,对证券虚假陈述的情形进行了一定的区分。从行为的类型来看,不少学者将虚假陈述行为分为两种:一种是隐瞒重大事件或者信息,另一种是错误陈述或者误导陈述,并以此区分不同的认定规则。从适用市场的情况来看,学者们对证券一级市场、二级市场以及主板市场、新三板市场中的虚假陈述行为的差异性进行了关注和研究。

第三,对于证券虚假陈述因果关系中的重大性认定,一直存在投资者决策方面的判断标准和影响证券价格方面的判断标准之间的广泛讨论和争议。

国外学者的研究集中在证券虚假陈述因果关系中的信赖如何得到证明,以及价格影响与重大性、损失因果关系中关系。不少学者对于价格影响与重大性之间的关系进行了深入研究,事件研究法、专家证明等方法被广泛用于损失因果关系的认定。

由此可见,国内外学者对于证券虚假陈述因果关系认定的研究形成了丰富的成果。但是对于重大性的认定标准,是以影响投资者决策为标准,还是以价格影响为标准,仍然存在较大争议。并且,不同证券市场如主板市场、新三板市场,以及不同的证券种类如债券、资产证券化产品,在虚假陈述侵权责任因果关系认定中,其适用规则应当有所区别。这些理论上的研究和争论反映到司法实践中,就产生了不同的裁判结果。

(二)关于证券虚假陈述因果关系的理论基础

1. 国内研究情况

中国证监会法律部焦津洪认为"欺诈市场理论"是美国证券民事诉讼中因果关系举证责任倒置的理论基础,这一理论仅要求原告证明自己对证券市场股票价格的真实性成立信赖,不需要证明原告实际受到被告虚假信息的直接影响。"欺诈市场理论"还需要一个金融市场理论作为基础,即"有效率资本市场假说"。根据该假说,只有在证券市场属于半强式有效市场的情形下，才能适用“欺诈市场理论”来推定虚假陈述的因果关系。[1] 马其家教授认为，错误陈述或者误导性陈述具有重大性事件的虚假陈述因果关系认定，应适用“欺诈市场理论”推定交易因果关系成立。[2] 于莹等教授指出，欺诈市场理论前提是效率资本市场假说，该说主张股票价格充分反映信息，欺诈市场理论认为虚假陈述导致股票价格的扭曲，造成虚假陈述错误的信息体现在了股票价格之中。因此，无须投资者证明对虚假陈述的信赖。但是，一旦有效资本市场假说不能成立或者实践中无法证实，欺诈市场理论就难以具备证明力或者说服力。欺诈市场理论也没有充分考虑到投资者以及投资策略多元化结构的情况，相应也很难证明投资者对证券市场的信任。[3] 徐文鸣等副教授基于有效市场假说和欺诈市场理论，利用事件研究法对投资者损失、揭露日、损失总额进行分析确定。[4] 耿利航教授系统反思欺诈市场理论后认为，美国联邦最高法院在 2011 年、2014 年 Halliburton 案件的审理和裁判中，继续维持了虚假陈述导致价格影响，从而推导出交易因果关系和重大性的结论，但是在一定程度上也给了被告以价格不存在扭曲推翻适用欺诈市场理论的机会。虚假陈述民事责任并不存在所谓国外普遍适用的欺诈市场理论和信赖推定原则，司法实践中需要区分一级市场和二级市场。一般来说，限制和缩小公司责任，以及大力打击恶意欺诈，才是大多数国家和地区立法的共通特征。[5] 樊健副教授认为，有效市场是交易因果关系的基础，投资者可以依据欺诈市场理论推定对虚假陈述的信赖。[6] 对于公司债券虚假陈述案件，不宜直接适用欺诈市场理论，应当从

---

[1] 参见焦津洪：《“欺诈市场理论”研究》，载《中国法学》2003 年第 2 期。

[2] 参见马其家：《美国证券法上虚假陈述民事赔偿因果关系的认定及启示》，载《法律适用》2006 年第 3 期。

[3] 参见于莹、潘林：《证券市场虚假陈述侵权责任中信赖推定之证成——欺诈市场理论局限性的克服》，载《法制与社会发展》2011 年第 2 期。

[4] 参见徐文鸣、莫丹：《证券市场虚假陈述投资者损失的理论模型与实证研究——基于有效市场假说》，载《广东财经大学学报》2019 年第 6 期。

[5] 参见耿利航：《欺诈市场理论反思》，载《法学研究》2020 年第 6 期。

[6] 参见樊健：《我国证券市场虚假陈述民事责任理论与实践的新发展》，法律出版社 2021 年版，第 10 页。

欺诈市场理论的适用条件、公司股票与公司债券的差别以及公司债券交易的特点等方面来论证欺诈市场理论的使用。[1]

我国台湾地区学者戴铭昇认为,适用欺诈市场理论等于认可大多数的投资人是依赖市场来评价信息,不是由自己来分析股票价值。所以,投资人信赖市场就等同于信赖虚假陈述。但是这种信赖是推定信赖,而非不需要或否定。[2] 我国台湾地区学者庄永丞指出,我国台湾地区不少法院开始参考美国法院判例,依据欺诈市场理论,以原告信赖的效率资本市场机制为由,推定交易因果关系的成立。[3] 我国台湾地区学者邵庆平认为,我国台湾地区欺诈市场理论或类似的理论与证券投资人保护制度的建构有密切关系,在交易因果关系作为证券欺诈损害赔偿构成要件的前提下,欺诈市场理论的运用对于降低请求损害赔偿和提起团体诉讼的障碍,提供了说理上的基础。但是实务上多数见解均将交易因果关系推定与效率市场的存否脱钩。[4]

2. 国外研究情况

美国学者吉尔加科普鲁斯(Georgakopoulos)指出,欺诈市场理论在1970年开始被一些美国法院采用,1980年被普遍接受。该理论假设投资者信赖市场价格的完整性,并以此建构起一个对于所有公开虚假陈述的信赖推定。[5] 费希(Fisch)教授认为,美国联邦最高法院在Basic案中适用了欺诈市场理论,并提出符合以下条件的,推定投资者对价格的真实性产生信赖:(1)虚假陈述已为公众所知悉;(2)虚假陈述具有重大性;(3)交易市场是有

---

〔1〕 参见樊健:《欺诈市场理论在公司债券虚假陈述纠纷中的适用》,载《财经法学》2020年第2期。

〔2〕 参见戴铭昇:《美国证券诈欺损失因果关系要件之研究》,载《法令月刊》2012年第7期。

〔3〕 参见庄永丞:《由美国Dura v. Broudo案反思证券投资人之损害因果关系》,载《东吴法律学报》2011年第4期。

〔4〕 参见邵庆平:《证券团体诉讼中因果关系构成要件的比较研究——兼论投保中心制度的改革方向》,载《台北大学法学论丛》2016年第99期。

〔5〕 Nicholas L. Georgakopoulos, *Frauds, Markets, and Fraud - on - the - market: The Tortured Transition of Justifiable Reliance from Deceit to Securities Fraud*, 49 The University of Miami Law Review 671, 714 (1995).

效市场;(4)原告在虚假陈述实施日至揭露日期间进行交易。基于欺诈市场理论,值得法院调查的是市场价格被虚假陈述扭曲的程度,法院没有必要对因果关系等因素再进行分别调查。关于有效市场的认定,美国法院在 Cammer v. Bloom 一案中提出了五个要素,即(1)案涉股票周均交易量;(2)案涉股票的证券分析师数量;(3)有做市商和套利商;(4)公司具备提交 S-3 表格注册登记声明的资格;(5)公司事件与股票价格之间有时间上的因果关系。但该五要素也受到了不少学者的质疑。美国联邦最高法院在 Halliburton Ⅱ案中提出,如果缺少价格影响,那么 Basic 案中的欺诈市场理论和关于信赖的推定将不成立。但是在 Dura 案件中,美国联邦最高法院并没有直接适用欺诈市场理论,而是认为过高的价格购买股票不必然导致经济损失,从而继续要求原告解释和证明损失因果关系。此外,对于股票交易产生的价格上涨及其影响的证明不仅适用于认定信赖和因果关系,同时也与重大性认定重叠。[1] 低层级法院对于欺诈市场理论的适用已经将普通法要求的主观信赖要件变成了一个客观信赖要件,或者是一些法院所称的因果关系。[2] 欺诈市场理论通过推动集团诉讼,显著改变了个人证券欺诈诉讼的本质,引发了大范围涉及巨大潜在损失的诉讼。[3] 费拉尔(Ferrell)教授认为,欺诈市场理论已经被证明在 Basic 案后的证券集团诉讼中占据举足轻重的影响力。[4] 福克斯(Fox)教授认为,交易因果关系和损失因果关系这两个双重概念在基于传统信赖的欺诈中,可以用于证明一个事件是否存在因果关系,但是在基于欺诈市场理论的证券欺诈案件中并没有意义。基于欺诈市场理论的交易因果关系没有意义,因为原告不需要证明如果没有被告

---

〔1〕 参见[美]吉尔·E.费希、约拿·B.格尔巴赫、乔纳森·克利克:《证券欺诈诉讼中事件研究法应用的逻辑与界限》,钟俊杰译,载《证券法苑》2020 年第 1 期。

〔2〕 Jill E. Fisch, *The Trouble with Basic: Price Distortion after Halliburton*, 90 Washington University Law Review 895,908(2013).

〔3〕 Jill E. Fisch, *Federal Securities Fraud Litigation as a Lawmaking Paternship*, 93 Washington University Law Review 453,456(2015).

〔4〕 Allen Ferrell, Andrew Roper, *Price Impact. Materiality. and Halliburton* Ⅱ,93 Washington University Law Review 553,559(2015).

的虚假陈述,就不会购买证券。欺诈市场理论上的损失因果关系也没有意义,因为原告多付出的资金损失直接由虚假陈述导致,无须证明。因此在适用欺诈市场理论的情况下,没有必要再采用交易因果关系和损失因果关系的认定结构。[1] 学者科斯默(Korsmo)指出,地标性的 Basic 案和所谓的"欺诈市场理论"包含了推定和假设,即原告基于 10b－5 证券欺诈规定提起的集团诉讼中推定信赖以及交易是在开放和发达的市场进行的,这直接促进和形成了现在数十亿规模的证券集团诉讼产业。欺诈市场理论的优势并不是建立在长期以来学术界争议不断的有效资本市场假说基础之上。有些学者接受有效资本市场假说但是不认可欺诈市场理论,有些学者不认可有效资本市场假说但是接受欺诈市场理论,实务界很多法官也是一样,包括美国最高法院的法官们。[2] 兰格沃特(Langevoort)教授认为,市场效率是欺诈市场理论的必要条件,所谓"欺诈市场理论"是指所有的投资者被假定为他们在一个有效率的证券市场交易,并因此信赖了欺诈信息,从而使证券市场被欺诈的信息所扭曲。[3] 他同意基于欺诈市场理论的诉讼的价值在于便于赔偿和威慑,但同时也让人担忧其不确定性和不适当的赔偿比例。信赖和损失因果关系从来就不是处理这些问题的正确主题,可以想象,这两个因素都不是认定行为因果关系的重要因素时,也许会更好。但是司法判例仍然不断让信赖和损失因果关系成为最大的战场。[4] 普瑞查德(Pritchard)教授指出,Basic 案使用的欺诈市场理论允许原告律师证明证券欺诈的集团诉讼资格。集团诉讼的确认非常重要,被告不可避免地会面临应诉和解决这些诉讼所需的巨大成本,这也给了原告律师巨大的动机去启动这些本身

---

〔1〕 Merritt B. Fox, *After Dura*: *Causation in Fraud－on－the－market Actions*, 31 Journal of Corporation Law 829, 832－833(2006).

〔2〕 Charles R. Korsmo, *Market Efficiency and Fraud on the market*: *The Danger of Halliburton*, 18 Lewis & Clark Law Review 827, 829－830(2014).

〔3〕 Donald C. Langevoort, *Judgment Day for Fraud－on－the－Market*: *Reflections on Amgen and the Second Coming of Halliburton*, 57 Arizona Law Review 37, 38(2015).

〔4〕 Donald C. Langevoort, *Basic at Twenty*: *Rethinking Fraud on the Market*, 2009 Wisconsin Law Review 151, 198(2009).

毫无价值的诉讼。[1] 澳大利亚学者科内(Cooney)提出,基于市场的因果关系认定不需要建立在接受欺诈市场理论和有效市场假说的基础之上。[2]

3. 理论概述与存在问题

欺诈市场理论对于证券欺诈的集团诉讼中虚假陈述与交易行为之间的因果关系认定,具有积极的推动作用。所以国内外学者对于适用欺诈市场理论来认定证券虚假陈述的因果关系,基本没有争议。欺诈市场理论中"虚假陈述行为的实施,即为对整个证券市场的欺诈,从而与投资者的信赖投资和损失之间成立一定的因果关系,无须投资者举证证明"的内容,在维护广大投资者利益和制止证券市场虚假陈述等欺诈行为方面,解决了司法裁判中的难题。但是对于在何种情形下适用欺诈市场理论,以及欺诈市场理论是否必须以有效资本市场假说作为前提,仍然未能形成一致意见。

传统欺诈市场理论所依据的有效资本市场假说,核心在于确定虚假陈述行为和证券市场反应之间的传导效应。然而,无论是借助坎莫五要素认定有效市场,还是有效市场中的强式、半强式、弱式市场的区分和界定,都无法达到理论上的充分性和实践中的可检验性。以至于有学者全盘否定证券虚假陈述因果关系认定中的欺诈市场理论和有效资本市场假说。

(三)关于证券虚假陈述因果关系的抗辩事由

1. 国内研究情况

深圳证券交易所陈向民、陈斌很早就提出通过事件研究法计算代表市场反应的超额收益,来确定虚假陈述行为的赔偿标准。[3] 马其家教授认为,证券虚假陈述民事侵权责任因果关系的认定,需要充分考虑介入原先因

---

[1] A. C. Pritchard, *Halliburton* Ⅱ: *A Loser's Story*, 10 Duke Journal of Constitutional Law & Public Policy 27,28(2015).

[2] Henry Cooney, *Misleading Conduct*, *Reliance and Market - Based Causation*, 48 University of Western Australia Law Review 431,464(2021).

[3] 参见陈向民、陈斌:《确定"虚假陈述行为"的赔偿标准——事件研究法的司法运用》,载《证券市场导报》2002年第7期。

果关系链条的第三人行为或外在事件。[1] 缪因知教授认为,除了原告未实施买卖行为、未产生差价损失、买卖时间点不符等一般情形,司法实践中逐渐成型的否定因果关系推定理由还包括其他因素导致的买入、作用力弱、损失是证券市场系统及非系统风险导致,以及投资者并非基于虚假陈述的信赖而交易。[2] 关于系统风险,它是证券虚假陈述赔偿诉讼中常见和重要的考量因素,需要考量股价显著变动的定量要素,不宜强求具体、明显的风险事件,建议参考宽窄不同的市场指数或同类可比股票,并由法院进行一定程度的自由裁量。[3] 上海金融法院林晓镍、单素华、朱颖琦法官认为对于系统风险的扣除,应采用"同步指数对比法"。[4] 上海证券交易所法律部谢贵春、邹露、武俊桥认为,应当以因果关系证明为中心,从"其他因素"方面分析和认定系统风险,并认定系统风险等致损部分扣除上限。[5] 吴弘等教授认为,2003 年《证券市场虚假陈述赔偿规定》在因果关系层面排除异常介入因素仅限于系统性风险,忽视了其他因素。[6] 樊健副教授认为,欺诈市场理论下投资者基于股价波动而进行交易的推定信赖,可以依据价格影响理论主张信息对价格没有影响而进行免责抗辩,而且对于专业的机构投资者,被告只要能证明其存在重大过错,则交易上的因果关系亦不成立。[7] 叶林教授提出,在公司债券虚假陈述案件中,认定虚假陈述与投资人投资决策之间

---

〔1〕 参见马其家:《美国证券法上虚假陈述民事赔偿因果关系的认定及启示》,载《法律适用》2006 年第 3 期。

〔2〕 参见缪因知:《证券市场虚假陈述与投资者损失因果关系否定的司法路径》,载《证券法苑》2020 年第 3 期。

〔3〕 参见缪因知:《精算抑或斟酌:证券市场虚假陈述赔偿责任中的系统风险因素适用》,载《东南大学学报(哲学社会科学版)》2020 年第 5 期。

〔4〕 参见林晓镍、单素华、朱颖琦:《全国首例证券群体性纠纷示范判决解析——投资者诉方正科技公司证券市场虚假陈述责任纠纷案》,载《证券法苑》2020 年第 1 期。

〔5〕 参见谢贵春、邹露、武俊桥:《也论虚假陈述民事案件系统风险的认定与扣减——以因果关系证明的回归为讨论中心》,载《证券法苑》2019 年第 3 期。

〔6〕 参见吴弘、吕志强:《债券承销商虚假陈述侵权行为认定机制探析》,载《证券法苑》2021 年第 2 期。

〔7〕 参见樊健:《我国证券市场虚假陈述民事责任理论与实践的新发展》,法律出版社 2021 年版,第 10-19 页。

是否成立交易因果关系时，应当特别考虑2022年《证券市场虚假陈述侵权规定》中“不具有交易因果关系的其他情形”，将债券违约因素以及不涉及偿付能力的虚假陈述排除在交易因果关系之外。[1]

2. 国外研究情况

美国费希（Fisch）教授认为，通过Dura案体现的理念，不真实的虚高价格虽然可以作为损害赔偿的起因，但是需要补偿的损失可能会很少，因为存在其他介入事件导致股票价格下跌。[2] 哈佛大学法学院费拉尔（Ferrell）教授认为，美国联邦最高法院2014年对Halliburton案件的判决结果重申了市场欺诈推定“信赖”的有效性，将其用于虚假陈述责任的认定。与此同时，法院裁定如果被告能够提供“直接证据”，证明所指称的虚假陈述实际上并未影响证券的价格（即缺乏对价格的影响），则可以抗辩欺诈市场理论的适用。美国法院的裁决中还存在一些问题，主要包括重大性和价格之间的关系的影响。假设一些差异和实际变化的信息都是混合起来提供给市场，那么可以设定一些价格影响参数通过事件研究法来分析。有一些地区法院已经认定，原告有责任证明除了虚假陈述信息以外的其他信息，并没有在本质上导致通过事件研究所观察到的价格下降，从而反证虚假陈述信息导致的价格降低。[3] 美国学者温格特（Weingarten）指出，在美国集团诉讼确认阶段，即使被告相信其能够有力证明价格影响是其他因素导致的，而非虚假陈述的信息，他们也不能把价格波动和欺诈割裂，因为此时损失因果关系的证明不被允许。[4]

3. 抗辩事由的总结与存在问题

有权利主张，就有责任抗辩，这是亘古不变的规则。传统的证券虚假陈

---

〔1〕 参见叶林：《债券虚假陈述赔偿中的因果关系认定》，载《债券》2022年第6期。

〔2〕 Jill E. Fisch, *The Trouble with Basic: Price Distortion after Halliburton*, 90 Washington University Law Review 895, 917 (2013).

〔3〕 Allen Ferrell, Andrew Roper, *Price Impact. Materiality. and Halliburton* Ⅱ, 93 Washington University Law Review 553, 554 (2015).

〔4〕 Noah Weingarten, *Halliburton* Ⅱ *at Four: Has It Changed the Outcome of Class Certification Decisions?*, 25 Fordham Journal of Corporate and Financial Law 459, 483 (2020).

述因果关系认定中的抗辩事由，主要集中在证券市场的系统风险。对于证券市场系统风险的分析和认定，国内外学者都集中关注事件研究法的分析方法，以及股价波动程度的考量因素，例如不同证券指数的涨跌或者不同股票之间的对比。我国2022年《证券市场虚假陈述侵权规定》结合证券市场的实际情况，将因果关系的抗辩事由进一步细分，扩展为包括他人证券违法行为、证券市场对特定事件的过度反应、上市公司自身内外部环境等因素。对于虚假陈述因果关系认定的抗辩事由，形式上显得更为充实，但是这些抗辩事由如何能够得以证明，从而发挥作用，仍然有待理论界和实务界不断进行探索和发现。

三、研究意义

研究我国证券虚假陈述侵权责任的因果关系，有助于维护我国社会主义市场经济的平稳快速发展，有助于建设公开、公平、公正、有韧性的资本市场，有助于更好地维护证券市场参与主体的合法权益。本书依托侵权法因果关系理论，结合我国证券市场的客观情况，研究分析美国证券市场广泛采用的欺诈市场理论及其对于虚假陈述因果关系的认定规则，同时对该理论进行修正，探索和构建适合我国证券虚假陈述因果关系的认定规则。

因果关系理论博大精深，各国学者都在持之以恒地研究探索。就证券虚假陈述的因果关系而言，证券交易"非面对面"的特征一定程度上避免了传统侵权法因果关系理论中对于"面对面"侵权行为的因果关系认定规则产生的各种各样的争论。欺诈市场理论有效解决了证券虚假陈述因果关系认定中投资者的信赖问题，从而得以明确交易因果关系的成立。但是该理论所依据的有效资本市场假说却很难与我国证券市场的现状相匹配，甚至美国、英国等发达国家的证券市场，也一直萦绕着市场是否有效的争论。本书探索剥离欺诈市场理论中的有效资本市场假说，并且将价格扭曲导致的因果关系推定修正为信息欺诈情形下的法定因果关系。在此基础上研究证券虚假陈述的因果关系抗辩，以及对不同类型虚假陈述的因果关系进行分类研究。积极推动我国证券虚假陈述侵权案件的因果关系认定规则统一，形成更加公平合理有效的研究和分析虚假陈述的理论和司法环境。

诚然,由于证券市场的复杂性和多样性,本书对于虚假陈述因果关系理论的研究分析仍然存在一定的局限和不足。借此也希望抛砖引玉,唤得更多专家和学者重视虚假陈述因果关系的理论研究和司法实践,促进我国证券市场的健康发展。

四、研究方法

本书通过历史研究、比较研究、类型化研究、案例研究等方法对证券虚假陈述侵权行为的因果关系进行比较全面的分析。

历史研究方法是回归到大陆法系侵权法理论和英美法系侵权法理论的框架中寻找和分析证券欺诈案件因果关系的认定基础,对交易因果关系对应的大陆法系条件说理论和英美法系的事实原因以及“若无,则不”规则进行分析研究,对损失因果关系对应的大陆法系相当因果关系理论和英美法系的法律原因进行分析研究,探索证券虚假陈述侵权因果关系理论的起源和发展。

比较研究方法主要表现在修正欺诈市场理论的分析中对于信息欺诈和价格欺诈的分析和论证,对于信赖标准中的理性投资者标准与一般投资者标准之间的分析和论证,对于损失因果关系中事前观点和事后观点之间的分析和论证。通过上述分析来证明修正欺诈市场理论的合理性。

类型化研究方法主要用于在证券虚假陈述不同性质、不同主体、不同市场层级、不同证券种类方面进行类型化研究,分析不同性质虚假陈述行为的区分,不同主体之间虚假陈述因果关系的认定标准、差异及其合理性考量,不同市场层级之间认定标准的价值考量,不同证券种类之间的特征和适用欺诈市场理论的争议。

案例分析方法分为境外和国内两个板块。境外主要研究分析美国证券市场的 Basic、Amgen、Dura、Halliburton 等标志性案件的法院观点和学者意见。国内主要研究分析我国司法实践中证券虚假陈述侵权案件的法院判例。找寻境外案例和国内判例的同源性和差异性,探索适合我国证券虚假陈述侵权责任因果关系的认定标准和方法。

五、研究思路

首先,从侵权法中因果关系的无解探寻证券虚假陈述侵权因果关系的有解。有不少学者认为,侵权法中因果关系是“无解的”。[1] 这反映出,理论界长久以来对于侵权法中因果关系的研究,还没有得出大家普遍接受、没有争议的理论或者观点。但是,侵权法中各种各样的情形所带来的因果关系认定难题,不宜简单直接嫁接到证券虚假陈述侵权因果关系认定上面。侵权法中某个领域或者某些情形的因果关系研究中,也已经存在理论界和司法界均已达成共识的情形。换言之,证券虚假陈述侵权责任,作为侵权责任中的特定情形,通过研究可以在因果关系认定方面形成一致的结论,从而实现因果关系认定的“有解”。

其次,推动证券虚假陈述因果关系的事后推定向事前推定的转变。现行理论和司法实践中,对于证券虚假陈述因果关系的认定,只要虚假陈述的事实被证明存在,就可以直接推定投资者对虚假陈述信息的信赖;只要存在证券价格或者交易量发生一定变化,就直接推定投资者买入或卖出证券受到的损失与虚假陈述之间存在因果关系。这样的因果关系认定属于事后认定,通俗来说是“事后诸葛亮”。无论是虚假陈述的事实,还是证券价格或者交易量发生明显变化,都是事后才被发现的。但是问题在于,不应当从事后发现直接异化为事后推定,而应当回溯到虚假陈述之初,验证其是否与后续交易行为以及交易损失之间存在因果关系。换言之,即在虚假陈述之初,是否能够推定或者认定其与交易以及损失之间存在因果关系。

最后,修补和完善2022年《证券市场虚假陈述侵权规定》,推动实现司法实践中证券虚假陈述因果关系认定的规范性和完整性。2022年《证券市场虚假陈述侵权规定》在前置程序、因果关系的构成、损失认定等方面,相较于2003年《证券市场虚假陈述赔偿规定》已经有了显著的进步和提升。但

---

〔1〕 参见冯珏:《英美侵权法中的因果关系》,中国社会科学出版社2009年版,第3页。

是,对于交易因果关系的认定,仍然没有摆脱事后推定、客观归罪的窠臼。对于交易因果关系和损失因果关系的二元结构,也是犹豫不定,界定些许模糊。本书希望通过研究虚假陈述因果关系理论和认定规则,推动理论和司法解释的改进和完善。

第一章　证券虚假陈述因果关系的侵权法理论源起

一提到因果关系理论,很多学者往往各执己见,莫衷一是。传统侵权法领域浩如烟海、汗牛充栋的因果关系理论研究成果,并没有能够有效地解决理论上的争议。随之而来的,司法实践中的争议同样没有得到解决。但是,理论上的争议和困难并没有阻挡学者的深入研究和司法实践中的积极探索。条件说、相当因果关系理论、法规目的理论在因果关系理论研究中得到越来越多学者的支持,司法实践中逐渐得到广泛的适用。而且陆续从民事一般侵权领域,扩展至环境侵权、医疗侵权、证券侵权等特殊侵权领域,并且根据不同特殊侵权领域的具体情况,进行了相应的理论修正和完善。

第一节　因果关系的哲学起源

西方学者认为,因果关系的讨论最早起源于哲学。苏格兰哲学家休谟(Hume)引领了当代因果关系哲学思潮,认为因果关系的本质是通过实验科学来揭示通则或者规律。[1] 但是这与法律上的关联性不大。英国哲学家培根(Bacon)在《法律的箴言》一书中论述了因果关系问题,他提出对于法官来说将原因限定在近因并且据此裁判,不需要将原因追究到更远的程度。[2] 美国哲学家和法学家布里恩(Brien)提出因果关系和有能力预见风险的结果责任承担共同构成矫正正义的基础。[3] 英国的穆勒(Mill)是法学家在阐明因果关系概念时经常提到的哲学家之一。穆勒对于因果关系的认定主要有以下四个方面的观点:第一,认定一个事件是另一个事件的原因,应当同时认定一个同类事件必然也是另一个同类事件的原因,事件的原因认定应当存在共生和普遍性。第二,往往不是单一原因造成一个结果,而是多个复合原因导致一个结果的发生。第三,哲学上的原因是作为结果的充分条件的所有条件的总和;而普通概念的原因,则是从前述所有条件中挑选一个条件作为原因。第四,一个特定的结果可以存在多个充分条件的复合体,而不仅仅是一个充分条件的复合体。[4] 穆勒的第一个观点和第三个观点中原因和结果的认定与英美法系侵权理论的事实原因密不可分,构成了证券虚假陈述交易因果关系的认定基础。穆勒的第二个观点和第四个观点中对于结果发生的考量与英美法系侵权理论的法律原因紧密相关,构成了证券虚假陈述损失因果关系的认定基础。因此,穆勒的因果关系认定充分考虑到了原因或条件与结果之间的必然关系,以及不同原因或者条件会导致不同结果,或者同样的结果也会由不同原因或条件所导致的情形,对侵权法中的因果关系认定以及一脉相承的虚假陈述因果关系认定有着良好的借鉴和指导作用。但是穆勒的观点没有考虑到

---

〔1〕 [美]H. L. A. 哈特、托尼·奥诺尔:《法律中的因果关系》(第2版),张绍谦、孙战国译,中国政法大学出版社2005年版,第10页。

〔2〕 参见韩强:《法律因果关系理论研究——以学说史为素材》,北京大学出版社2008年版,第14页。

〔3〕 [美]格瑞尔德·J. 波斯特马主编:《哲学与侵权行为法》,陈敏、云建芳编译,北京大学出版社2005年版,第12页。

〔4〕 [美]H. L. A. 哈特、托尼·奥诺尔:《法律中的因果关系》(第2版),张绍谦、孙战国译,中国政法大学出版社2005年版,第19-20页。

原因或者条件与结果之间的关系不是无条件和不变的，难以从某种意义上准确解释原因足以造成它的结果。另外，常常也很难从充分条件集合体中挑选出准确的原因或者条件，需要凭借经验或者科学理论的帮助才能找出。[1] 这也是侵权法中的因果关系一直存在各种各样的争议的深层次理论原因，即哲学上的理论同样也存在争议。

由于哲学理论上存在的先天不足，所以民法学者从穆勒等哲学家的因果关系理论中牵引出侵权法中的因果关系理论，如大陆法系的条件说、原因说、相当因果关系说，以及英美法系的事实原因、事实上的因果关系等，也是争论不断。任何国家的法学领域都不可避免因果关系问题，但是却少有成文法典明文规定。因果关系的具体内容，留给了判例和学说，由法院通过具体判例论断因果关系，学说从学理开发因果关系。[2] 但是，因果关系理论历经学者多年来孜孜以求的研究，至今尚未形成一个最终确定的结论。也就是说，没有一个因果关系理论，能获得学者们的一致意见，从而形成确定的理论基础，从而指导司法实践。然而换个角度来说，对于因果关系作为侵权行为的构成要件之一或者事实和法律上的原因，从大陆法系和英美法系的侵权法理论角度来说，基本没有争议。[3]

第二节 大陆法系侵权法理论与虚假陈述因果关系

大陆法系的侵权法理论历史悠久。因果关系方面，可追溯到古罗马时期《阿奎流斯法》中加害行为与损害事实之间的因果关系问题，但是当时的

[1] [美]H. L. A. 哈特、托尼·奥诺尔：《法律中的因果关系》（第2版），张绍谦、孙战国译，中国政法大学出版社2005年版，第97页。

[2] 曾世雄：《损害赔偿法原理》，中国政法大学出版社2001年版，第95页。

[3] 李双元、温世扬主编：《比较民法学》，武汉大学出版社2016年版，第588页。

研究是将因果关系归入到加害行为或者过错中进行的,没有严格地独立出来。[1] 随着侵权法理论的发展,因果关系的重要性日益突出,并被作为侵权行为的重要构成要件之一。大陆法系侵权法理论中的因果关系包括条件说、原因说、相当因果关系说、法规目的说,以及日本学者提出的疫学因果关系。日本的理论如德国法一样将加害行为与损害结果之间存在相当因果关系作为侵权责任的构成要件,并延伸发展出疫学因果关系。[2] 疫学因果关系类似于条件说的因果关系,被日本学者用于解决环境侵权案件中的因果关系证明。[3] 疫学因果关系的认定往往无法通过常识的方法进行判断,而需要在流行病学的研究资料、鉴定意见、专家论证的基础上进行判断。[4] 由于疫学因果关系理论更多来源于流行病医学上的科学观点,因此对于虚假陈述因果关系的认定参考意义并不大。不同于日本学界的精进,法国学界的观点相对保守。法国学者普遍接受的因果关系理论是条件等价说和相当因果关系说,前者用于认定事实上的因果关系是否存在,后者用于证明。法国最高法院通过一些案例强调,因果关系的证明可以从相关事实和客观情况中推导。[5] 类似于法国先行认定因果关系存在,再证明因果关系的程度。挪威的因果关系理论也分两步,第一步是对证明的要求,法院采纳"若无,则不"标准或者说必要条件说来证明因果关系存在;第二步按照"若无,则不"标准和相当性理论剔除无实质意义的原因。除了比利时之外,奥地利、德国、希腊、意大利、瑞士、波兰、匈牙利等欧洲国家也基本采取该两步作

〔1〕 参见黄文煌:《阿奎流斯法——大陆法系侵权法的罗马法基础》,中国政法大学出版社2015年版,第65页。

〔2〕 参见[奥地利]海尔姆特·库奇奥主编:《侵权责任法的基本问题(第二卷)比较法的视角》,张家勇、昝强龙、周奥杰译,北京大学出版社2020年版,第515页。日本的疫学因果关系这里是指如果能够找到某个人群发病的原因并做出解释,就可以据此认定每个病患及其疾病的具体因果关系。

〔3〕 参见蒋兰香:《日本疫学因果关系理论及其对我国环境刑事司法的借鉴》,载赵秉志主编:《刑法论丛》2010年第1卷,法律出版社2010年版。

〔4〕 参见陈伟:《疫学因果关系及其证明》,载《法学研究》2015年第4期。

〔5〕 参见[奥地利]海尔姆特·库奇奥主编:《侵权责任法的基本问题(第二卷)比较法的视角》,张家勇、昝强龙、周奥杰译,北京大学出版社2020年版,第45-46页。

为因果关系理论分析法。[1]

一、条件说与虚假陈述交易因果关系

大陆法系侵权法理论的条件说，又称等值说，是指所有造成损害结果的原因都是条件。[2] 条件说理论来源于哲学上的普遍原理，即无论是偶然原因引起的损害结果，还是必然原因引起损害结果，都是损害结果的原因。[3]

（一）条件说发展过程中争论

条件说理论最早由19世纪奥地利刑法学家格拉瑟（Glaser）和之后的德国学者冯·布里（Von Buri）提出，他们认为条件是损害的必要条件，并且每个条件都是不可或缺的。该理论为德国很多学者所推崇，并为德国以及欧洲其他大多数国家刑事法庭所接受，但因其责任过于泛化，民事法庭采用较少。[4] 这时期的条件说理论没有区分条件的成分，不区分主要条件和次要条件，所有条件平等对待，都是损害结果发生原因，用于刑事责任的认定比较严谨，但是用于民事责任的认定，就会导致界定原因十分困难。[5] 同时期前后，有学者认为结果必然由原因的本质属性引起，形成必然原因理论。但是该观点很快受到学者抨击，因为即使一系列特定种类的条件导致损害结果，但是并不能得出这些条件必然是因为同一原因属性导致损害结果的结论。而且，无法断言一个损害结果永远是由单一的时间上先发生的条件所引起。由于必然原因理论受到越来越多的质疑，德国学者毕克梅耶发展了有效原因理论，他认为条件中包含不同数量的“能”对损害结果发生作用，

[1] 参见[奥地利]海尔姆特·库奇奥主编：《侵权责任法的基本问题（第二卷）比较法的视角》，张家勇、昝强龙、周奥杰译，北京大学出版社2020年版，第117页；J. 施皮尔主编：《侵权法的统一：因果关系》，易继明等译，法律出版社2009年版，第178页。

[2] 参见程啸：《侵权责任法》（第2版），法律出版社2015年版，第234页；王利明：《侵权行为法研究》（上卷），中国人民大学出版社2004年版，第400页。

[3] 参见范利平：《侵权法上因果关系研究》，载《现代法学》2004年第3期。

[4] 参见刘信平：《侵权法因果关系理论之研究》，法律出版社2008年版，第75－76页。

[5] 参见晏景：《侵权责任中的因果关系认定》，人民法院出版社2014年版，第46－47页；冯珏：《英美侵权法中的因果关系》，中国社会科学出版社2009年版，第5页。

只有含有大多数“能”的条件才是损害结果的原因。[1] 法国学者受德国学说影响，提出“条件等价说”理论，即许多事件造成的损害，事件中的一个成为损害的必要条件时，它就是损害的原因。[2] 我国台湾学者回归到哲学基础，认为条件说理论是以哲学上的因果关系为基石来推断引发损害结果的原因。从横断面来看，一个损害结果可能由数个因素共同或同时造成，该数个因素被称为条件。从直截面来看，一个条件造成损害结果，该损害结果可能是另一损害结果的条件。在这种情况下，原始条件和其他条件都是造成最后损害的条件。[3]

随后有学者从条件说理论中进一步发展出必要条件说理论，认为如果没有被告的行为而原告仍然受到损害，那么不应成立因果关系。该理论的优点在于能够有效排除因果关系判断上的不相干因素。但是对于如何判断被告行为是否属于损害发生的必要条件，则有不同观点。一种观点是删除说，即在被告实施某一行为的事件中，如其他条件不变且排除被告行为，此时损害后果仍然发生，换言之，排除被告实施的行为后，损害后果就不会发生或者发生情形明显不同，则被告行为是损害后果的必要条件，损害后果是被告行为的结果。例如，交通事故事件中，如果没有被告的驾驶行为，就不会有原告伤亡的事件结果发生。另一种观点是代替说，即在被告不作为的侵权事件中，可以将被告不法行为以合法行为替代，从而判断损害后果是否继续发生。如果交通事故中肇事车辆没有办理年检手续，那么替换为合法年检的车辆，损害后果是否仍然发生。[4] 总的来看，大陆法系和英美法系传统上都是以“必要条件”作为判断因果关系的标准。[5]

---

〔1〕 参见刘信平：《侵权法因果关系理论之研究》，法律出版社2008年版，第76－77页。

〔2〕 参见［奥地利］海尔姆特·库奇奥主编：《侵权责任法的基本问题（第二卷）比较法的视角》，张家勇、昝强龙、周奥杰译，北京大学出版社2020年版，第45页。

〔3〕 参见曾世雄：《损害赔偿法原理》，中国政法大学出版社2001年版，第96页。

〔4〕 参见陈聪富：《因果关系与损害赔偿》，北京大学出版社2006年版，第48－49页；程啸：《侵权责任法》（第2版），法律出版社2015年版，第235页。

〔5〕 参见韩强：《法律因果关系理论研究——以学说史为素材》，北京大学出版社2008年版，第27页。

关于必要条件说理论的例外情形，主要包括提供违法行为存在教唆、胁迫情形，共同加害行为与共同危险行为中因果关系的多重性，假设因果关系下的损害情形，即不论被告实施违法行为或者合法行为，原告均会受到损害；超越因果关系下的损害情形，如原告即使没有遭受医疗过失，同样会因病情发展而死亡；累积因果关系下的损害情形，如交通事故的发生和空中的坠物同样都可以造成原告受伤的损害；因果关系中断，如甲准备用加入毒药的饮用水毒杀乙，乙正准备饮用，丙用刀杀害乙。[1]

（二）条件说的判断规则

条件说理论的判断规则包括关联性判断、必要性判断，以及完整性判断，其中关联性判断是指判断原因或行为是否和损害结果之间具有关联性；必要性判断是指没有某个原因或行为，损害后果是否继续发生；完整性判断是指全部的原因或行为都是导致损害后果的原因，共同导致了损害结果的发生。[2]

（三）条件说的评析

虽然条件说理论导致责任过于宽泛，但此后绝大数因果关系理论都是以此为基础发展而来的。[3] 条件说理论的优点在于清晰简便，客观性较强。但是条件说理论也存在明显不足，首先，条件说理论中的必然原因理论认为某一单一的条件必然基于其原因属性导致损害结果的发生，这并不科学，实际上否定了区别原因和条件的必要性，把与损害结果有关的全部原因和条件混为一谈，导致因果关系的检验非常复杂。条件说理论中的有效原因理论所提出的原因能量过于抽象，难以正确区分有效原因和无效原因。其次，条件说理论注重对事实的判断而忽略了价值的判断，因果关系链条过

---

〔1〕 参见陈聪富：《因果关系与损害赔偿》，北京大学出版社2006年版，第51－62页。
〔2〕 参见王利明：《侵权行为法研究》（上卷），中国人民大学出版社2004年版，第400－401页。
〔3〕 参见冯珏：《英美侵权法中的因果关系》，中国社会科学出版社2009年版，第5页。

长，必然导致责任范围的扩大，实质是将哲学因果关系和法学因果关系混同。[1] 有必要在条件说理论或者等值说理论以外，寻找其他标准以防止因果关系过分扩大。[2] 最后，条件说理论注重对事实的判断，没有充分考虑归责，欠缺灵活性，法官难以根据不同案件情形进行调整。各种可能造成损害结果的原因或行为在法律上具有同等原因力，不利于确定损害赔偿数额，实际情况中，需要结合时间先后顺序并且区分主要原因和次要原因来确定责任范围。[3]

随着条件说理论的批判日益增多，对条件说理论的修正形成了原因说理论，它将条件说理论中的平等条件区分为两部分，一部分为原因，另一部分为纯粹条件。然而，原因说理论很快也同样受到质疑，区分原因和条件究竟是因果关系的应有之义，还是外在于因果关系的价值判断。[4] 在奥地利、德国等国家的条件说理论发展过程中，因果关系被弱化，归结成为一个价值判断问题。这些国家的学者支持弱化因果关系前提要件的正当性是，多个行为人的任何一人对损害结果都是可归责的，导致受害人无法查明因果关系。此外，单个行为人的行为在很大程度上可能会引起损害结果的发生，具有危险性，因此充分推定存在因果关系，进而认定每个人都应承担责任。[5] 因此，从事实判断中发展出的因果关系，逐渐归结于价值上的判断。

（四）条件说中必然因果关系说对我国侵权法中因果关系认定的影响

我国侵权法中因果关系认定标准的通说为必然因果关系说，强调原因事实和结果事实之间客观、本质的引起与被引起关系，但是对于事实认定中

---

〔1〕 参见刘信平：《侵权法因果关系理论之研究》，法律出版社 2008 年版，第 77－78 页。

〔2〕 参见朱岩：《当代德国侵权法上因果关系理论和实务中的主要问题》，载《法学家》2004 年第 6 期。

〔3〕 参见王利明：《侵权行为法研究》（上卷），中国人民大学出版社 2004 年版，第 403 页。

〔4〕 参见冯珏：《英美侵权法中的因果关系》，中国社会科学出版社 2009 年版，第 6－8 页。

〔5〕 参见［奥地利］海尔姆特·库奇奥：《侵权责任法的基本问题（第一卷）德语国家的视角》，朱岩译，北京大学出版社 2017 年版，第 140－141 页。

的主观因素考虑不足。[1] 我国的必然因果关系说主要受苏联理论影响，按照该理论，如果第一个因果关系是偶然的，那么它就不是作为责任客观基础的因果关系。只有直接因果关系才符合必然性判断要求，间接原因和损害结果之间只能存在偶然因果关系，行为人对间接结果无须承担责任。[2] 我国长期以来混淆了法律上的因果关系与哲学上的因果关系，简单把法律上的因果关系用于认识真相，而没有将其作为正确地确定责任归属与责任范围的手段与工具。我国法院在判定侵权责任因果关系时，虽然同样适用必然因果关系说，但是会依据违法行为对损害结果发生的原因力不同，进一步区分主要原因与次要原因，直接原因与间接原因。[3]

上述侵权法因果关系理论和司法实践，未加区分地导入了证券虚假陈述侵权案件的因果关系认定，导致发行人及其董事、监事、高级管理人员，证券中介服务机构，甚至业务伙伴，都被归类于投资者因虚假陈述所受到损失的条件或者必然原因，并被追究民事侵权责任。

二、相当因果关系说与虚假陈述损失因果关系

（一）相当因果关系说的基本内容

相当因果关系说始于德国心理学家冯·克里斯（Von Kries）用以限缩结果加重的犯罪构成。[4] 德国一般将冯·克里斯当作相当因果关系理论的创始人，他主张相当性建立在盖然性之上，并且应当区分主观盖然性和客观盖然性。如果一定的行为增加了特定结果发生的客观盖然性，那么就可以认为该行为和特定结果之间具有因果联系。[5] 相当因果关系理论在19世纪被德国法院采纳，经过20世纪的发展，已成为大陆法系国家因果关系

---

〔1〕 赵克祥：《论侵权法上因果关系的事实性》，载《私法》2010年第1期。

〔2〕 参见冯珏：《英美侵权法中的因果关系》，中国社会科学出版社2009年版，第17－18页。

〔3〕 王利明：《侵权行为法研究》（上卷），中国人民大学出版社2004年版，第449－450页。

〔4〕 参见［德］埃尔温·多伊奇、汉斯－于尔根·阿伦斯：《德国侵权法：侵权行为、损害赔偿及痛苦抚慰金》（第6版），叶名怡、温大军译，中国人民大学出版社2022年版，第28页。

〔5〕 参见冯珏：《英美侵权法中的因果关系》，中国社会科学出版社2009年版，第9－10页。

判断理论中的通说。我国也有不少学者主张采用相当因果关系理论。[1]

根据相当因果关系理论，侵权法上的因果关系需要具备两个条件：其一是行为是损害结果的必要条件，即条件性；其二是行为增加了损害结果发生的可能性或者概率，即相当性。[2] 相当因果关系理论最早是用于分析、认定刑事案件中犯罪嫌疑人的行为与被害人的损害结果之间的因果关系，但是在刑事法院裁判中一直未获成功，却在民事法律中得以实施。[3] 相当因果关系一般是由“条件关系”及“相当性”构成。“条件关系”除了自然的事物发展过程，仍含有一定程度的规范性判断；“相当性”属于价值判断，具有法律上归责的机能，旨在合理地转移或分散因侵权行为而生的损害。[4] 相当性与规范的保护范围之间是有争议的。相当性判断往往以经验知识为支撑，并建立在常人对损害后果的一般可预见基础之上。规范的保护范围则是从立法者的特定先见出发，因为立法者创制某个规范的目的在于阻止特定损害。通常需要检视损害与侵害之间是否有相当因果关系，以及损害是否在规范的保护范围之内。[5] 规范的保护范围优先于相当性，立法者的预见所及要远于常人的一般可预见性。[6] 对于侵权法中的相当性，有学者认为其核心理念是事件或者行为通常的发展过程。[7] 19 世纪 80 年代后期，国内不少学者扬弃此前的必然因果关系理论，开始主张相当因果关系理论，即原因行为与损害结果之间不一定是必然客观的联系，只具有相当程度的

---

〔1〕 王利明：《侵权行为法研究》(上卷)，中国人民大学出版社 2004 年版，第 418 页。

〔2〕 参见李中原：《论侵权法上因果关系与过错的竞合及其解决路径》，载《法律科学(西北政法大学学报)》2013 年第 6 期。

〔3〕 参见[德]埃尔温·多伊奇、汉斯－于尔根·阿伦斯：《德国侵权法：侵权行为、损害赔偿及痛苦抚慰金》(第 6 版)，叶名怡、温大军译，中国人民大学出版社 2022 年版，第 28 页。

〔4〕 参见王泽鉴：《侵权行为》(第 3 版)，北京大学出版社 2016 年版，第 236－237 页。

〔5〕 参见[德]埃尔温·多伊奇、汉斯－于尔根·阿伦斯：《德国侵权法：侵权行为、损害赔偿及痛苦抚慰金》(第 6 版)，叶名怡、温大军译，中国人民大学出版社 2022 年版，第 30 页。

〔6〕 参见[德]埃尔温·多伊奇、汉斯－于尔根·阿伦斯：《德国侵权法：侵权行为、损害赔偿及痛苦抚慰金》(第 6 版)，叶名怡、温大军译，中国人民大学出版社 2022 年版，第 32 页。

〔7〕 参见李中原：《论侵权法上因果关系与过错的竞合及其解决路径》，载《法律科学(西北政法大学学报)》2013 年第 6 期。

关联性。[1] 该相当因果关系理论的重点在于,强调行为人不法行为介入社会的现存状态,并对现存的危险程度有所增加或者改变,亦即行为人增加了受害人既存状态的危险程度,或者使受害人暴露在与原来危险不相同的危险状态,此时行为人的行为就属于产生损害结果的充分原因或者相当原因。[2]

日本学者提出,相当因果关系理论至少包括三个层次的问题,第一,判断加害行为是否是损害发生的原因,即事实上的因果关系;第二,对于加害行为造成的损害的赔偿范围进行法律上的判断,类似于损失上的因果关系;第三,用金钱对划定范围内的损害进行评价,即损失赔偿金额的认定问题。[3] 即使是事实上的因果关系也不完全是价值中立的因果关系判断,也存在需要根据不同场合先行规范性判断的情形。[4] 德国的相当因果关系学说更多地适用于责任范围因果关系领域。如果某行为有责地、违法地导致了某项侵害,那么只有由此相当地引发的损害才能获得赔偿。德国联邦法院一则判决认为,如果某给定事实一般性地提高了引发后果的可能性,那么该事实就是该后果的相当性条件。相当性实际上包含了一个概然性判断。[5]

(二)相当因果关系的判断标准

相当因果关系理论对于侵权行为人与损害后果不要求二者之间存在直接联系或者必然联系,而是关注侵权行为人的行为是否在一定程度上会造成损害后果。如果存在造成损害后果的相当性,那么就成立因果关系。相

---

[1] 参见范利平:《侵权法上因果关系研究》,载《现代法学》2004 年第 3 期。

[2] 参见郭峰主编:《虚假陈述证券侵权赔偿》,法律出版社 2003 年版,第 269 页。

[3] 参见[日]吉村良一:《日本侵权行为法》(第 4 版),张挺译,中国人民大学出版社 2013 年版,第 70 – 71 页。

[4] 参见[日]吉村良一:《日本侵权行为法》(第 4 版),张挺译,中国人民大学出版社 2013 年版,第 71 – 72 页。

[5] 参见[德]埃尔温・多伊奇、汉斯 – 于尔根・阿伦斯:《德国侵权法:侵权行为、损害赔偿及痛苦抚慰金》(第 6 版),叶名怡、温大军译,中国人民大学出版社 2022 年版,第 28 – 29 页。

应的,行为人就需要承担侵权责任。依据相当因果关系理论来判断侵权行为和损害后果之间因果关系,主要依据一般人的判断标准。换言之,即依据社会的一般经验和能力,以及普遍具备的知识水平,来判断侵权行为人的行为与损害后果之间的相当性。[1] 因果关系的判断可以分为两个步骤:第一个步骤是在事实因果关系的基础上,对侵权行为人的行为进行评价,判断行为与损害后果之间是否具有发生的可能性;第二个步骤是判断这种可能性是否达到了因果关系相当性的程度。相当性并不是简单的因果关系成立或不成立,其本身就天然包含了对可能性的程度进行考量。[2] 各国司法机关的判例学说采用的判断标准各不一样,但都会有一个共同之处,那就是认为相当因果关系不只是一个技术层面的因果关系认定方法,更是一种社会层面实施法律政策的重要工具。相当因果关系很大程度上是侵权法中对于赔偿责任因果关系的价值判断。[3] 相当因果关系说与条件说和原因说的重要区别就在于,相当因果关系说除了首先判断事实上的因果关系之外,还要进一步判断侵权行为与损害后果之间是否成立法律上的因果关系。[4]

我国台湾学者认为,认定侵权责任的相当因果关系,不宜采用固定的或者千篇一律、格式化的判断标准。不同的个案应当适用不同的因素和情况来认定,这不仅是保护受害人的需要,同时也是合理限制侵权行为人责任的要求。[5] 我国学者提出,法官在认定因果关系相当性的方面,主要思路表现在:首先,通过合理人的标准判断是否成立因果关系。其次,合理排除各种外来原因或者介入因素,然后再看侵权行为或者条件是否导致了损害后果的实际发生。最后,在一些案件中利用传统的社会经验法则判断因果关系是否成立,并认定侵权行为或者其他原因造成损害后果的可能性程

[1] 参见范利平:《侵权法上因果关系研究》,载《现代法学》2004 年第 3 期。
[2] 参见叶金强:《论过错程度对侵权构成及效果的影响》,载《法商研究》2009 年第 3 期。
[3] 参见王泽鉴:《侵权行为》(第 3 版),北京大学出版社 2016 年版,第 246 页。
[4] 王利明:《侵权行为法研究》(上卷),中国人民大学出版社 2004 年版,第 420 页。
[5] 参见王泽鉴:《侵权行为》(第 3 版),北京大学出版社 2016 年版,第 257 页。

度。[1] 有学者进一步提出危险范围说，为相当因果关系的认定提供了一个可行的路径。如果侵权行为人实施的行为造成危险的形成或者增加，而且该危险原本不会发生或者发生的程度较低、影响较小，那么就可以认定侵权行为与损害后果之间成立相当因果关系。危险范围说的主要目的或者用途在于在一定程度上预防特定类型风险的发生。危险范围说的理论是为了确定责任，而不是为了限制责任。判断风险的合理性，并不是一种精密的风险数值计算行为，而是一种法律上的价值判断行为，因此，这样的理论不能扩大化，否则容易造成责任的泛化和扩张。[2]

（三）相当因果关系理论的修正

我国学者提出，复杂情形下的侵权行为与损害后果之间，可以考虑适用相当因果关系说来认定因果关系的成立。这样考虑的主要目的在于，首先，需要减轻复杂情形下受害人的举证要求或者负担；其次，相当因果关系说体现的是法律上的真实，更多时候关注的是法律上的价值判断，判断标准方面主要是基于社会一般认知水平和经验规则进行；最后，相当因果关系说为了避免因果关系的链条过长，往往会有针对性地对侵权行为中有意义的事实原因进行遴选。[3] 从另一个角度来说，相当因果关系说具有因果关系链条较长的特征，因为其理论并不排除侵权行为中的原因和损害后果之间所有可能的情形，这常常会导致责任范围的不当扩大。曾有学者提出，在相当因果关系的判断中，考虑适用是否具有主观过错以及主观过错的程度来进行替换或者补充。但是，这样一来，传统侵权责任四个构成要件中，就混同了过错和因果关系两个不同的构成要件，明显有些不适当。[4] 诚然，在故意和重大过失导致的侵权行为中，主观过错会对因果关系的判断产生重要的影响。需要注意的是，应尽量避免让过错程度与因果关系判断混同，有机平

---

〔1〕 王利明：《侵权行为法研究》（上卷），中国人民大学出版社2004年版，第420－421页。

〔2〕 王利明：《侵权行为法研究》（上卷），中国人民大学出版社2004年版，第433页。

〔3〕 王利明：《侵权行为法研究》（上卷），中国人民大学出版社2004年版，第422－423页。

〔4〕 参见范利平：《侵权法上因果关系研究》，载《现代法学》2004年第3期。

衡过错和因果关系判断这两个侵权责任构成要件的关系，通过分析过错程度和因果关系之间是否存在正相关或者负相关，以及不同情形下的所有影响因素，来综合考量和判断，最终确定侵权行为与损害后果之间的相当因果关系是否成立。[1] 因果关系理论中的“相当性”，主要是结合主观过错中的“结果过错”领域进行分析，有必要与主观过错认定中的“行为过错”合理区分。[2] 有部分学者以及德国联邦法院认为，相当因果关系的真正价值并不是侵权法中的因果关系判断问题，而属于侵权责任认定中的一种规范评价或者社会考察。因此，相当因果关系说在德国民法中的经典地位开始动摇，理论界逐渐倾向于法规目的说。[3]

（四）相当因果关系被用于证券虚假陈述损失因果关系的认定

相当因果关系说被用于证券虚假陈述行为与交易损失之间因果关系的认定。一方面，虚假陈述行为与交易损失之间往往存在多因一果的情形，甚至因果关系中断，乃至不存在因果关系的情形。另一方面，从投资者利益保护角度，在因果关系不清并且双方争议较大的情形下，法院会采用相当因果关系理论来认定虚假陈述行为与交易损失之间的因果关系，即只要能够推断出虚假陈述行为在一定程度上会导致投资者交易损失的产生，就可以认定两者之间存在因果关系。换言之，不追求虚假陈述行为必然导致交易损失的产生，只要虚假陈述行为与交易损失之间存在“相当性”。

三、法规目的说与虚假陈述因果关系的信赖推定

法规目的说首先由德国学者拉贝尔（Rabel）在20世纪初期提出，随后

---

〔1〕 参见叶金强：《论过错程度对侵权构成及效果的影响》，载《法商研究》2009年第3期。

〔2〕 参见李中原：《论侵权法上因果关系与过错的竞合及其解决路径》，载《法律科学（西北政法大学学报）》2013年第6期。

〔3〕 参见冯珏：《英美侵权法中的因果关系》，中国社会科学出版社2009年版，第12－13页。

被冯·卡佽梅尔(Von Caemmerer)继承和发扬光大。[1] 德国法学上作为取代或补充相当因果关系理论的法规目的说理论,主要通过对具体规定或者抽象规则的目的或者保护范围的衡量来界定因果关系的范围。[2] 法规目的说理论一般从以下三个方面进行分析,首先,要求判断原告遭受的损害结果是否属于法律法规所保护的法益范畴;其次,原告是否在法律所保护的主体的范围内;最后,损害结果所发生的具体类型是否为法律法规所意欲防止或避免。[3] 法规目的说理论认为,损害结果发生在法律规定的目的所涵盖的范围内。换言之,被告行为属于法律法规规范的对象,造成合理可预见的风险或法律法规目的所预防的风险,则产生赔偿责任。法规目的说理论的最大问题在于如何确定法律法规目的,实践中,法规目的由于没有明确标准而往往成为法官自由裁量的结果。[4]

(一)法规目的说的理论依据

相当因果关系理论之后,法规目的说理论迅速崛起。法规目的说的主流观点是侵权行为的责任认定和赔偿损失需要依据侵权法规的目的来考量和决定。一方面,需要从法规的目的方面来判断侵权行为人是否应当对其侵害行为承担责任,这是一个法律上的判断;另一方面,相当因果关系理论是抽象的,不确定的,有必要通过法规的条文和目的来合理界定侵权行为的赔偿范围。德国不少学者倾向于同时将相当因果关系说和法规目的说作为侵权责任损害赔偿的理论分析工具。对于侵权行为,先通过相当因果关系判断,然后再分析是否符合法规要求。这种认定方式从一定程度来说,是通过法规目的来限制或者排除相当因果关系中扩大的责任范围。[5] 我国台

[1] 参见冯珏:《英美侵权法中的因果关系》,中国社会科学出版社2009年版,第14页;王泽鉴:《侵权行为》(第3版),北京大学出版社2016年版,第262页。

[2] 参见李中原:《论侵权法上因果关系与过错的竞合及其解决路径》,载《法律科学(西北政法大学学报)》2013年第6期。

[3] 王利明:《侵权行为法研究》(上卷),中国人民大学出版社2004年版,第426页。

[4] 参见陈聪富:《因果关系与损害赔偿》,北京大学出版社2006年版,第125-129页。

[5] 参见王泽鉴:《侵权行为》(第3版),北京大学出版社2016年版,第262页。

湾学者会区分两种情形来分析和解释法规目的说理论。一种情形是通过对作为侵权责任构成要求的因果关系进行分析判断,并结合法规目的最终判断因果关系是否成立。另一种情形是直接通过法规目的来判定是否应当承担侵权责任,因果关系的认定问题被直接从侵权责任构成要件中排除。法规目的说理论的优点在于从复杂的因果关系认定回归到简单的法律规定,并且更多考虑侵权行为和法律法规要求的义务之间是否平衡。[1] 由是观之,法规目的说理论原本是为了弥补相当因果关系说理论的不足和责任范围不当扩大的缺陷,但实际上直接把侵权责任的因果关系认定问题直接替换成了是否违反法律法规的分析和认定。[2] 侵权责任中的因果关系问题,反而逐渐淡化。

(二)法规目的说的判断标准

法规目的说理论首先要求判断受害人遭受的损害是否属于法规所保护的法益范畴,其次要求受害人须在法律所保护的人的范围内,最后还要考虑导致损害发生的具体类型,是否为法律法规所意欲防止和避免。[3] 我国台湾学者从三种案件类型来判断法规目的说,第一种类型是被告人所受损失扩大的案件,如车祸导致的自杀行为。按照法规目的说,驾驶员仅在车祸造成的受害人损害范围内承担赔偿责任,其对受害人的自杀行为不承担扩大的赔偿责任。第二种类型是违法性关联案件,如在禁止打猎日进行打猎,非因打猎人的过错造成受害人损害。按照法规目的说,打猎人不承担赔偿责任,因为禁止打猎日的法律规定是为了安静的生活环境。第三种类型是反射损失案件,按照法规目的说,第三人因受害人的损害而受到的损害,不应在侵权人的赔偿范围内,侵权人只赔偿直接受害人的损失。[4] 法规目的说是对相当因果关系的补充,更加明确了相当因果关系的判断标准,又是对相

---

〔1〕 参见曾世雄:《损害赔偿法原理》,中国政法大学出版社2001年版,第113－114页。
〔2〕 王利明:《侵权行为法研究》(上卷),中国人民大学出版社2004年版,第425页。
〔3〕 王利明:《侵权行为法研究》(上卷),中国人民大学出版社2004年版,第426页。
〔4〕 参见曾世雄:《损害赔偿法原理》,中国政法大学出版社2001年版,第115－117页。

当因果关系的限制,因为因果关系的判断范围过于宽泛,故要通过规范目的来对其进行限缩。[1]

(三)法规目的说的评价

相当因果关系理论主要根据社会一般的经验来考虑因果关系的相当性,这实际上给予了法官极大的自由裁量权利。所以法规目的说应运而生。我国学者认为,法规目的说的合理性在于:第一,提供了一种判断因果关系的新的思考方法。相当因果关系说采取的是一种客观的事后判断和一般的生活经验标准。因果关系的确定在于归责的需要。第二,确定了哪些法益应当受到法律的保护。第三,由于完全赔偿将使损害赔偿的范围过于宽泛,需要通过对规范目的的探究对其进行限制。法规目的说的缺陷同样明显。因为法律法规是有发展阶段和完善程度之分的,不同的社会状态会适用不同的法律法规相关规范,而且社会状态的变化会随之要求法律法规修订或者调整。此外,相当一部分法律法规的具体条文中并没有包含明确的规范目的,如果在司法实践中随意对其进行解读,将会产生相当因果关系说的类似后果,即导致因果关系认定方面的随意性。[2] 依据法规目的说来认定侵权行为人对损害后果承担赔偿责任,无须研判侵权行为和损害后果之间是否成立相当因果关系,只要符合法律法规的规范要求即可认定。质言之,依据法规目的说来认定因果关系,是直接按照法律法规的目的和内容决定,并不考虑其他任何特定的标准。[3] 随着法规目的说的发展,学者们也开始关注到真正的因果关系问题离不开对条件的分析和判断,法规目的说只是将侵权责任的原因归结到了法律法规的具体条文或者目的之中,很大程度上来说,相当于重新回到了条件说的立场。[4]

---

〔1〕 王利明:《侵权行为法研究》(上卷),中国人民大学出版社2004年版,第427页。
〔2〕 王利明:《侵权行为法研究》(上卷),中国人民大学出版社2004年版,第428－429页。
〔3〕 参见郭峰主编:《虚假陈述证券侵权赔偿》,法律出版社2003年版,第269页。
〔4〕 参见冯珏:《英美侵权法中的因果关系》,中国社会科学出版社2009年版,第16页。

（四）法规目的说与虚假陈述因果关系的信赖推定

虚假陈述作为证券欺诈侵权行为之一，一直是证券市场打击违法违规，保护广大投资者合法利益的重点对象。无论是从证券法的角度，还是从证券监管部门行政管理的角度，都对虚假陈述行为采取了严厉打击措施，着重保护投资者利益。因此，对于虚假陈述行为与投资者交易之间的因果关系连接，没有像传统侵权法那样要求投资者对虚假陈述行为构成信赖，而是直接推定信赖成立。一方面是因为广大投资者很难收集或提供虚假陈述行为发生时的信赖证据，如阅读了相关虚假陈述信息，或者与虚假陈述行为主体进行了沟通等；另一方面也体现了法律法规对于投资者利益保护的根本目的。

四、德国侵权法因果关系二分法与虚假陈述因果关系

德国关于侵权行为法上的因果关系，一般分为责任成立因果关系和责任范围因果关系。[1] 之所以进行如此区分，是因为传统因果关系认定上的条件说和等值说，并不能正确区分责任成立因果关系和责任范围因果关系。[2]

对于可归责的行为和权利侵害之间可能存在的因果关系，即责任成立因果关系，属于事实构成要件，并且本身在规范性层面受到违法性和过错的限制。责任成立因果关系作为是否应当承担法律责任的第一个前提，即可归责的行为与权利侵害之间存在因果关系。责任成立因果关系往往会借助自然科学对于一般性原因关联的认定规则。[3] 一般分为两个阶段加以认定，即先肯定条件关系，再判断相当性。我国台湾学者列举分析了寄放炸药

---

〔1〕参见王泽鉴：《侵权行为》（第3版），北京大学出版社2016年版，第230页。

〔2〕朱岩：《当代德国侵权法上因果关系理论和实务中的主要问题》，载《法学家》2004年第6期。

〔3〕参见［德］埃尔温·多伊奇、汉斯－于尔根·阿伦斯：《德国侵权法：侵权行为、损害赔偿及痛苦抚慰金》（第6版），叶名怡、温大军译，中国人民大学出版社2022年版，第26页。

因电线走火引发的爆炸,旅客在连环车祸的过程中因恐惧车身爆炸而跳落桥下身亡,堆置的易燃物保丽龙因焚烧纸钱引起火灾,怀疑他人偷窃杂志而导致警察查封杂志等案例。通过这些案例,能够看出除自然行为的条件之外,司法实践中更多地关注和评价行为和结果的相当性,具有一定的启示性。[1] 德国民法中判定责任成立因果关系的权威理论就是条件说或称为必要条件说。依据该理论,在某项损害行为中,造成该项损害的条件可能非常多,但是其中只有那些在其欠缺时就不会导致损害的条件才属于损害的原因。[2]

对于责任范围的因果关系,主流学说是相当因果关系说。[3] 责任范围因果关系,主要是指权利侵害与损害之间的因果关系。责任范围因果关系需要相当性来确定因果关系,因为责任范围因果关系的评价一般不会因为过错而修改,所以如果不加区别地来对待,将会导致行为人对实际发生的一切后果承担损害赔偿责任。实践中,如果要求一切皆需赔偿,不区分任何具体情形,似乎有些太过分。比较恰当和适合的处理方式是,对于侵权行为中出现的一些出乎意料的进程应当被剔除;对于需要承担责任的损害后果,应当限制在一般常人可以预见的范围内。[4] 因此,责任范围上因果关系的相当性,是为了判定何种损害是由于权利受侵害而发生,从而应当由加害人或者行为人承担损害赔偿责任。[5] 申言之,这意味着只有基于常人的预见以及可被预期出现的损害,才具有责任范围上的因果关系,才应当作为损害后果。[6] 早在我国侵权责任法立法之初,一些学者们的草案建议稿就开始提出原因力的适用问题。随着侵权法的发展和成熟,原因力已经逐步成为损

[1] 参见王泽鉴:《侵权行为》(第3版),北京大学出版社2016年版,第248页。
[2] 参见郭峰主编:《虚假陈述证券侵权赔偿》,法律出版社2003年版,第264页。
[3] 参见郭峰主编:《虚假陈述证券侵权赔偿》,法律出版社2003年版,第267页。
[4] 参见[德]埃尔温·多伊奇、汉斯-于尔根·阿伦斯:《德国侵权法:侵权行为、损害赔偿及痛苦抚慰金》(第6版),叶名怡、温大军译,中国人民大学出版社2022年版,第26页。
[5] 参见陈聪富:《因果关系与损害赔偿》,北京大学出版社2006年版,第164页。
[6] 参见[德]埃尔温·多伊奇、汉斯-于尔根·阿伦斯:《德国侵权法:侵权行为、损害赔偿及痛苦抚慰金》(第6版),叶名怡、温大军译,中国人民大学出版社2022年版,第26-27页。

害赔偿认定和承担的重要判断因素。有学者认为,责任范围实际上就是要解决原因力问题。[1]

第三节　英美法系侵权法理论与虚假陈述因果关系

英美法系学者认为,因果关系不是一个需要分析的概念,而是一个需要驱除的幽灵。[2] 一直以来的因果关系研究都往往是理论的阶段总结和大量的案例分析,仿佛给人一种感觉,脱离了具体案例,因果关系理论就成了无源之水,无土之木。司法实践中的因果关系问题是一个作为的行为或者不作为的行为是否造成了某一特定的结果。侵权法律中,因果关系问题既与责任的存在关联,又与责任的范围有关。[3] 作为普通法代表的英国法在很长一段时间就采取"鸽洞模式"来具体列举一般侵权行为,每一种侵权行为由单独的令状来确认,各有其构成要件,相互之间也可能会竞合。[4] 这反映出因果关系理论的疑难和薄弱,常常不难找出一个新的案例,来否定现有案例的因果关系认定。

普通法系侵权法的历史并不算长,但是经历的变化却不少。[5] 有学者认为培根所论述的原因的认定应当限于直接原因,不需要追究到更深远的程度,这就是现代因果关系学说中的 proximate cause(近因)的起源。[6] 学者普洛克(Pollock)和马特兰德(Maitland)突破了培根从原因与结果之间在

---

〔1〕 王利明:《侵权行为法研究》(上卷),中国人民大学出版社2004年版,第393页。

〔2〕 [美]H. L. A. 哈特、托尼·奥诺尔:《法律中的因果关系》(第2版),张绍谦、孙战国译,中国政法大学出版社2005年版,第5页。

〔3〕 [美]H. L. A. 哈特、托尼·奥诺尔:《法律中的因果关系》(第2版),张绍谦、孙战国译,中国政法大学出版社2005年版,第73-74页。

〔4〕 参见程啸:《侵权责任法》(第2版),法律出版社2015年版,第203页。

〔5〕 於兴中:《侵权法与经验》,载金福海主编:《侵权法的比较与发展》,北京大学出版社2013年版。

〔6〕 参见韩强:《法律因果关系理论研究——以学说史为素材》,北京大学出版社2008年版,第14页。

时间和空间上“直接关联性”的近因理论，进一步从原因对结果所起作用角度进行因果关系认定，这种观点经学者杰瑞米阿·史密斯(Jeremiah Smith)继承、吸收并发展成为实质因素说理论〔1〕。我国台湾学者认为，美国学者史密斯提出实质因素说的目的在于处理法律上因果关系，而非事实上因果关系。但是美国侵权行为法同时将实质因素说应用于事实因果关系的判断。法院适用实质因素说的目的在于衡量被告行为对损害发生之原因力与其他因素相比，在“量”上是否显然重要。〔2〕

一、英美法系侵权因果关系二分法与虚假陈述因果关系

与以德国为代表的大陆法系的责任成立与责任范围来界定因果关系的因果关系两分法相似，普通法系国家将因果关系区分为事实上的因果关系与法律上的因果关系两类。前者强调以违法行为和损害是否具有事实上的原因，来判断当事人是否需要承担责任；后者则旨在明确既有的损害是否存在侵权行为以外的原因，并以此确定责任人的责任范围。换言之，事实上的因果关系要说明的是实际上发生了什么，被告的行为事实上是否促成了原告所受损害的发生。从被告的行为是否属于重要因素角度来看，事实上的因果关系有三种检验方法：一是“若无，则不”标准；二是独立充分标准；三是其他重要因素。〔3〕 法律因果关系要求原因必须是可归责的，有些学者认为这实际上是基于政策考量的责任限制。〔4〕

大陆法系与英美法系在判断规则上存在不同，但是在因果关系结构上均采取二分法，不同因果关系分类之间也具有相通性。因此，两大法系对于因果关系理论的研究成果和实践经验均有着良好的借鉴作用和指导意义。

〔1〕 参见韩强：《法律因果关系理论研究——以学说史为素材》，北京大学出版社2008年版，第17－18页。

〔2〕 参见陈聪富：《因果关系与损害赔偿》，北京大学出版社2006年版，第63－68页。

〔3〕 参见[美]文森特·R. 约翰逊：《美国侵权法》(第5版)，赵秀文等译，中国人民大学出版社2017年版，第87－88页。

〔4〕 参见[奥地利]海尔姆特·库奇奥主编：《侵权责任法的基本问题(第二卷)比较法的视角》，张家勇、昝强龙、周奥杰译，北京大学出版社2020年版，第361页。

美国证券法中证券欺诈案件中的因果关系分为交易因果关系与损失因果关系。交易因果关系用于认定原告的证券交易行为是否基于其对被告实施的欺诈行为的信赖;损失因果关系用于认定被告对于其侵权行为的赔偿范围。美国证券法将侵权法中的事实因果关系(责任成立因果关系)和法律因果关系(责任范围因果关系)转化为证券欺诈案件中的交易因果关系与损失因果关系,能够更有效认定证券欺诈案件中的因果关系。交易因果关系中涉及的信赖要件往往存在争议,因为信赖属于主观判断范畴,证券欺诈案件中涉及的人数众多,很难让广大投资者来证明交易因果关系中信赖要件的成立。[1] 但是基于虚假陈述因果关系的侵权法理论基础和渊源,结合理论研究成果和实践经验总结,对于证券虚假陈述侵权案件的因果关系认定正在逐渐形成行之有效的方法和路径。

二、事实因果关系与虚假陈述因果关系的信赖推定

(一)英美侵权法一般规则中事实因果关系认定

"若无,则不"(but for)规则是英美侵权行为法中用来判定事实因果关系的标准。[2] "若无,则不"规则要求区分事实上的因果关系和法律上的因果关系。该规则强调法律政策考量,给予法官在判断因果关系时一定的自由裁量权。[3] "若无,则不"规则是被应用于误导或欺骗行为案件中的第一个测试,它先确定一个事件和一个结果,然后在一个假设的世界中测试事件与结果的关系,就像从真实的世界里拿走了被测试的事件一样。[4] 美国侵权行为法认定证券欺诈案件中的事实因果关系就以"若无,则不"规则作为测试标准,通过概率上的优势来判定被告虚假陈述行为是否对原告遭受的投资损失产生原因力。《美国侵权法重述(第二次)》中规定事实因果关系

---

[1] 袁康等:《证券侵权民事赔偿标准研究》,法律出版社2022年版,第18页。

[2] 参见郭峰主编:《虚假陈述证券侵权赔偿》,法律出版社2003年版,第246页。

[3] 参见王利明:《侵权行为法研究》(上卷),中国人民大学出版社2004年版,第402页。

[4] Henry Cooney, *Misleading Conduct, Reliance and Market－Based Causation*, 48 University of Western Australia Law Review 431,438(2021).

所需满足的条件或者要求是对于被告的虚假陈述行为构成合理信赖，并且该合理信赖具有重大性，因此，被告的虚假陈述与原告的投资行为之间成立事实因果关系。基于规定，一般认为事实因果关系至少包含两个方面的事实：第一是虚假陈述的行为具有重大性，第二是对虚假陈述的行为构成事实上的信赖。对此，《美国侵权法重述（第二次）》中规定，如果交易的一方通过隐匿或其他行为故意阻碍另一方取得重大性的信息，那么这种行为就与该方向另一方陈述该信息不存在以阻碍另一方发现该信息没有本质上的区别，因此，从事此等隐匿或其他行为的一方也应当就另一方因此所受的财产损失承担赔偿责任。〔1〕

《美国侵权法重述（第二次）》中进一步区分了明知、过失，以及无意虚假陈述三种情形下的事实因果关系判定标准。明知一般是指基于法律规定、交易惯例，以及合作关系可以认定虚假陈述的一方知悉另一方如果信赖其虚假陈述将会作出与其本意不一致的决定。过失性虚假陈述和无意虚假陈述的认定主要看虚假陈述行为人披露信息时是基于过失提供还是无意提供。〔2〕

有学者提出，传统侵权法中事实因果关系侧重于被告侵权行为与原告损害后果之间的事实联系。在证券虚假陈述侵权案件中，这一事实因果关系成立与否主要基于是否构成重大性以及合理信赖而判断。法律上对于重大性、合理信赖的要求是为了限制损失赔偿责任的扩大以及商业交易的稳定性。〔3〕

“若无，则不”测试的现代观点来自美国学者大卫·路易斯（David Lewis）的反事实依赖第二阶段的镜像应用。路易斯认为，一个结果反事实依赖于一个事件需要满足两个条件：第一个条件是事件和结果在真实世界实际发生；第二个条件是如果事件没有发生，那么在假设的世界中结果也同样不

---

〔1〕 参见郭峰主编：《虚假陈述证券侵权赔偿》，法律出版社2003年版，第272页。

〔2〕 参见郭峰主编：《虚假陈述证券侵权赔偿》，法律出版社2003年版，第273页。

〔3〕 参见郭峰主编：《虚假陈述证券侵权赔偿》，法律出版社2003年版，第274－275页。

会发生。[1] 我国台湾学者结合大陆法系的条件说和英美法系的因果关系理论,提出在判断事实上的因果关系时,可以采用删除法和替代法相互检验,以确定被告的行为和损害结果之间是否具有事实上的因果关系。[2] 删除法是把被告的行为排除之外,看原告的损害是否仍然发生,如果仍然发生,那么被告的行为与之不成立因果关系。删除法一般用于被告行为属于作为的情形。替代法一般用于被告行为属于不作为的情形,即被告的合法行为替代不法行为后,看原告损害结果是否仍然发生。如果仍然发生,那么被告的行为与原告的损害后果之间不成立因果关系。[3]

"若无,则不"规则也有一定缺陷,一是共同危险行为中难以将任何危险行为人的行为从可能造成损害后果的原因中排除。二是用该规则来判断损害发生的概率存在困难。换言之,"若无,则不"规则在事实因果关系的判定方面相对有效,对于法律上因果关系的判定则比较困难。[4] 司法实践中,"若无,则不"规则一般可以解决大部分案件中的事实因果关系的判定问题,但是有时候该规则将无法适用,即两个或者两个以上原因共同造成了某项损害且每一个原因单独发生之时都可能导致该损害结果的情形。[5]

我国在证券虚假陈述侵权责任的认定上借鉴了美国的信赖推定原则,并直接在 2003 年《证券市场虚假陈述赔偿规定》第 18 条明文规定了交易即构成信赖。损失因果关系方面的举证责任问题一般通过鉴定机构来解决,或者直接倒置给被告来承担举证责任以及进行抗辩。[6] 我国上海市高级人民法院早在 2007 年前后就认为,证券虚假陈述行为所造成的投资者损失并不是虚假陈述行为被揭露后的股票价格下跌,而是投资者基于信赖买入

〔1〕 Henry Cooney, *Misleading Conduct*, *Reliance and Market – Based Causation*, 48 University of Western Australia Law Review 431,438(2021).

〔2〕 参见王利明:《侵权行为法研究》(上卷),中国人民大学出版社 2004 年版,第 418 页。

〔3〕 参见韩强:《法律因果关系理论研究——以学说史为素材》,北京大学出版社 2008 年版,第 30 – 32 页。

〔4〕 参见王利明:《侵权行为法研究》(上卷),中国人民大学出版社 2004 年版,第 402 页。

〔5〕 参见郭峰主编:《虚假陈述证券侵权赔偿》,法律出版社 2003 年版,第 247 页。

〔6〕 参见袁康等:《证券侵权民事赔偿标准研究》,法律出版社 2022 年版,第 19 页。

股票时所形成的损失。[1]

(二)美国证券法规定事实因果关系的成立需要“耳闻目睹”

美国证券欺诈案件中,原告不需要证明其信赖虚假陈述的真实性,只需要提出证据证明招股说明书或证券发售过程中的沟通中,被告错误陈述了重大事实或者存在遗漏,原告自身并不知情,就可以认定原被告之间成立虚假陈述与交易行为的事实因果关系。这一点,美国证券法也有不同的规定,第 11 条规定被告来承担举证责任,证明原告知晓证券登记文件中的错误陈述或遗漏,第 12 条规定由原告来证明自己不知晓被告招股说明书或证券发售过程中的沟通存在错误陈述或遗漏。[2] 美国证券法第 18 条中关于事实因果关系,法院认为必须通过“耳闻目睹”规则进行检验,即原告必须证明其信赖了被告向证监会提交的登记材料或其副本内容。对于法律因果关系则按照普通法中的侵权因果关系理论解决,但是合理预见说等侵权法中判定法律因果关系理论也需要区别对待。对于美国法院来说,他们通常将不同条文和规则中的赔偿一起适用。[3]

三、法律因果关系与虚假陈述损失因果关系

被告侵权行为与损害结果之间具有事实因果关系时,需要考虑法律因果关系,来判断被告的行为是否对原告的损失承担赔偿责任。[4] 英美法系侵权法传统的观点认为因果关系属于事实问题,倾向于交给陪审团来给出答案。但是它并没有排斥上级法院就“近因”或者“间接性因素”对判决进行审查。法院常常遇到的问题是,某一特定的行为是否属于某种损害的原

---

[1] 参见樊健:《我国证券市场虚假陈述民事责任理论与实践的新发展》,法律出版社 2021 年版,第 18 页。

[2] 参见郭峰主编:《虚假陈述证券侵权赔偿》,法律出版社 2003 年版,第 281 页。

[3] 参见郭峰主编:《虚假陈述证券侵权赔偿》,法律出版社 2003 年版,第 282 页。

[4] 参见陈聪富:《因果关系与损害赔偿》,北京大学出版社 2006 年版,第 85 页。

因,并没有一个圆满的答案。[1] 因此,法律因果关系也被称为"最近因果关系",或简称"近因"。法律因果关系的实质问题,实际上就是侵权责任中的损害赔偿范围问题。其解决的思路是,侵权行为人需要对其行为造成的哪些损害后果承担责任,或者在具体的损害后果中承担多大程度的责任。责任自负,虽然体现了每个人应当对其行为所造成的后果负责,但是也并不意味着行为人需要对其行为无限延伸的因果关系所关联的所有损害后果负责。[2]

(一)可预见性是法律因果关系的前提

从英美法院判例来看,根据被告虚假陈述与原告所受到的损害之间是否有其他因素介入,可具体分为可预见的结果与因果关系中断两种不同情形。对于可预见结果的判断,可以通过危险范围以及是否为正常行为引起的结果等因素作为判断基础。[3] 可预见结果依据的合理可预见理论的判断基础是具有充分知识和经验的人对损害后果具有预见能力。[4] 对于因果关系中断,也与可预见性密切相关。英美法院后期均认为,可预见之第三人故意行为并非中断因果关系的原因,甚至第三人犯罪行为,如可预见,亦不能中断因果关系。[5] 我国 2003 年《证券市场虚假陈述赔偿规定》第 30 条并未明确过失虚假陈述责任的损害因果关系,有学者认为此种侵权行为主观恶性较小,如果加以规范,不宜采用直接结果标准,而以合理预见标准为宜。[6] 由是观之,可预见性是英美法系认定法律因果关系的前提。

---

〔1〕 参见[美]H. L. A. 哈特、托尼·奥诺尔:《法律中的因果关系》(第 2 版),张绍谦、孙战国译,中国政法大学出版社 2005 年版,第 79－80 页。

〔2〕 参见郭峰主编:《虚假陈述证券侵权赔偿》,法律出版社 2003 年版,第 253 页。

〔3〕 参见陈聪富:《因果关系与损害赔偿》,北京大学出版社 2006 年版,第 87 页。

〔4〕 参见陈聪富:《因果关系与损害赔偿》,北京大学出版社 2006 年版,第 119 页。

〔5〕 参见陈聪富:《因果关系与损害赔偿》,北京大学出版社 2006 年版,第 106－107 页。

〔6〕 袁康等:《证券侵权民事赔偿标准研究》,法律出版社 2022 年版,第 178 页。

(二)法律因果关系的判断标准

美国证券法将法律因果关系作为损失因果关系来认定。如果被告能够证明原告的损失并不是基于信赖招股说明书或者沟通中的虚假陈述,或者不是基于重大遗漏而受到的证券贬值损失,那么原告相应的损失就不能向被告主张赔偿。[1] 法律因果关系的判断标准上,对于买卖、租赁、互易三类交易中的虚假陈述相同,按照《美国侵权行为法重述(第二次)》的规定,原告基于信赖被告欺诈性虚假陈述所作出的行为或者不作出的行为而遭受损失,并且该损失在合理预见的范围内,那么被告的欺诈性虚假陈述就属于原告损失的法律原因。[2]

(三)法律因果关系的中断

法律因果关系中断,是指在因果关系进程中,介入了一定的自然事实或者第三人行为而使原有的因果关系链条发生中断,不成立损失上的因果关系。因果关系中断的原因主要包括第三人行为、自然事件,以及受害人和第三人的行为对于被告的行为是否为正常的反应。[3] 具体来说,一般表现为两种情形:第一种情形是一方从事不法行为,在损害没有发生之前,因为有其他因素的介入,从而没有发生损害或者没有按照原来的因果关系历程发生损害结果。第二种情形是一个行为人实施侵权行为之后,由于第三人的行为或者事件介入,导致了一种新的损害发生。[4] 美国学者认为,在侵权案件中,特别是过失侵权案件,即使能够找到清楚的识别标准,尝试着适用"替代原因"和"新介入的行为"也被认为是错误的。因为在过失侵权的案件中,如果尝试适用替代原因和新的介入行为进行分析,可能会导致对介入事件的精确特征产生一种不适当的、不合理的先见。而司法的注意力应当

---

[1] 参见郭峰主编:《虚假陈述证券侵权赔偿》,法律出版社2003年版,第281页。
[2] 参见郭峰主编:《虚假陈述证券侵权赔偿》,法律出版社2003年版,第275页。
[3] 王利明:《侵权行为法研究》(上卷),中国人民大学出版社2004年版,第436页。
[4] 王利明:《侵权行为法研究》(上卷),中国人民大学出版社2004年版,第435页。

集中在关于下面事项的一个更广泛的和更易理解的问题上：把一个最初行为认作侵权或者过失的理由是否包括事实上已发生的损害能够从这种行为中产生的那种可能性或者危险。[1]

法律因果关系中断的意义在于弥补事实因果关系的不足，考虑侵权行为人的行为与损害结果的关系以及介入因果关系链中其他因素的作用，从而决定侵权行为人的责任。此外，有助于确定因果关系链条中，哪些行为才是造成损害的主要原因。[2]

（四）法律因果关系对虚假陈述损失因果关系的判定

美国证券法采取合理预见理论来判定法律因果关系，将被告的赔偿范围限定在可预见的范围内。美国证券法第 11 条规定，法律因果关系的证明责任由被告来承担，原告无须承担，被告需要证明原告的损失与存在虚假陈述或者遗漏的证券登记文件无关。换言之，如果证券价格的下跌是由市场外部因素造成的，那么原告的证券贬值损失与被告的虚假陈述之间就不成立法律因果关系。[3] 美国证券法第 12 条同时规定，被告的招股说明书中或证券发售过程中的沟通中存在虚假陈述或误导性陈述时，原告投资者可以向被告提起侵权损害赔偿诉讼。从赔偿的范围来说，一般情况下，原告需向直接将证券出售给原告的主体主张，即原、被告之间存在直接法律关系。证券虚假陈述侵权案件中，这些主体也存在多种情形，如原告可以起诉发行人，也可以起诉承销商。[4]

---

〔1〕 参见［美］H. L. A. 哈特、托尼·奥诺尔：《法律中的因果关系》（第 2 版），张绍谦、孙战国译，中国政法大学出版社 2005 年版，第 87 页。

〔2〕 王利明：《侵权行为法研究》（上卷），中国人民大学出版社 2004 年版，第 437 页。

〔3〕 参见郭峰主编：《虚假陈述证券侵权赔偿》，法律出版社 2003 年版，第 280 页。

〔4〕 参见郭峰主编：《虚假陈述证券侵权赔偿》，法律出版社 2003 年版，第 280 页。

第二章　证券虚假陈述因果关系的欺诈市场理论发展

由于传统侵权法中因果关系理论建立在“面对面”侵权行为基础之上，无法直接适用于证券市场“非面对面”交易行为，因此，对于证券虚假陈述因果关系认定，美国法院和学者逐渐发展出欺诈市场理论。欺诈市场理论是一个基于法律规定和司法判例逐渐被学者总结提炼出的理论。它并不是一蹴而就的，而是通过多年的司法实践，根据不同的案情、不同的裁判，由美国学者融合现代金融学理论和证券法理论提出的，并且是从一开始的欺诈市场推定的规则，逐步完善上升为欺诈市场理论的。

第一节　欺诈市场理论的确立和演化

一、欺诈市场理论的确立

基于美国证券法 10b－5 条款的诉讼，一开始是作为一个传统的普通法欺诈诉讼来看待的，要求具备错误信息、重大性、信赖、因果关系、损失以及过错等要件。由于证券欺诈诉讼中的原告数量庞大，10b－5 条款自然引导原告组成集团诉讼。在单个虚假陈述案件中，对于重大性、损失因果关系、过错、损失等要件的要求都是合理的，对每一个原告来说，也是平等对待的。这就要求对于信赖要件和因果关系要件，原告需要证明在欺诈行为的有效期间，信赖了被告的虚假陈述信息并进行了交易，这就存在不少困难。许多投资者，尤其是在多样化市场中投资了不同组合证券的投资者，根本就没有阅读这些信息，更谈不上信赖被告的虚假陈述信息。但是毫无疑问，这些投资者所交易的证券，因为被告具有重大性的虚假陈述，导致了证券价格波动，从而受到了损失。美国学者指出，在欺诈市场理论适用之前，证券欺诈诉讼的集团诉讼确认阶段的个人信赖证明是十分困难的，有两个原因：其一，多数投资者不会看到或者听到虚假陈述信息，只有很少的投资者会查阅公司披露的信息。其二，如果需要每个投资者都证明看到或者听到虚假陈述信息将会使个人因素占据支配地位，导致集团诉讼不再适合采用。[1]

这个问题最终被现代金融学理论和证券法理论结合所形成的一个理论解决，这个理论就是欺诈市场理论。欺诈市场理论最早得到美国一些法院和美国学者费舍尔（Fischel）的推崇。[2] 欺诈市场理论简单来说，就是在一个有效率的资本市场，证券的价格反映了虚假陈述的信息，即被告所实施的虚假陈述，反映在了证券价格之中。原告基于对价格公正性的信赖进行了投资交易，并因此受到损失。因此可以证明原告的投资损失与被告的虚假陈述之间成立事实因果关系。原告与被告虚假陈述之间的信赖不需要单独证明，只需要从交易行为中推定即可。[3]

美国早期法院将欺诈市场理论作为认定构成间接信赖的依据，即一些市场参与者听闻并且信赖虚假陈述信息。这些参与者的交易活动以一种可以衡量的方式影响了市场价格，原告因此信赖了市场上设定的价格。这个

---

〔1〕 Charles R. Korsmo, *Market Efficiency and Fraud on the market: The Danger of Halliburton*, 18 Lewis & Clark Law Review 827, 835(2014).

〔2〕 James Cameron Spindler, *We Have a Consensus of Fraud on the Market – And It's Wrong*, 7 Harvard Business Law Review 67, 74(2017).

〔3〕 参见郭峰主编：《虚假陈述证券侵权赔偿》，法律出版社 2003 年版，第 288 页。

间接信赖理论暗含了欺诈市场理论的两个潜在观点:一个观点是,法庭能够推定原告合理信赖了市场价格,并且要求原告证明市场影响,即市场价格受到虚假陈述信息的影响,从而在市场和虚假陈述之间建立信赖联结。另一个观点是,只要原告能够证明虚假陈述信息的重大性,那么法庭就可以推定合理信赖和市场影响。当然,还有一种观点就是直接将信赖要件免予证明。[1]

二、美国法院 Basic 案的欺诈市场理论

美国联邦最高法院在 1988 年具有里程碑意义的 Basic Inc. v. Levinson 案的判决中采用了欺诈市场推定,使原告在广泛的集团基础上建立证券法 10b－5 规则下的"信赖"。建立集团广泛的信赖基础的假设是投资者依赖于证券价格的完整性,但是该价格被所谓的虚假陈述扭曲。[2]

Basic 案件的基本案情是,1976 年 9 月开始,Basic 公司的管理人员、董事等与意向收购方的代表就并购事宜进行了会议和电话沟通。但是 Basic 公司在 1977 年和 1978 年发布了三条公开信息,否认正在进行并购事宜的沟通。1978 年 12 月,Basic 公司向纽约证券交易所申请停牌并公告了并购事宜。12 月 19 日,Basic 公司接受了并购方每股 46 美元的报价并随后公开发布了相关信息。1977 年 10 月 21 日 Basic 公司第一次发布否认并购的信息至 1978 年 12 月并购停牌期间,出售 Basic 公司股票的投资者提起集团诉讼,主张的 Basic 公司及其董事发布错误的否认并购信息,违反了证券法 10b－5 规定和证券交易法相关规定。地区法院认定了投资者的集团诉讼资格,同时认为投资者主张的 Basic 公司发布的错误信息不具有重大性。美国联邦第六巡回法院维持了集团诉讼的认定,改变了地区法院的认定,认为不能证明并购前期的沟通信息不具有重大性。Basic 公司声称没有发生并购

---

[1] Charles R. Korsmo, *Market Efficiency and Fraud on the market*: *The Danger of Halliburton*, 18 Lewis & Clark Law Review 827,836(2014).

[2] Allen Ferrell & Andrew Roper,"*Price Impact*, *Materiality*, *and Halliburton II*"93:2 Washington University Law Review 553(2015).

相关沟通和协商,具有误导性。第六巡回法院接受了欺诈市场理论并提出可辩驳的推定,即投资者信赖了 Basic 公司发布的虚假信息。美国联邦最高法院最终认定,不能以并购价格和框架的达成作为重大性的分界线,也不能以公开发布否定信息作为构成重大性的条件,本案可以适用欺诈市场理论推定信赖,但是这个推定是可辩驳的。[1]

Basic 案中,美国联邦最高法院第一次正式采用欺诈市场理论认定原、被告双方之间关于信赖和交易因果关系的推定。法院认为在一个公开和发达的证券市场,公司所发布的经营管理方面的信息会影响公司股票的价格。如果公司发布的经营管理方面的信息是虚假陈述的信息,那么同样会快速反应到股票价格之中,市场上的投资者即使没有直接信赖该信息,也会因此受到误导而实施交易。而且基于虚假陈述信息所产生的股票价格波动并不需要考虑股票真实价值。[2] Basic 案中,在美国联邦最高法院之前,第六巡回法院认定适用欺诈市场理论并且股票交易是在一个公开有效的市场进行。美国联邦最高法院对虚假陈述信息的重大性以及适用欺诈市场理论推定信赖都进行了讨论并且形成两个问题。[3] 美国联邦最高法院最后大多数法官意见认为,适用欺诈市场理论来推定信赖主要基于公正性、公共政策、概率与诉讼经济的考量。由于有效率的市场可以将信息的价值(包括虚假陈述信息或者真实的信息)快速反映到股票价格之中,因此原告投资者基于对市场价格公正性的信赖实施交易,就可以证实事实因果关系成立。此时如果要求原告证明对具体虚假陈述信息的信赖并不合适,也没有必要。原告取得胜诉的要件包括被告实施了虚假陈述,该虚假陈述具有重大性,虚假陈述和交易发生在一个有效率的市场,原告的交易发生在虚假陈述实施

---

〔1〕 Basic Inc. v. Levinson, 485 U. S. 224(1988).

〔2〕 参见樊健:《我国证券市场虚假陈述民事责任理论与实践的新发展》,法律出版社 2021 年版,第 34 页。

〔3〕 Charles R. Korsmo, *Market Efficiency and Fraud on the market: The Danger of Halliburton*, 18 Lewis & Clark Law Review 827, 840(2014).

日至揭露日。[1]

但是,Basic 案推定的是交易因果关系,损失因果关系以及损失认定的范围仍需要进一步考量。[2] 美国联邦最高法院同时也有法官提出适用欺诈市场理论直接推定信赖是不合适的,而且即使在本案中推定,这个推定本身也是可以推翻的。推翻信赖推定可以从两个方面证明:其一是被告能够证明市场上的信息已经公开,原告可以获知;其二是原告根本就不会对虚假陈述信息形成信赖和交易。[3]

三、美国法院 Dura 案和 Amgen 案的欺诈市场理论

2005 年美国联邦最高法院裁判的 Dura 案,自 1997 年 4 月 15 日开始,Dura 公司及其管理人员对公司药品的利润和新设备取得美国食品药品监督管理局(FDA)许可作出了错误陈述。1998 年 2 月 24 日,Dura 公司宣布其营利低于预期,其后 Dura 公司的股票价格下跌了近一半。1998 年 12 月,Dura 公司宣布其新设备未能取得 FDA 许可。随后公司股票价格迅速下跌,但是一周内回升。地区法院没有支持投资者索赔的主张。法院认为投资者对于药品利润的信赖而投资并没有达到心理上合适的程度,对于新设备的 FDA 手续问题并不足以建立损失因果关系。第九巡回法院作出改判,认为新设备的 FDA 手续相关虚假陈述足以成立损失因果关系。只要投资者展示其购买公司股票时的价格因为虚假陈述而上涨,即可证明损失因果关系。美国联邦最高法院以第九巡回法院的裁判与其他巡回法院的观点不同为由,改判支持 Dura 公司的抗辩请求。[4]

Dura 案中,南加州地区法院拒绝了价格虚假上涨的认定,认为其不够充分。但是第九巡回法院改变了南加州地区法院的认定,提出损失因果关系需要证明原告购买时价格虚假上涨,并且具备充分的因果关系证明。美国

[1] Basic Inc. v. Levinson, 485 U. S. 224(1988).

[2] 参见耿利航:《欺诈市场理论反思》,载《法学研究》2020 年第 6 期。

[3] Basic Inc. v. Levinson, 485 U. S. 224(1988).

[4] Dura Pharmaceuticals, Inc. v. Broudo, 544 U. S. 336(2005).

联邦最高法院随后对第九巡回法院的裁判进行调整，摒弃了基于欺诈市场理论的损失因果关系认定中必须具备价格虚假上涨情形的观点。但遗憾的是，法院并没有同时提出损失因果关系的认定方法。美国学者奥拉扎巴尔(Olazabal)认为可以从两个方面来认定损失因果关系：一方面是原告举证更正性披露后股票价格下跌；另一方面是原告举证其在虚假上涨的价格基础上购买了股票，并在此后卖出时受到了损失。[1] Dura 案实际上要求法院区分虚假陈述披露时的实施日价格影响和揭露或更正时的价格影响。但是实际中存在安抚性的虚假陈述，该虚假陈述的目的并不在于影响证券价格，而在于维持证券价格，因此虚假陈述实施日的价格与揭露或者更正时的价格扭曲需要建立关联分析。通过揭露或者更正时的证券价格反应来认定虚假陈述实施日的价格影响程度，此时的欺诈市场理论一定程度上与损失因果关系关联。[2] 基于 Dura 案，依据美国证券法相关规定，在公众持有的证券欺诈诉讼中提出和证明一个主张需要两个基本条件：其一是投资者受到被告公司代理人的欺诈，即在证券市场中由于过错而错误陈述或者遗漏重大事实；其二是上述欺诈导致了所主张的损失。美国联邦最高法院不仅要求投资者证明欺诈行为导致证券价格上涨，而且需要原告证明真相被揭露后市场价格出现下跌。[3]

2013 年美国联邦最高法院裁判的 Amgen 案中，投资者主张 Amgen 公司对其两个旗舰药品的安全性、有效性以及市场营销作出虚假陈述，并导致了股票价格的下跌，投资者因此受到了损失。地区法院认可了在虚假陈述披露日和更正信息披露日的投资者的集团诉讼资格。Amgen 公司提起上诉，认为投资者没有证明虚假陈述的信息具有重大性，而且法院忽视了市场注意到虚假陈述期间的真相，并没有受到虚假陈述的实质影响。第九巡回

---

〔1〕 Ann Morales Olazabal, *Loss Causation in Fraud – on – the – Market Cases Post – Dura Pharmaceuticals*, 3 Berkeley Business Law Journal 337, 341 – 342(2006).

〔2〕 参见耿利航：《欺诈市场理论反思》，载《法学研究》2020 年第 6 期。

〔3〕 Richard A. Booth, *OOPs! The Inherent Ambiguity of out – of – Pocket Damages in Securities Fraud Class Actions*, 46 Journal of Corporation Law 319(2021).

法院驳回了 Amgen 公司的上诉,认为集团范围内的投资者信赖可以证明虚假陈述信息的重大性,对于重大性的证据并不是必需的。投资者在集团诉讼确认阶段之前,不需要证明重大性。美国联邦最高法院裁判中强调,他们和 Basic 案一样进行了充分的考虑,被告可以基于欺诈市场理论对信赖推定进行辩驳,但是这是审判时需要处理的问题。[1]

Amgen 案中,美国地区法院承认市场效率性,要求原告在集团诉讼确认阶段之前,有义务证明而不仅仅是宣称虚假陈述信息的重大性。[2] 但是对重大性的证据并没有提出严格要求。美国联邦最高法院法官斯卡利亚(Scalia)不同意适用欺诈市场理论,他认为该理论没有美国法典或者普通法上的依据,只是相当于 Basic 案中法院的创设。法官托马斯(Thomas)进一步阐明,传统的法律分析不应当被经济学理论替代,法院不应当基于当代微观经济学理论来构建新奇的事实。[3]

美国法院 Amgen 案和后期 Halliburton Ⅰ案中,都没有要求原告在集团诉讼确认阶段引用欺诈市场理论来说明损失因果关系。这些有可能和美国法院开始依据《私人证券诉讼改革法案》将证明标准降低到一个可接受的程度有关。[4]

四、美国法院 Halliburton Ⅰ和 Halliburton Ⅱ案的欺诈市场理论

2011 年美国联邦最高法院审理的 Halliburton 案,1999 年 6 月 3 日至 2001 年 12 月 7 日购买公司股票的投资者主张 Halliburton 公司的各种虚假陈述误导了股票价格上涨,如诉讼的潜在责任范围、建设合同的期望利润、并购的收益等。地区法院认为,按照先例,投资者需要证明损失因果关系才

[1] Amgen Inc. v. Connecticut Retirement Plans and Trust Funds, 568 U. S. 455(2013).

[2] Charles R. Korsmo, *Market Efficiency and Fraud on the market: The Danger of Halliburton*, 18 Lewis & Clark Law Review 827,850(2014).

[3] Charles R. Korsmo, *Market Efficiency and Fraud on the market: The Danger of Halliburton*, 18 Lewis & Clark Law Review 827,852(2014).

[4] A. C. Pritchard, *Halliburton Ⅱ: A Loser's Story*, 10 Duke Journal of Constitutional Law & Public Policy 27,42(2015).

能取得集团诉讼的资格确认。第五巡回法院维持了地区法院的认定。美国联邦最高法院改判支持投资者的集团诉讼主张,认为第五巡回法院在集团诉讼确认阶段要求投资者证明损失因果关系是错误的。[1]

Halliburton 案中的一个重要问题是,被告如何证明市场价格事实上没有因虚假陈述而扭曲,从而推翻欺诈市场理论的适用。[2] 被告提出,经济学家普遍同意 Basic 案中有效市场假说不符合客观现实。[3] 但是并没有提出令人信服的数据或者证据来证明有效市场假说与客观现实的不一致,仅仅是市场表面现象的陈述或者判断。大多数法官认为,即使是对有效市场假说进行批评的一流评论家也承认公开信息一般会对股票价格产生影响。[4] 法官一致认可很多投资者是基于他们相信市场低估或者高估了股票价值而进行的交易,他们希望从错误定价中获利。美国联邦最高法院托马斯(Thomas)法官进一步提出,他们的交易与价格的完整性无关,因此推定对市场价格完整性的信赖是没有意义的。[5]

Halliburton 案被美国联邦最高法院发回重审后,Halliburton 公司抗辩集团诉讼确认是不合适的,因为此前公司就已经提出损失因果关系不成立,但没有证据能够证明虚假陈述事实上影响了股票价格。第五巡回法院重审认为,Halliburton 公司对于价格影响的抗辩可以用于在审判过程中抗辩不构成信赖推定,但是不能用于集团诉讼确认阶段的抗辩。美国联邦最高法院维持了第五巡回法院的观点,并指出是时候解决投资者在缺乏价格影响证据的情况下,是否可以在集团诉讼确认阶段对 Basic 案中的推定提出抗辩的问

---

〔1〕 Erica P. John Fund Inc. v. Halliburton Co. , 563 U. S. 804(2011).

〔2〕 Charles R. Korsmo, *Market Efficiency and Fraud on the market*: *The Danger of Halliburton*, 18 Lewis & Clark Law Review 827,855(2014).

〔3〕 Charles R. Korsmo, *Market Efficiency and Fraud on the market*: *The Danger of Halliburton*, 18 Lewis & Clark Law Review 827,857(2014).

〔4〕 Charles R. Korsmo, *Market Efficiency and Fraud on the market*: *The Danger of Halliburton*, 18 Lewis & Clark Law Review 827,858(2014).

〔5〕 Charles R. Korsmo, *Market Efficiency and Fraud on the market*: *The Danger of Halliburton*, 18 Lewis & Clark Law Review 827,860(2014).

题了。法院会重新考虑 Basic 案中对于证券欺诈诉讼的信赖推定问题。[1]

Halliburton Ⅱ案的美国法院似乎希望借助定量分析的"事件研究法"对重大性及损失进行认定,但效果并不理想。事件研究法在证券虚假陈述侵权案件中往往会受到大量不同公司样本的客观性是否符合要求,设定的各种参数本身的合理性等影响。而且以维持价格为目的的虚假信息难以测试价格反应程度,以及同时公布多重混合信息情形下会分析失效。[2] 在证券虚假陈述侵权案件中,如果原告通过揭示日价格影响来间接证明实施日价格影响,虽然比较常见,但是区分影响程度非常困难。信息在证券市场持续的时间、其他信息的影响、内幕交易等其他信息或者事件的影响、其他多重信息的影响、市场对其他信息或者事件的过度反应,以及投资者因果丧失信任实施抛售股票的过度交易行为等,纷繁复杂。一般来说,目前的事件研究法难以对上述种种特殊情形作出客观的研究和分析并得出合理的结论。[3]

美国学者总结了三个教训,第一个是美国联邦最高法院在 Amgen and Halliburton Ⅱ两个案件中,对于重大性和价格影响的认定体现出一种根据不同的证明方法对重大性索赔的集团诉讼确认阶段的证明进行分类的方法。第二个是很难证明下级法院继续适用 Halliburton Ⅱ案是合理的,除了包含所谓虚假陈述的事实性披露可以证明集团证明目的中的价格影响,其他额外的信息披露无法证明价格影响。第三个是在市场上各种各样的混合信息中区分出影响价格的事实上的信息和假设的信息具有重要性,对于经济学证据,是否能够从功能上区分哪些是事实上影响价格的信息,哪些是假设影响价格的信息,一直是一个问题。[4]

五、美国法院欺诈市场理论的新动向

Halliburton Ⅱ案之后,美国法院继续对证券虚假陈述案件中的信息披露的

---

〔1〕 Halliburton Co. v. Erica P. John Fund Inc. , 573 U. S. 258(2014).

〔2〕 参见耿利航:《欺诈市场理论反思》,载《法学研究》2020 年第 6 期。

〔3〕 参见耿利航:《欺诈市场理论反思》,载《法学研究》2020 年第 6 期。

〔4〕 Allen Ferrell & Andrew Roper, "*Price Impact, Materiality, and Halliburton II*" 93:2 Washington University Law Review 553(2015).

重大性与价格影响之间的关联性进行探索认定。2017 年 Big lots 案中,法院重点分析了虚假陈述的重大性与价格影响之间是否可以推翻投资者信赖的问题。与投资者信赖的推定密切相关的,是证券市场是否有效的问题。法院并没有严格按照坎莫五要素或者其他重点要素来认定市场的有效性问题,而是综合考虑多种因素认定市场是否有效。[1] 2020 年 Esperion 案中,法院逐渐将坎莫因素作为市场有效性的分析方法之一,而不是认定市场有效性的检查表。[2] 换言之,法院对于有效市场的认定越来越倾向于一个判断市场是否有效的问题,而不再是一个决定性的理论前提。2020 年的 Schleicher 案中,美国第二巡回法院认为,集团诉讼确认阶段,被告往往试图通过特定的信息披露或者其更正披露并没有对证券价格产生影响,来推翻欺诈市场理论的适用。然而这个问题不应当与信息披露是否具有重大性直接关联。这个问题仍然遗留给法院在具体案件中解决。布雷耶(Breyer)法官甚至评论说,难以想象信息披露的重大性与价格影响之间的差别究竟在什么地方,只有他在实际审理案件时才能感受到两者之间的区别,但是仍然没有能够做出有效区分。[3]

2021 年 Goldman 案中,法院进一步提出一些案件中适用保持上涨理论(Inflation - maintenance Theory)来认定虚假陈述的价格影响。该理论认为价格影响是指一个虚假陈述行为披露后导致股票价格持续上涨的金额,换言之,如果没有虚假陈述行为,股票价格就会下降。[4] 2022 年 Energy 案中,法院对于价格影响的认定进一步区分虚假陈述前端的价格影响和虚假陈述后端的价格影响,也就是通过分析虚假陈述信息披露时价格的变化和虚假陈述信息更正时价格的变化,来认定具体的交易因果关系和损失因果关系。其中,前端的价格影响侧重于交易因果关系的认定,后端的价格影响侧重于损失因果关系的认定。[5]

---

〔1〕 Willis v. Big Lots, Inc., 242 F. Supp. 3d 634(2017).

〔2〕 Dougherty v. Esperion Therapeutics, Inc., Slip Copy(2020).

〔3〕 Richard A. Booth, Deconstructing Scienter, 16 VA. L. & Bus. REV. 1,28(2021).

〔4〕 Goldman Sachs Group, Inc. v. Arkansas Teacher Retirement,141 S. Ct. 1951(2021).

〔5〕 Allegheny County Employees' Retirement System v. Energy Transfer LP.,F. Supp. 3d(2022).

第二节 欺诈市场理论与有效资本市场假说

效率市场是欺诈市场理论的前提,以"效率市场假说"为依据论证欺诈市场理论成立需要两个条件:其一是效率市场中的股票价格体现了虚假陈述信息,其二是投资者信赖股票价格实施了交易,即使投资者对虚假陈述不知情,也可以根据交易直接推定信赖。[1] 理论界通说一般认为,可适用的市场是估价能够立即和充分反映公司新公开信息的所谓"信息有效率"的市场。[2] 美国在 Basic 案之前的欺诈市场理论,简单直接地建立在股票价格从某种程度上受到信息的影响这个没有争议的观点之上。早期的判例中,既没有提到有效资本市场假说,也没有提出只有市场可靠的情况下欺诈市场理论才是合适的。如前文所述,将有效资本市场假说和欺诈市场理论联结起来的并不是美国法院,而是费舍尔(Fischel)教授 1982 年的论文。[3] 费舍尔教授在论文中提出,基于有效市场模型,投资者所接收的市场价格吸收了所有相关的市场信息,并且投资者是受保护的。投资者只有在市场价格被虚假陈述的信息扭曲时才不受保护;反之亦然。如果原告因为市场上的欺诈受到损害,并不需要考虑他们是否注意到虚假陈述的信息,因为他们信赖市场价格的准确性,所以如果市场价格没有受到人为灌水而虚高,他们就不会受到损害。在此情形下,信赖市场价格准确性的投资者有权获得损害赔偿。[4]

---

〔1〕 参见耿利航:《欺诈市场理论反思》,载《法学研究》2020 年第 6 期。

〔2〕 参见耿利航:《欺诈市场理论反思》,载《法学研究》2020 年第 6 期。

〔3〕 Charles R. Korsmo, *Market Efficiency and Fraud on the market*: *The Danger of Halliburton*, 18 Lewis & Clark Law Review 827,837(2014).

〔4〕 Daniel R. Fischel, *Use of Modern Finance Theory in Securities Fraud Cases Involving Actively Traded Securities*, 38 Business Law 1,12 – 13(1982).

一、有效资本市场假说的基本假设

有效资本市场假说来源于有效市场假说,这是一个经济学概念。经济学家将有效市场定义为完全竞争、无成本、信息完全和免费的条件下形成的一个市场状态。根据美国经济学家法玛(fama)的理论,市场信息可分为三类,即历史的信息、公开的信息以及内部的信息。历史的信息是指股票历史的价格、历史的成交量、历史的走势等信息。公开的信息是指股票市场上的各种增资减资、发股发债、分红分利等信息。内部的信息是指股票市场上没有公开的信息。根据信息与价格之间的传导效能,区分为强式有效市场、半强式有效市场、弱式有效市场。强式有效市场是指市场所有股票的价格都反映了历史的、公开的、内部的信息,信息的价值完全体现在价格之中。半强式有效市场是指市场上股票的价格反映了历史的、公开的信息,但是不能反映内部的信息。弱式有效市场是指市场上股票的价格只能反映历史的信息,不能反映公开的或者内部的信息。

事实上上述对于市场的区分,是从投资者能否获取超额利益角度来界定的。一般来说,强式有效市场中,由于股票价格反映了全部的信息,包括内部信息,因此投资者无法获得超额利益;半强式有效市场中,投资者通过对市场上公开信息的分析,如对上市公司年报、财务报告、审计报告等公开信息的分析,无法获得超额利益,但是投资者如果有途径获得股票的内部信息,则有可能获得一部分超额利益;弱式有效市场中,由于股票历史上的价格、成交量、走势不能推测或预测出未来的走向,因此,投资者不能通过对历史信息的分析获得超额利益,但是有些投资者通过对市场上公开信息的分析,以及内部信息的分析,则可能会获得超额利益。有效市场并不是目的本身。有效市场的用处在于投资者可以基于对市场价格的信赖而买入或者卖出股票。信赖可以节省投资者的资源,使投资者不用花费重金去研究公司的价值。有效市场也通过促进资本流入最高价值的使用者,从而增加分配效率。[1]

二、有效资本市场假说是信赖推定的信息判断基础

有效资本市场假说在证券市场的虚假陈述因果关系认定中，是欺诈市场理论的基础。当前的欺诈市场理论中对于信赖的推定，以及损失因果关系的认定均建立在有效资本市场假说基础之上。

从虚假陈述导致证券价格扭曲的角度，证券市场作为“非面对面”交易的市场，其在虚假陈述等证券欺诈案件中的信赖推定需要以有效资本市场假说作为支撑。证券市场的交易不同于传统的经济贸易：传统的经济贸易中，一般交易双方会面对面进行商谈、签约、交易、结算；证券市场的交易中，双方一般不会面对面，而是通过交易系统自行或者通过做市商进行撮合交易。因此，传统侵权法中基于“耳闻目睹”原则要求的信赖无法在证券市场的交易中得到证明，或者说证明的难度非常之大。证券市场的信息和交易每时每日都在发生变化，信息的更新速度非常快，交易机会稍纵即逝。虚假陈述的侵权纠纷，往往都是事后进行追究，由于时间的流逝，交易相关信息被大量新的信息覆盖，投资者很难找到当时投资或者购买股票所看到的信息和材料以及阅读或者研究的记录，所以投资者很难依据“耳闻目睹”原则来证明对虚假陈述信息的信赖。司法实践中，法院依据欺诈市场理论对投资者的交易行为和虚假陈述信息之间的信赖要件进行推定，只要虚假陈述信息具有重大性，投资者的交易是在虚假陈述信息实施日至揭露日发生，法院就可以推定投资者对虚假陈述信息的信赖。在适用欺诈市场理论推定信赖的情形下，需要判定证券市场是有效资本市场。原因在于只有在有效资本市场的条件下，投资者对于虚假陈述信息的信赖才具有合理性，投资者才会基于对虚假陈述信息的信赖进行相应的交易。如果资本市场是无效的，信息的真实性及其价值都难以得到证实，那么就很难解释投资者为什么会

---

[1] Jonathan R. Macey & Geoffrey P. Miller, *Good Finance, Bad Economics: An Analysis of the Fraud - on - the - market Theory*, 42 Stanford Law Review 1059,1073 - 1074(1990).

信赖虚假陈述信息,为什么会依据虚假陈述信息进行交易。

虚假陈述侵权行为中的推定信赖有两个方面的考量。一方面,从法规目的角度来说,证券法律法规的规定是为了规范证券市场的交易,建立一个合法、规范、有效、韧性的资本市场。我国最高人民法院以此为基础制定的虚假陈述司法解释,明文规定了虚假陈述侵权纠纷中交易因果关系的认定方式,以及推定投资者的信赖要件。因此,虚假陈述侵权行为中的推定信赖有明确的法律依据。另一方面,证券市场健康发展的核心以及重中之重,是保护广大投资者的利益。我国证券市场起步晚,发展迅速,投资者的能力和水平与证券市场的匹配度不高,很容易遭受违法行为的损害。因此,我国证券市场现阶段对于投资者利益的保护要求非常高。虚假陈述侵权行为中的推定信赖,有助于减少投资者的举证难度,提高对投资者的保护水平,保障证券市场的稳定和发展。

三、有效资本市场假说是损失因果关系的价格认定基础

虚假陈述因果关系的认定中,从价格欺诈角度来分析,虚假陈述的信息需要反映到证券价值之中,从而才能进行损失因果关系的认定。换言之,对于虚假陈述因果关系中的损失因果关系认定,需要考察虚假陈述期间,投资者依据虚假陈述购买证券的交易价格与虚假陈述被揭露后的证券售出价格之间,或者投资者依据虚假陈述售出证券的交易价格与虚假陈述被揭露后再行买入相关证券的市场价格之间,所存在的价格差距。该价格差距所对应的价差损失,就可以认定为投资者信赖虚假陈述所进行的证券交易而产生的损失。由于证券市场"非面对面"的交易特征,损失因果关系的认定常常会适用相当因果关系理论,即通过对投资者的证券交易行为与价差损失之间是否具有相当性来判断损失因果关系是否成立。这种因果关系认定中的相当性体现在欺诈市场理论中,就是有效资本市场中的价格有效性。换言之,投资者基于虚假陈述所进行的证券交易,其证券的价格应当充分体现虚假陈述的信息价值。因为虚假陈述的信息导致证券价值偏移,并体现在证券的价格之中。投资者基于对虚假陈述的信息信赖而进行证券交易,因

此受到证券价差损失,这构成了损失因果关系的认定规则。

信息的价值反映在股票价格之中,是有效资本市场的重要表现。证券市场中股票的价格基于发行人的资本价值上下浮动。关于发行人的资本价值的各种信息,会对股票的价格造成影响,导致股票的价格上涨或者下降。这些信息,包括已发生的信息,以及预测的信息,如果是虚假陈述的信息,就会导致股票价格的虚高或者虚低。交易该股票的投资者,就会因此受到经济损失。如果资本市场无效,那么信息与股票价格之间就不能建立必然的关联,不能认定股票价格包含信息的价值,也不能认定信息的变化导致股票价格的上涨或下跌,那么投资者交易该股票所受到的经济损失就不能认定是虚假陈述的信息所导致的,损失因果关系就不能认定。

第三节 我国虚假陈述因果关系认定中的欺诈市场理论

我国虚假陈述因果关系认定中,较早地引入了美国的欺诈市场理论来认定交易因果关系的成立。我国最高人民法院对于 2003 年《证券市场虚假陈述赔偿规定》的理解和适用中,明确提出交易因果关系来源于美国欺诈市场理论,并且对美国欺诈市场理论的确立和基本内容进行了细致研究。

一、2003 年《证券市场虚假陈述赔偿规定》对欺诈市场理论的适用尝试

2003 年《证券市场虚假陈述赔偿规定》第 18 条、第 19 条明确规定了虚假陈述因果关系的成立及其抗辩,其中成立的条件包括三个方面:一是标的方面,投资者交易的证券是与虚假陈述相关联的证券;二是时间方面,投资者进行的证券交易时间需在虚假陈述实施日至揭露日或者更正日之间;三是损失条件方面,要求投资者在前述时间范围内进行的证券交易,在虚假陈述揭露日或者更正日之后进行处置受到了价差损失。因果关系的抗辩方

面,不成立因果关系的情形具体包括时间条件不具备、知情交易、系统风险造成的损失,以及涉及违法违规行为影响证券价格。其中时间条件主要是指虚假陈述揭露日或者更正日之前已经售出此前买入的证券,以及虚假陈述揭露日或者更正日之后才首次买入相关证券。知情交易是基于“买者自负”的原则,对于虚假陈述知情的情况,投资者的证券交易不受保护。系统风险所造成的损失也不在侵权责任因果关系认定的范围之内,投资者无权基于系统风险获得赔偿。恶意投资、操纵证券市场等违法违规行为,对证券的价格影响远远超出了虚假陈述的影响范围,其产生的损害后果足以覆盖虚假陈述所造成的损失。我国最高人民法院副院长李国光在2003年《证券市场虚假陈述赔偿规定》的新闻发布会上明确指出,虚假陈述司法解释是按照我国民法的侵权损害赔偿因果关系理论,参考国外的欺诈市场理论和信赖推定原则而制定的。[1] 我国最高人民法院民二庭法官贾玮在解读司法解释时指出,从证券法律法规角度,我国还没有对虚假陈述侵权行为与投资者的证券交易损失之间是否成立因果关系作出明文规定。国内普遍采用的欺诈市场理论和推定信赖原则的主要内容是引入、借鉴美国的欺诈市场理论,即证券市场的虚假陈述行为,是对整个证券市场的欺诈并充分体现在证券价格之中,投资者基于对证券价格真实性、准确性的信赖实施相关证券交易行为,并因此受到证券价差损失,就可以主张赔偿。在该种情形下,投资者只需要证明其交易的证券价格受到了虚假陈述违法行为的影响而产生价差损失,就可以认定价差损失与虚假陈述之间成立因果关系,并不需要实际证明投资者信赖了虚假陈述,因为这种信赖更加难以证明。[2]

但是,2003年《证券市场虚假陈述赔偿规定》对于欺诈市场理论的借鉴和引入,局限于诱多型虚假陈述行为,即虚假陈述行为导致股票价格虚高,投资者买入证券后,因虚假陈述行为被揭露或者更正,投资者卖出证券后受

〔1〕 参见李国光主编,最高人民法院民事审判第二庭编著:《最高人民法院关于审理证券市场虚假陈述案件司法解释的理解与适用》,人民法院出版社2015年版,第17页。

〔2〕 参见李国光主编,最高人民法院民事审判第二庭编著:《最高人民法院关于审理证券市场虚假陈述案件司法解释的理解与适用》,人民法院出版社2015年版,第57页。

到损失。对于引诱投资者卖出证券的诱空型虚假陈述行为，司法解释没有作出相应的规定，当时的考虑主要是基于诱空型虚假陈述非常少见，且没有行政处罚。我国最高人民法院认为，如果发生诱空型虚假陈述，一方面法官可以通过调解、和解解决，另一方面我国最高人民法院可以个案批复再进行解释。美国的欺诈市场理论，更多的是用于证明交易因果关系的成立。但是，引入美国欺诈市场理论的我国2003年《证券市场虚假陈述赔偿规定》并没有区分交易因果关系和损失因果关系，其对于虚假陈述行为与损失之间的因果关系，实际上是损失认定方法。

二、2022年《证券市场虚假陈述侵权规定》对欺诈市场理论的普遍接受

2003年《证券市场虚假陈述赔偿规定》颁布以后，虽然实践中的争议逐渐增多，但是一直没有修改。2019年最高人民法院发布的《全国法院民商事审判工作会议纪要》（以下简称《九民纪要》）对于可能阻却交易因果关系的揭露日进行了规定，明确不以“镜像规则”为标准，即只要具备首次公开、全国范围发行和传播，以及对证券交易产生实质影响三个原则，就可以认定揭露日。对于作为交易因果关系前提的虚假陈述重大性，《九民纪要》认为重大性应当采用影响投资者决策的标准来认定，但是美国法传统上的理性投资人标准实际上是法官的标准，应当以客观化的标准进行认定。[1] 2020年最高人民法院发布的《全国法院审理债券纠纷案件座谈会纪要》继续从债券角度规定，债券持有人在虚假陈述内容被揭露后买入债券的行为不成立因果关系。[2]

2022年《证券市场虚假陈述侵权规定》颁布以后，对于虚假陈述因果关系认定，理论界和实务界普遍认为2022年《证券市场虚假陈述侵权规定》进

---

〔1〕 参见最高人民法院民事审判第二庭编著：《〈全国法院民商事审判工作会议纪要〉理解与适用》，人民法院出版社2019年版，第447－448页。

〔2〕 参见《最高人民法院关于印发〈全国法院审理债券纠纷案件座谈会纪要〉的通知》（法〔2020〕185号）第24条。

一步明确和区分了虚假陈述侵权案件中交易因果关系和损失因果关系的认定。并且,我国最高人民法院的法官也在2022年《证券市场虚假陈述侵权规定》的理解与适用中,进一步指出在经济学理论有效市场假说基础上发展起来的欺诈市场理论,确立了可反驳的信赖推定,即一般情形下市场受到欺诈,同时就可以推定投资者受到欺诈,这也构成了虚假陈述交易因果关系认定中的信赖要件。2003年《证券市场虚假陈述赔偿规定》所借鉴的美国"欺诈市场理论"和信赖推定原则,在2022年《证券市场虚假陈述侵权规定》中得到延续和进一步补充完善,2003年《证券市场虚假陈述赔偿规定》中存在的一些问题和争议,如未区分诱多型虚假陈述和诱空型虚假陈述,未明确区分交易因果关系和损失因果关系等,2022年《证券市场虚假陈述侵权规定》予以了澄清和明确。[1] 由此可见,我国最高人民法院最初引入欺诈市场理论过程中所存在的疑问和不足,在2022年《证券市场虚假陈述侵权规定》中得到了良好的明晰和解决。欺诈市场理论从概括、笼统适用于因果关系认定,细化到了适用于交易因果关系的认定,与损失因果关系的认定合理区分和界定,解决了理论和实践中的困惑,有效提升了我国证券虚假陈述侵权责任的制度水平。

三、司法实践中没有严格区分欺诈市场理论认定的因果关系

我国司法实践中,由于翻译和理解的原因,有的法院将欺诈市场理论表述为"市场欺诈理论",并没有实质差异;有的法院将欺诈市场理论用于概然的因果关系认定,有的法院则具体到了交易因果关系的认定。

(一)概然的因果关系认定

宁夏回族自治区高级人民法院在大成基金与广夏公司证券虚假陈述责

---

〔1〕 参见陈洁:《虚假陈述民事赔偿制度的新发展理念及其规范实现》,载《法律适用》2022年第3期;汤欣、李卓卓:《新修虚假陈述民事赔偿司法解释评析》,载《法律适用》2022年第3期;林文学、付金联、周伦军:《〈关于审理证券市场虚假陈述侵权民事赔偿责任案件的若干规定〉的理解与适用》,载《人民司法(应用)》2022年第7期;彭冰:《证券市场虚假陈述民事赔偿中的因果关系——司法解释的新发展评析》,载《法律适用》2022年第5期。

任纠纷案的二审中认为,2003 年《证券市场虚假陈述赔偿规定》中,依据欺诈市场理论对非接触式证券交易市场中的虚假陈述与交易行为之间推定信赖。这种推定信赖原则,是为保护善意投资人而设定的,如果被告能够提供证据证明投资人非善意或者是基于其他因素实施的投资行为,则不能直接推定信赖。依照 2003 年《证券市场虚假陈述赔偿规定》的规定,如果被告能够提出相反的证据证明投资人的交易是基于其他原因,或即使原告知道信息虚假也仍然会进行交易等,只要被告能够证明其一,就可以推翻这种推定的信赖,进而否定损害结果与虚假陈述行为之间的因果关系。[1] 安徽省合肥市中级人民法院在占卫东与安徽新力公司证券虚假陈述责任纠纷案中认为,欺诈市场理论作为虚假陈述侵权案件中推定因果关系是否成立的理论,其逻辑前提需要包括以下几个条件:其一,证券市场的股票交易价格与上市公司的重大信息密切相关;其二,投资者充分信赖股票的价格趋势并进行了证券交易;其三,投资者所交易的证券的价格充分反映了虚假陈述的影响。在上述逻辑前提都具备的情形下,投资者即使不知晓虚假陈述信息,也可以认定虚假陈述行为与投资者交易证券所受到的损失之间存在因果关系。因为虚假陈述的信息已经影响了股票交易价格,虚假陈述的侵权行为已经造成了股票价格与其真实价值之间产生偏离。[2] 湖南省高级人民法院在王志强、中兵红箭公司证券虚假陈述责任纠纷案的二审中认为,美国证券市场的“欺诈市场理论”是我国证券虚假陈述侵权案件认定因果关系和责任的法理基础。该理论认为投资者只要交易了受到虚假陈述影响的股票,就已经受到了欺诈,有权就其受到的价差损失获得赔偿。这种情形下的赔偿不需要要求投资者证明接触或者信赖了虚假陈述。简言之,不需要投资者证明其基于信赖而进行证券交易。[3] 四川省高级人民法院在阙文彬、蝶彩资产管理(上海)有限公司证券纠纷案的二审中指出,杨绍辉认为阙文彬、蝶彩资

[1] 参见宁夏回族自治区高级人民法院(2007)宁民商终字第 74 号民事判决书。

[2] 参见安徽省合肥市中级人民法院(2017)皖 01 民初 634 号民事判决书。

[3] 参见湖南省高级人民法院(2021)湘民终 854 号民事判决书。

产管理(上海)有限公司、谢家荣操纵行为已经导致恒康医疗公司股价偏离真实价值,应当采纳欺诈市场理论,即只要杨绍辉在操纵期间购买了恒康医疗公司股票,就足以认定其损失与阙文彬、蝶彩资产管理(上海)有限公司、谢家荣的操纵行为之间存在因果关系。[1]

通过上述案例可以看出,我国相当一部分地区的法院在适用欺诈市场理论认定虚假陈述因果关系时,没有区分交易因果关系和损失因果关系,而是概括认定存在因果关系。

(二)交易因果关系的认定

辽宁省高级人民法院在朱雨、银基烯碳公司证券虚假陈述责任纠纷案的二审中指出,依据欺诈市场理论认定的是虚假陈述交易因果关系。交易因果关系解决的是侵权行为人与投资者的交易决策之间是否成立因果关系的问题。欺诈市场理论的适用需要建立在虚假陈述信息对证券交易价格存在不正当影响的基础之上。如果虚假陈述的行为是没有依法依规披露重大信息,那么投资者就不需要去证明其对虚假陈述侵权行为人的积极信赖,因为未披露的信息无法举证信赖。所以只要投资者证明未披露的信息具有重大性,那么就可以依据欺诈市场理论推定具备信赖要件。就本案而言,欺诈市场理论实际上包含两个层面:第一个层面是如果虚假陈述行为人没有隐瞒和依法依规披露重大信息,那么投资者就不会实施案涉的证券交易。第二个层面是虚假陈述行为人可以提供证据证明投资者并不是基于虚假陈述进行的证券交易,即使依法依规披露信息没有隐瞒,投资者仍然会从事案涉证券交易行为。换言之,投资者对虚假陈述的信赖可以通过证据推翻。[2]湖南省高级人民法院在喀什中汇公司、中兵红箭公司证券虚假陈述责任纠纷案的二审中认为,我国最高人民法院在虚假陈述司法解释的理解与适用中已经明确指出欺诈市场理论和信赖推定原则适用于虚假陈述侵权案件中

---

[1] 参见四川省高级人民法院(2020)川民终1532号民事判决书。

[2] 参见辽宁省高级人民法院(2019)辽民终542号民事判决书。

的交易因果关系认定。从证据角度来说,实际上是虚假陈述侵权案件中交易因果关系的举证责任倒置。虚假陈述行为人只要提供证据证明投资者的证券交易行为不构成信赖,或者与信赖无关,则可以推翻这种信赖推定,相应的,也推翻了交易因果关系的成立。[1]

以上法院在审理证券虚假陈述侵权案件中,没有不加区分地适用欺诈市场理论认定因果关系,而是将欺诈市场理论明确适用在推定信赖以及认定构成交易因果关系的情形中。相比其他法院适用欺诈市场理论概括认定因果关系,上述法院的判决更加严谨和准确。但是如果对比前文提及的案例则不难发现,辽宁、湖南省内不同法院,甚至同一法院的不同法官,也可能会作出不同的认定。

第四节　欺诈市场理论的缺陷和质疑

虽然不少学者和法院支持欺诈市场理论并运用于证券虚假陈述侵权诉讼中,但是仍有很多学者质疑欺诈市场理论是否符合证券市场的实际。例如,有学者从行为经济学角度论证证券市场的非理性;也有学者认为证券市场并不像法院所设想的那样有效率;还有学者则从证券法的体系解释出发,认为投资者应当自行证明其信赖了虚假陈述,并且美国 2014 年 Halliburton 案中一度考虑是否废除欺诈市场理论。[2] 21 世纪初,美国法院对原告以在有效市场进行证券交易主张集团范围的信赖推定的要求更加严格。因为一方面法院对于集团成员信赖要求适用民事诉讼程序第 23 章(条)中的规定,

[1] 参见湖南省高级人民法院(2021)湘民终 867 号民事判决书。

[2] 参见樊健:《我国证券市场虚假陈述民事责任理论与实践的新发展》,法律出版社 2021 年版,第 35 页。

另一方面集团诉讼确认阶段所适用的专家证据已经非常成熟和复杂。[1]美国学者认为,欺诈市场理论借鉴普通法的冲动是可以理解的,但是股票交易和面对面购买普通商品两种行为之间是存在显著差别的,这些差别意味着不能简单将普通法的适用原则照搬到证券欺诈诉讼之中。[2] 我国台湾地区法院对是否采纳欺诈市场理论、推定交易因果关系以及损失因果关系没有统一的规定,见解不一。[3] 澳大利亚学者科内(Cooney)更是进一步提出,虚假陈述因果关系属于基于市场的因果关系概念,并不需要基于欺诈市场理论中的有效市场假说。[4]

一、有效资本市场假说的广泛争议

(一)有效资本市场假说的认定标准不一

前文已经提到,从经济学理论角度,可以根据证券价格与信息的不同反映程度,将有效市场分为三种形式,分别是弱式有效、半强式有效和强式有效。在证券市场中,欺诈市场理论建立在半强式有效市场的经济学基础之上。在弱式有效市场中,证券价格与信息的反映程度对于虚假陈述因果关系的认定并无用处,因为在弱式有效市场,证券价格反映的是过去的信息,当前的虚假陈述信息,无法在证券价格中体现。所以,在弱式有效市场中,投资者无法推定对证券价格信赖,从而对上市公司披露虚假信息或者隐瞒虚假信息的行为主张损害赔偿。在强式有效市场中,上市公司的所有公开信息和非公开的信息,甚至内幕信息都可以反映在证券价格之中,这显然不符合当前证券市场的客观现实。因此,只有在半强式有效市场,即证券价格

---

〔1〕 Matthew L. Mustokoff, *Fraud Not on the Market: Rebutting the Presumption of Classwide Reliance Twenty Years after Basic Inc. v. Levinson*, 4 Hastings Business Law Journal 225, 226 (2008).

〔2〕 Charles R. Korsmo, *Market Efficiency and Fraud on the market: The Danger of Halliburton*, 18 Lewis & Clark Law Review 827, 835 (2014).

〔3〕 参见耿利航:《欺诈市场理论反思》,载《法学研究》2020 年第 6 期。

〔4〕 Henry Cooney, *Misleading Conduct, Reliance and Market – Based Causation*, 48 University of Western Australia Law Review 431, 464 (2021).

能够反映上市公司公开的信息，但是不反映将来的信息和内幕信息，才是适用欺诈市场理论的市场基础。投资者在半强式有效市场进行证券交易，证券价格的变化可以逆向推定投资者对虚假陈述的信赖要件，并认定虚假陈述和证券交易之间的交易因果关系成立。[1]

美国新泽西联邦地区法院在 Cammer v. Bloom 案中确立了 5 个条件来判断市场是否有效，一般统称为坎莫因素（Cammer factors）。[2] 这些条件大体上被分为两大类：一类是关于公司运营方面的条件，另一类是证券价格敏感性方面的条件。公司运营方面的条件包括每周证券的换手率或交易量，分析师的分析、评论和推荐，做市商或者交易商，是否向美国证监会提交 Form S3 文件，证券的发行规模，持有该只证券的机构投资者数量，存在套利空间，买价和卖价的价差，多数证券是否由外部投资者持有，是否有信用评级等。证券价格敏感性方面的条件包括就发行人出现的新信息证券价格是否快速反应，是否能够通过过去的价格变动来预测现在的价格走势等。[3]

然而，美国学者研究认为，市场有效性是一个非常不可靠的看门人。[4] 即使一个最低限度发达的市场被虚假陈述的信息扭曲，但是仍可能会通过不了 Cammer 测试，更不用说完全满足有效市场假说。[5] 在一些案件中，分析师和公共投资者对于市场活动、交易模式、市场信息的吸收等方面的专家分析意见已经为欺诈市场理论案件中的发行人和被告提供了明显的支持，这些意见向法院证明是否为在有效市场交易的实践证据并足以推翻 Basic

---

[1] 参见樊健：《我国证券市场虚假陈述民事责任理论与实践的新发展》，法律出版社 2021 年版，第 9－10 页。

[2] 参见樊健：《我国证券市场虚假陈述民事责任理论与实践的新发展》，法律出版社 2021 年版，第 33 页。

[3] 参见樊健：《我国证券市场虚假陈述民事责任理论与实践的新发展》，法律出版社 2021 年版，第 38 页。

[4] Charles R. Korsmo, *Market Efficiency and Fraud on the market: The Danger of Halliburton*, 18 Lewis & Clark Law Review 827, 848 (2014).

[5] Charles R. Korsmo, *Market Efficiency and Fraud on the market: The Danger of Halliburton*, 18 Lewis & Clark Law Review 827, 849 (2014).

案中的假设。[1]

(二)有效资本市场假说中价值传递部分无效

金融学对有效市场有两个不同逻辑的界定,同样也适用于有效资本市场假说,一种是状态逻辑下的市场有效,另一种是过程逻辑下的市场有效。[2] 状态逻辑下的市场有效,是指静态的市场有效,表现在证券市场中意味着信息和股价之间的传递一直有效,任何信息的变化会迅速传递到股价之中。这显然是与市场的客观现实相背离的。过程逻辑下的市场有效,是指从一个完成的过程来说,信息的变化都会传递到股价之中,考虑到过程的变化和各种因素的影响,在某一个时间节点的信息和股价可能会不一致,股价可能会高于或者低于信息的价值,但是最终股价会完全反映信息的价值。

(三)有效资本市场假说的市场效率并不稳定

欺诈市场理论的前提有效资本市场假说,认为市场会迅速吸收所有的正确或者错误的信息并形成一个证券的市场价格。所以原告所支付的证券价格已经因为欺诈被灌水或者虚高,并以此构建了欺诈和购买行为之间的因果联系。[3] 美国联邦最高法院怀特(White)法官在 Basic 案中对有效市场假说提出异议,认为经济形势远比想象的复杂,很难被准确预测。[4] 美国联邦最高法院法官阿里托(Alito)在 Amgen 案中提出,部分案件的证明显

---

〔1〕 Matthew L. Mustokoff, *Fraud Not on the Market: Rebutting the Presumption of Classwide Reliance Twenty Years after Basic Inc. v. Levinson*, 4 Hastings Business Law Journal 225, 226 (2008).

〔2〕 参见丁志国、金博、徐德财:《有效市场的检验——行为金融对 EMH 理论的批判》,载《当代经济研究》2017 年第 3 期。

〔3〕 A. C. Pritchard, *Halliburton* Ⅱ: *A Loser's Story*, 10 Duke Journal of Constitutional Law & Public Policy 27, 33 (2015).

〔4〕 A. C. Pritchard, *Halliburton* Ⅱ: *A Loser's Story*, 10 Duke Journal of Constitutional Law & Public Policy 27, 33 (2015).

示欺诈市场理论建立在了一个错误的经济学假设基础之上。[1]

（四）有效资本市场假说缺乏实证数据支持

有学者对上海的股票市场是否具备有效性进行了实证分析，结论却是上海证券市场是一个无效市场。[2] 尤其是与主板市场脱节的新三板市场，做市商的数量、资金的流动性，以及证券分析师的数量方面，还有其他一些证券市场活跃程度的考量因素方面，都明显无法与主板市场相比。因此，新三板市场显然不具有半强式的效率性，甚至连弱式效率性也谈不上。对于新三板市场的虚假陈述侵权案件，不宜适用欺诈市场理论进行信赖推定和认定虚假陈述交易因果关系成立。[3] 德邦证券公司在与武汉禾誉企业管理服务有限公司等证券虚假陈述责任纠纷申请再审的过程中提出抗辩，认为债券市场与股票市场存在巨大差异，不存在价格对所有公开信息敏感的"有效市场"。[4] 上海金融法院在田海勇与恺英网络股份有限公司证券虚假陈述责任纠纷案的一审中认为，就有效市场理论的逻辑而言，上市公司故意披露对其不利的利空消息导致股价下跌，往往并不会导致投资者因被该利空型虚假陈述欺诈而买入股票，原告所主张的因受到虚假陈述影响而买入证券造成损失的因果关系尚需予以证明。[5] 因此，在没有市场实证数据支持的情况下，有效资本市场假说的争议会一直伴随虚假陈述因果关系的信赖推定以及交易因果关系认定。

二、信赖推定架空了虚假陈述因果关系认定

虽然我国最高人民法院在证券虚假陈述司法解释的理解与适用中，将

---

〔1〕 Charles R. Korsmo, *Market Efficiency and Fraud on the market: The Danger of Halliburton*, 18 Lewis & Clark Law Review 827, 830 (2014).

〔2〕 参见汪雯琦、王子鉴：《基于非线性统计方法的上海股票市场有效性检验》，载《金融发展评论》2019年第8期。

〔3〕 参见樊健：《我国证券市场虚假陈述民事责任理论与实践的新发展》，法律出版社2021年版，第12页。

〔4〕 参见最高人民法院(2021)最高法民申7619号民事裁定书。

〔5〕 参见上海金融法院(2021)沪74民初1764号民事判决书。

欺诈市场理论和信赖推定原则并列,但实际上欺诈市场理论是推定信赖原则的基础,推定信赖原则是欺诈市场理论的内在要求,两者相辅相成,密不可分。信赖和损失因果关系传统上被看作各自独立的要件,但是它们一般都与被告的欺诈行为事实上导致原告的损失有关,事实上,公正的信赖要求因此被作为交易因果关系来看待。交易因果关系用于解决被告的欺诈行为是不是导致原告首次进行相关交易的问题。[1]

传统的普通法欺诈案件中,信赖要件的构成是在欺诈和交易中存在因果联系,然而损失因果关系的构成是在交易行为和原告的损害结果之间存在因果联系。[2] 在接受欺诈市场理论之前,信赖属于交易因果关系要件之一。在一个典型的依据美国证券法 10b－5 规则提出的诉讼主张中,需要每一个原告证明"耳闻目睹的信赖",即原告实际看到或者听到了虚假陈述信息,并且基于信赖而购买或者售出相关证券。同时,损失因果关系也是一个非常普遍的问题,原告需要证明,如果事实和他相信虚假陈述信息所预期的情形一样,他就不会受到损失。即如果虚假陈述是真实的,股票价格就不会下降。[3]

(一)信赖推定的可辩驳性

美国法院所采用的信赖推定原则并不是确定不变的,会根据不同的情形作出不同的认定,所以也被称为"可辩驳的信赖推定"。面对面交易中,如果负有披露重要信息的被告没有披露信息或者隐瞒信息,那么原告就无须证明信赖关系,未披露信息本身就可以认定因果关系成立。这种推定包含两个要件:其一是面对面交易中的未披露信息;其二是隐含理性投资人的假

[1] Charles R. Korsmo, *Market Efficiency and Fraud on the market*: *The Danger of Halliburton*, 18 Lewis & Clark Law Review 827,834(2014).

[2] Charles R. Korsmo, *Market Efficiency and Fraud on the market*: *The Danger of Halliburton*, 18 Lewis & Clark Law Review 827,834(2014).

[3] Charles R. Korsmo, *Market Efficiency and Fraud on the market*: *The Danger of Halliburton*, 18 Lewis & Clark Law Review 827,834－835(2014).

设,即作为市场上的理性投资者,如果知晓该应当披露而未披露的信息,则必然会影响其投资决策。

除了未披露信息情形,还有一种错误陈述的情形。错误陈述是指被告故意就客观事实作出不实或者误导性的陈述,传统侵权行为中,原告需要就其信赖了错误陈述的信息而实施了有关行为。但是,在证券市场中,绝大多数的交易都是非面对面交易。原告是否看到或者听到了被告错误陈述,会存在证明困难。在虚假陈述案件中,法院就基于被告的虚假陈述和原告的交易行为,直接推定信赖及交易因果关系。由此可见,信赖推定会导致两种不利后果。第一,对于未披露信息的情形,以及错误陈述的情形,都一概适用信赖推定,会导致证券市场上的虚假陈述主体泛化和分化,有的主体会选择能不说就不说,有的主体会选择不顾一切乱说一气。对他们来说,风险都是同样的。第二,对于积极在市场中寻找信息的投资者,以及随机投资不寻找信息的投资者,如果其投资了涉及虚假陈述的证券,结果也是同样的,那么就会降低积极在市场中寻找信息的投资者积极性,变相鼓励"躺平"的投资者,导致无序投资和随机投资的蔓延和扩散。

(二)信赖推定导致责任泛化

信赖推定原则以欺诈市场理论为理论基础,该理论认为在一个有效率的市场,投资者基于对市场价格的信赖实施了投资交易,并因此受到损失,即可以成立虚假陈述和损失结果之间的事实因果关系。虚假陈述影响了市场价格的公正性、客观性,因此推定信赖具有事实上的合理性,考虑到了虚假陈述侵权行为的隐蔽性和技术性的特征,平衡了投资者和发行人之间的地位,一定程度上保证了证券虚假陈述侵权诉讼对于实质正义的追求。[1]但是,事实上却忽视了证券市场中除了虚假陈述的发行人及其控股股东、实际控制人,还有大量的证券市场中介服务机构,以及发行人内部的独立董事、外部董事等高级管理人员。证券虚假陈述侵权案件中的信赖推定已经

---

〔1〕 袁康等:《证券侵权民事赔偿标准研究》,法律出版社2022年版,第18-19页。

导致了无关联主体或者关联度较低的主体承担过度的赔偿责任的情形，需要理论界和实务界的重视。

（三）信赖推定实际上否定了构成要件

欺诈市场理论允许原告跳过对虚假陈述的信赖的证明，替而代之的是认为市场会基于对虚假陈述的信赖而对证券定价。所以，原告信赖了被欺诈扭曲的证券市场价格。[1] 美国证券法 10b－5 规则中，包含了传统的普通法侵权行为构成要件，即错误陈述、重大性、信赖、因果关系、损失以及过错。[2] 美国证券交易法第 18(a)条款中要求以原告信赖作为构成要件，证券法 10b－5 规则中不需要原告举证其信赖了被告欺诈行为，原告被推定为信赖了被告的虚假陈述。[3] 然而，在美国法院的实际裁判中，却大大降低了构成要件的要求，尤其是信赖要件的要求。从推定信赖到可辩驳的信赖推定，虽然程度不同，但是结果基本一致，就是降低了原告举证信赖的要求，提高了因果关系认定的可能性。

例如，美国夏皮罗诉美林银行案中，法院强调了以下四个重要方面：第一，因果关系是在 10b－5 规则下私人损害赔偿诉讼的必要因素，一般外部人员不可以通过任意解读 10b－5 规则轻而易举地证明内部人员存在欺诈。第二，事实因果关系必须得到证明。10b－5 规则的事实因果关系原则同样是侵权法的基本观念。10b－5 规则的立法目的是在内部人和外部人之间，实现“买者自慎”原则，而不是建立一个投资者保险方案。第三，被告可以对因果关系提出抗辩，原告需要证明信赖成立。法院为了确认被告的行为实际上导致了原告的损失，要求原告证明对欺诈行为存在信赖。信赖是检验

---

〔1〕 A. C. Pritchard, *Halliburton* Ⅱ: *A Loser's Story*, 10 Duke Journal of Constitutional Law & Public Policy 27, 33(2015).

〔2〕 James Cameron Spindler, *We Have a Consensus of Fraud on the Market – And It's Wrong*, 7 Harvard Business Law Review 67, 73(2017).

〔3〕 Henry Cooney, *Misleading Conduct*, *Reliance and Market – Based Causation*, 48 University of Western Australia Law Review 431, 464(2021).

事实因果关系的必要条件,并且需要结合不同的欺诈情形进行认定。虚假陈述中的披露信息违法违规和未依法依规披露信息或者隐瞒信息,美国联邦最高法院在另案处理中并不会要求投资者提供信赖的积极证据,只要提供未披露信息具有重大性的证明,就可以认定事实因果关系成立。这种重大性证明,需要建立在理性投资者进行投资决策的基础之上,即一个理性的投资者会认为被隐瞒或者未披露的信息是重大的,以及重要的,会影响其投资决策。第四,法院认为对于事实因果关系的认定标准应当是独立的,不取决于交易的性质是面对面的交易还是全国性证券交易所的交易,而是取决于被告是否有义务披露其内在信息。[1]

与此相似的案例还有美国布莱克诉巴拉克案,法院在该案中强调以下三个重要方面:第一,未披露信息案中信赖不需要被证明,只需要证明未披露信息的重大性。该案从另一个角度解读未披露信息与信赖推定以及因果关系的证明。只要投资者提供证据证明虚假陈述主体即被告负有义务公开相关重要信息,而事实上被告没有公开,那么这就满足了因果关系的认定要求。此外,对于投资者依据 10b－5 规则对公开市场中上市公司的股票价格虚高主张索赔,不需要证明信赖。投资者只要证明股票价格虚高的事实和投资者实施了股票交易行为,以及虚假陈述具有重大性,被告的虚假陈述行为就与原告的损害后果之间形成因果关系链条,因果关系就可以成立。第二,法院不同意被告对于信赖的抗辩,但是提出被告可以对重大性进行抗辩。被告指称,因果关系的证明仅仅依据重大性标准,不符合传统的证券欺诈诉讼。传统的证券欺诈诉讼中,原告既要证明虚假陈述将会对合理投资者的购买决策产生影响(重大性标准),又要证明合理投资者确实购买了股票,这样才能要求被告对其损失承担责任,以弥补其损失。法院不同意这个观点,法院认为证券法 10b－5 规则诉讼还具有补偿功能,它不仅仅建立在经济损害的基础上(损害因果关系)。被告至少可以从两个方面进行举证:

---

〔1〕 参见施天涛、周伦军主编:《美国证券欺诈经典案例内幕交易与虚假陈述》,法律出版社 2015 年版,第 27－30 页。

一是通过否定重大性或者证明即使具有重大性，但只被为数不多的交易者所依赖；二是通过举证证明不论是否有虚假陈述原告都会购买，或者即使原告知道存在虚假陈述，他也会购买。推定的信赖要件是否可以被推翻也是有争议的，尽管有反对的声音，但一般的观点是可以被推翻。依据 10b－5 规则提起的个人诉讼具有公益目的，但是这一目的只有在个人损害赔偿案件中通过司法创设的方式才能实现。第三，通过信息重大性直接推定信赖要件成立，是为了实现法律的补偿功能。制定法律法规的目的就是要培育一个期望即证券市场是没有欺诈行为的，购买者应当可以信赖这一期望。〔1〕

（四）信赖要件下的理性投资者标准与现实不符

美国证券法上的理性投资者标准来源于侵权法上的理性人标准。美国 1933 年证券法第 11 条中规定，发行人之外的人免责需要证明其尽到了合理调查义务或者相信了合理的依据，这个合理标准应当是谨慎的人在管理自己财产时需要采取的标准。〔2〕 对于前述规定，从最初有人认为的“合理人”标准，到“审慎人”标准，再到“审慎投资人”标准，事实上含义都是基本相同的，都是要求合理、审慎、细心。这也形成了英美侵权法上合理人标准的三个基本属性，即一般的理智、审慎、细心。〔3〕 事实上，侵权法上的理性人标准并没有一个固定的内容和定义，而是通过实际的情况或者案件来认定。其中一个著名的公式是汉德公式，理性人的决策过程是其预防的义务小于预防可能产生的损害乘以可能性，即将预防支出设为参数 B，预防可能产生的损害设为参数 P，发生的可能性设为参数 L，在 $B < PL$ 的情形下，即为理

---

〔1〕 参见施天涛、周伦军主编：《美国证券欺诈经典案例内幕交易与虚假陈述》，法律出版社 2015 年版，第 206－209 页。

〔2〕 参见中国证券监督管理委员会组织编译：《美国〈1933 年证券法〉及相关证券交易委员会规则与规章》（中英文对照本），法律出版社 2015 年版，第 55 页。

〔3〕 参见邢会强：《证券市场虚假陈述中的勤勉尽责标准与抗辩》，载《清华法学》2021 年第 5 期。

性人的决策。汉德公式的理性人标准是从成本收益分析角度,以社会福利最大化为目标的决策过程,这个标准在实践中存在明显争议。美国司法实践中的裁判,尤其是陪审团的裁判,他们只作出理性人的认定,不需要说明是如何认定的,认定的标准是什么,他们直接给出结论即可。例如,加利福尼亚州对于注意义务的标准规定为一个人存在疏忽,是指其实施了作为一个理性谨慎的人不会在相同情形下实施的行为,或者其没有实施一个行为,但是作为一个理性谨慎的人会在相同情形下实施该行为。这样的规定其实解决不了问题,因为你还是无法认定一个理性谨慎的人该如何实施行为,其实施行为的具体标准是什么仍不明确。虽然美国此后进一步将理性人标准设定为集体意义上的个体合理行为,并交由陪审团认定,但是这种标准仍然是模糊不确定的,并且产生了性别方面和种族方面的问题。〔1〕同时,美国学者认为从民事侵权法角度来看,将理性投资者标准交由陪审团来认定是不妥当的,绝大多数的陪审团成员并没有认定该标准的能力,即使我们将理性投资者界定为一般水平的消费投资者。这也导致证券诉讼案件中,越来越多引入专家证据来认定或者推翻重大性,而不再依赖理性投资者标准进行认定。〔2〕

汉德公式对英美法侵权理论影响深远,是侵权法的核心概念。〔3〕但该公式并不是从理性人的标准角度,而是从过失的角度来衡量的。王泽鉴教授认为,汉德公式从社会福利角度的分析与传统侵权法侧重个人道德及公平之间存在不一致,一些非经济价值因素,如健康、自由、名誉、隐私等,无法通过金钱衡量,法官并不擅长经济分析,也不应当使侵权法领域的善良管理人成为冰冷的经济人。〔4〕理性人是建立在一般社会经验基础之上的普通人,具有谨慎、小心的特点。在侵权案件中,将理性人放在具体的事件中,才

---

〔1〕 Amanda M. Rose, *The Reasonable Investor of Federal Securities Law: Insight from Tort Law's Reasonable Person & Suggested Reforms*, 43 Journal of Corporation Law 77,84 – 86(2017).

〔2〕 Amanda M. Rose, *The Reasonable Investor of Federal Securities Law: Insight from Tort Law's Reasonable Person & Suggested Reforms*, 43 Journal of Corporation Law 77,106(2017).

〔3〕 参见叶金强:《侵权过失判断之中的理性人标准的建构》,载《中德法学论坛》(第8辑),第106页。

〔4〕 参见王泽鉴:《侵权行为》(第3版),北京大学出版社2020年版,第302页。

能判断其可能的行为。行为人的利益与受害人的利益都需要保护。[1] 虽然合理或者理性是一个主观范畴，但是判断标准应当是客观的。美国证券法将信赖要件建立在了以理性人标准为基础的理性投资者标准之上。更为重要的是，理性投资者标准包含重大性概念，其界定公司信息披露的义务范围。美国联邦最高法院最早在案件中解释重大性问题时认为这是一个主观问题，即作为一个理性投资者，是否认为遗漏的信息或者错误陈述的信息具有重要性。如果一个理性投资者会将遗漏的信息或者错误陈述的信息作为其如何投票或者投资的依据或者考虑因素，是指遗漏的信息如果被理性投资者知晓，那么投资者将会改变其信息决策集的内容。除了重大性，理性投资者标准还用于认定美国证券法中责任规定的误导性概念，即所谓的"半真半假"责任理论。美国法院认为，一个陈述是否是误导性的，取决于理性投资者的观点，这种需求实际上是主观的。[2] 理性投资者有两个界定因素：其一是什么是理性投资者，其二是真实的内容是什么。[3] 美国法院在 Omnicare 案中强调了理性投资者需求的具体事实本质。法院认为，在认定一个信息是否属于误导性信息时，一个理性投资者会充分考虑其全部内容，一个发行人知道但是没有及时披露信息并不必然属于误导性信息，其他的事实会介入并避免误导性结果的产生。因为理性投资者知道一个观点往往是基于多种争议性事实的衡量，确实，如果发行人披露信息时作为一个观点提出，那么必然具有不确定性，理性投资者会采取更谨慎的态度。[4] 美国司法判例指出，理性投资者由市场基础因素组成，如金钱的时间价值、信任假设的危机，以及推出新产品潜在的不可预测的困难。美国法院为了更加简明地界

〔1〕 参见叶金强：《侵权过失判断之中的理性人标准的建构》，载《中德法学论坛》(第 8 辑)，第 113 页。

〔2〕 Amanda M. Rose, *The Reasonable Investor of Federal Securities Law: Insight from Tort Law's Reasonable Person & Suggested Reforms*, 43 Journal of Corporation Law 77, 86 – 88(2017).

〔3〕 Amanda M. Rose, *The Reasonable Investor of Federal Securities Law: Insight from Tort Law's Reasonable Person & Suggested Reforms*, 43 Journal of Corporation Law 77, 89(2017).

〔4〕 Amanda M. Rose, *The Reasonable Investor of Federal Securities Law: Insight from Tort Law's Reasonable Person & Suggested Reforms*, 43 Journal of Corporation Law 77, 94(2017).

定理性投资者，提出理性投资者折价销售说，即如果给定具体的信息，理性投资者可以通过数学计算来决定投资底线，并且考虑内容相关的陈述以衡量其来源的可靠性。理性投资者不会期望去掌握一个接受过专业训练的投资分析师的水平。所以这样的理性投资者标准是一个理性的、非专业性的资本市场参与者标准。司法层面的理性投资者简单来说可能并不存在。[1]

三、价格影响造成虚假陈述因果关系的逆向认定

虚假陈述导致证券价格扭曲，可以推定证券虚假陈述侵权案件中原、被告双方之间成立交易因果关系，同时表明了虚假陈述具有重大性。而且，价格扭曲也成为证券虚假陈述侵权案件中损失因果关系和损失计算的核心证据，法院通过客观上的价格上涨或者下跌就可以认定被告虚假陈述给原告造成的股票差价损失及具体损失金额。[2] 这是司法实践中价格影响理论的基本内容。

然而，价格影响理论经常难以成立。该理论往往作为欺诈市场理论认定虚假陈述交易因果关系的同时，用于认定损失因果关系，而不是单独用来认定虚假陈述因果关系。因为即使在半强式有效市场中，证券市场的信息与股票价格之间也不能完全形成反映关系，即股票价格有时也不能反映证券市场的信息。原因既可能是股票本身的因素，如股份总量小，市场流通性不告等情形，尤其是像在美国场外交易市场以及中国北京证券交易所上市的中小企业股票。或者是信息本身因素的影响，如该信息在市场上已通过其他渠道或者类似信息所公开，或者信息披露主体已经被市场了解，其发布信息不会再引起价格的波动。因此，或者价格不能反映市场信息，或者信息已经通过其他方式被市场知悉，虚假陈述被揭示或更正后，股价就不会受到影响。此时可以判断出市场交易双方并不是基于价格波动而进行的交易，

---

〔1〕 Amanda M. Rose, *The Reasonable Investor of Federal Securities Law: Insight from Tort Law's Reasonable Person & Suggested Reforms*, 43 Journal of Corporation Law 77, 89－92(2017).

〔2〕 参见耿利航：《欺诈市场理论反思》，载《法学研究》2020 年第 6 期。

因此不能推定信息与交易之间成立信赖,被告可以推翻原告依据欺诈市场理论主张交易因果关系成立的推定。[1]

(一)价格影响是结果而不是原因

美国法院在 Basic 案中支持被告可以根据价格影响来推翻交易上因果关系的认定。[2] 但是,价格影响主要用于证明损失因果关系,即投资者在虚假陈述行为揭露日后出售股票的价格与虚假陈述行为实施日后揭露日前购买股票的价格之间只要存在差额损失,就可以认定损失因果关系成立,投资者应当获得赔偿。但是,价格影响是虚假陈述行为实施日和揭露日之后发生的,其是虚假陈述行为所导致的结果,而不是原因。将价格影响的结果用于证明损失因果关系的成立,属于本末倒置。理论界和实务界之所以将价格影响的结果作为证明损失因果关系以及损失的证据,是因为价格影响的结果客观存在,举证便利,计算方便。但是,这样的规则容易导致两种不利情形:第一种情形是虚假陈述行为揭露日后其他介入因素导致股票价格出现大幅下跌,但是由于介入因素的证明困难,被告承担了过重的赔偿责任;第二种情形是虚假陈述行为揭露日后其他介入因素或者被告自力救济的影响,导致价格出现回升或者变化不大,使被告逃脱赔偿责任。

(二)价格影响不必然与虚假陈述具有相关性

价格影响的概念是证券欺诈诉讼中的重要组成部分,有学者更倾向于表述为价格扭曲。虽然 Halliburton Ⅱ案中,法院将价格影响仅用于推定原告依赖虚假陈述的信息,但是价格影响是证券欺诈其他要件的重要组成部分,包括损失因果关系、重大性以及损失。股票价格具有明显的波动性,有发行人的原因,也有市场发展的原因,也有一些类似“噪声”交易的影响。司

[1] 参见樊健:《我国证券市场虚假陈述民事责任理论与实践的新发展》,法律出版社 2021 年版,第 17 页。

[2] 参见樊健:《我国证券市场虚假陈述民事责任理论与实践的新发展》,法律出版社 2021 年版,第 15 页。

法实践中，美国法院经常使用事件分析法来解决这个问题。[1]

应运而生的公司金融理论中的事件研究法，被认为是唯一的通过分析交易后的股票价值证明股票价格没有受到欺诈的影响的方法。金融经济学家使用事件研究法来衡量股票价格对各种各样信息的反应程度。典型来说，事件研究法不是关注一只股票的价格水平，而是关注股票价格的变化百分比，换言之，是股票的可得收益。在最简单的形式中，一个事件研究法将一只当天受到利益信息影响的股票的收益，与该股票正常观测时的收益进行对比，并考虑当天整个市场所预期的一般变化情况。例如，一只股票的价格正常上下涨跌浮动 1%，但是一天上涨了 2%，当天股票收益也发生了不同寻常的数额变动。什么范围是正常的？多大程度的收益变动足以认定不同寻常？这些问题都由事件研究法的专家们使用统计上的重要性检验来解决。[2] 然而正确的方法应该是欺诈中的损失因果关系需要证明是完全由被告的行为导致的价格虚涨。[3] 事件研究法被广泛运用于美国联邦法院审理的证券欺诈诉讼中，并成为证券欺诈诉讼中有用且重要的工具，需要首先得到证明。[4] 重大性、信赖、损失因果关系、损失这些关联的问题都需要通过事件研究法解决。如果一个被欺诈的投资者没有提供一位有资质专家的可信事件研究，那么他就会得不到法律的保护。[5]

---

[1] Jill E. Fisch, Jonah B. Gelbach & Jonathan Klick, *The Logic and Limits of Event Studies in Securities Fraud Litigation*, 96 Texas Law Review 553, 555 (2018).

[2] Jill E. Fisch, Jonah B. Gelbach & Jonathan Klick, *The Logic and Limits of Event Studies in Securities Fraud Litigation*, 96 Texas Law Review 553, 570 (2018).

[3] Ann Morales Olazabal, *Loss Causation in Fraud – on – the – Market Cases Post – Dura Pharmaceuticals*, 3 Berkeley Business Law Journal 337, 368 (2006).

[4] Michael J. Kaufman & John M. Wunderlich, *Regressing: The Troubling Dispositive Role of Event Studies in Securities Fraud Litigation*, 15 Stanford Journal of Law, Business & Finance 183, 188 – 189 (2009).

[5] Michael J. Kaufman & John M. Wunderlich, *Regressing: The Troubling Dispositive Role of Event Studies in Securities Fraud Litigation*, 15 Stanford Journal of Law, Business & Finance 183, 187 (2009).

(三)价格影响造成欺诈市场理论的适用争议

假设欺诈市场理论不需要投资者去证明个人基础上的信赖,相应的也改变了损失的本质。在传统的欺诈诉讼中,投资者声称的欺诈与其对目标证券的判断密切相关。但是在欺诈市场理论诉讼中,损失是纯粹经济上的衡量,以一种投资者对证券价格的超额支付来确定,但是可能投资者在购买该证券时并没有受到欺诈。所以,欺诈市场理论排除了一个具体投资者的投资行为需要,而是要求法院通过市场行为来直接判断,从评估被告虚假陈述对市场价格的影响来认定欺诈行为导致的损失。[1]

评估具体信息对股票价格的影响程度一般使用“事件研究法”,但是正如许多学者所言,事件研究法用于证券诉讼的效果是有限的并且可信度较低。因为事件研究法一般可以用于一个事件对股票价格的影响,但是在多个信息对股票价格的影响认定中,事件研究法就很难发挥作用。因此,即使从理论角度,事件研究法也不能就事件是否影响股票价格作出可信的结论。[2] 典型的是,被告尝试提出真相披露时市场价格并未受到影响,与重大性的分析相似。争论在于,如果市场价格对于真相的披露并没有明显反应,那么原始的欺诈信息也可能对市场价格没有产生多大影响。[3] 一个欺诈行为可能会延续很长一段时间,这期间会有大量的信息披露,法院需要从中找出一些但不是全部的实际影响了市场价格的信息。[4] 关于损失方面,投资者出售股票与购买股票时的价格差,一般被认定为因欺诈受到的损失,但是出售和购买期间往往会存在其他信息的披露,这些因素的影响一般通

---

〔1〕 Ann. M. Lipton, *Fact or Fiction: Flawed Approaches to Evaluating Market Behavior in Securities Litigation*, 20 *Transactions*, Tennessee Journal of Business Law 741,744 – 745(2019).

〔2〕 Ann. M. Lipton, *Fact or Fiction: Flawed Approaches to Evaluating Market Behavior in Securities Litigation*, 20 *Transactions*, Tennessee Journal of Business Law 741,765(2019).

〔3〕 Ann. M. Lipton, *Fact or Fiction: Flawed Approaches to Evaluating Market Behavior in Securities Litigation*, 20 *Transactions*, Tennessee Journal of Business Law 741,766(2019).

〔4〕 Ann. M. Lipton, *Fact or Fiction: Flawed Approaches to Evaluating Market Behavior in Securities Litigation*, 20 *Transactions*, Tennessee Journal of Business Law 741,768(2019).

过事件研究法来进行区分。由于事件研究法本身存在不足,这些因素最终也无法准确界定和区分。[1]

持续争议的还有损失的范围如何界定的问题。学者们一直争论公司因声誉受到损失产生的价格下跌部分,不应当包含在证券欺诈诉讼的损失范围内,但是这也带来一个问题,这些声誉损失如何来证明。[2] 有学者认为,应该关注信赖要件而不是推定价格影响。应该保护那些基于对公司披露信息的信赖受到损失的投资者,这些被信赖的信息并不需要司法上认定具有重大性。同时也不需要排除“消极”投资者,因为很多指数基金依赖于他们自己创建的特殊标准来设定投资指标。对于那些不能证明信赖要件的众多投资者如何保护的问题,可以通过区分类型来解决。对于证明信赖的投资者,赔偿数额较多;对于不能证明信赖的投资者,继续以披露信息的重大性推定信赖,赔偿数额较小。[3] 美国联邦最高法院 Dura 案之后相当长一段时间,重大性、信赖、损失因果关系,以及损失的构成要件都建立在一个事后价格波动的基础上,[4] 导致欺诈市场理论方面的争议从未停止。

美国第七巡回法院认为,没有证据来支持一个陪审团对股票价格的下跌与被告虚假陈述行为之间的因果关系作出认定。法院认为被告引入专家证据来证明公司是由于市场力量导致价值贬损而非欺诈,原告没有推翻这个证据。此外,法院没有适用欺诈市场理论,因为股票价格在市场披露虚假陈述行为之前已经崩溃了。因此,损失因果关系需要一个交易后的下跌情形。如果没有交易后的价格下跌情形,原告就不能将股票下跌与被告的欺

---

〔1〕 Ann. M. Lipton, *Fact or Fiction*: *Flawed Approaches to Evaluating Market Behavior in Securities Litigation*, 20 *Transactions*, Tennessee Journal of Business Law 741,770(2019).

〔2〕 Ann. M. Lipton, *Fact or Fiction*: *Flawed Approaches to Evaluating Market Behavior in Securities Litigation*, 20 *Transactions*, Tennessee Journal of Business Law 741,771(2019).

〔3〕 Ann. M. Lipton, *Fact or Fiction*: *Flawed Approaches to Evaluating Market Behavior in Securities Litigation*, 20 *Transactions*, Tennessee Journal of Business Law 741,745 – 775(2019).

〔4〕 Michael J. Kaufman & John M. Wunderlich, *Regressing*: *The Troubling Dispositive Role of Event Studies in Securities Fraud Litigation*, 15 Stanford Journal of Law, Business & Finance 183,199(2009).

诈关联起来。[1] 美国证券法 10b－5 规则规定的民事责任构成要件，如虚假陈述认定、重大性、行为人故意等没有明显规则，很多时候也许只能等到法院或陪审团作出决定后才能揭晓答案。诉讼索赔金额越高，结果越不确定，双方和解动力越强。公司是拟制主体，实施欺诈的是公司董事、高级管理人员等内部人员。在美国司法实践中，案件在进入实体审理前一般会达成和解。真正实施欺诈行为者将逃脱惩戒，导致威慑失灵。[2] 因此，如果以价格影响来认定因果关系或者赋予投资者启动诉讼的权利，那么往往会导致案件中途和解，投资者获得部分赔偿，但是证券欺诈诉讼案件的威慑失灵。

---

〔1〕 Michael J. Kaufman & John M. Wunderlich, *Regressing: The Troubling Dispositive Role of Event Studies in Securities Fraud Litigation*, 15 Stanford Journal of Law, Business & Finance 183, 207－208 (2009).

〔2〕 参见耿利航：《欺诈市场理论反思》，载《法学研究》2020 年第 6 期。

第三章　证券虚假陈述因果关系的欺诈市场理论修正

传统证券欺诈诉讼中的欺诈市场理论是指推定原告信赖被告的虚假陈述,并且假设证券是在一个有效市场进行交易。按照美国法院的观点,可以假定,在一个有效市场,任何欺诈性陈述必然会导致证券价格受到影响下的交易,从而导致购买价格受到影响的证券的原告利益受到损害,即使原告并没有基于对虚假陈述的直接信赖而进行交易。欺诈市场理论确立了特殊因果关系的一般特征,即将推翻特殊因果关系的举证责任转移给了被告,赋予被告在个人案件中推翻推定信赖的机会。[1] 美国学者认为,需要对欺诈市场理论诉讼进行颠覆性修改。因为这些诉讼只是起到政策上对证券市场的干预,但是证据方面的要求难以实现。可以简单从法律规定的罚金以及其他手段来减轻法院和诉讼主体的压力,并且由国会从政策目标方面提供救济手段。[2] 然而,美国学者对欺诈市场理论的修正关注点主要体现在举证责任难、政策干预强的方面,但是实际上欺诈市

---

〔1〕 Sergio J. Campos, *The Commonality of Causation*, 46 Ohio Northern University Law Review 229,258 - 259 (2020).

〔2〕 Ann. M. Lipton, *Fact or Fiction*: *Flawed Approaches to Evaluating Market Behavior in Securities Litigation*, 20 *Transactions*, Tennessee Journal of Business Law 741,743(2019).

场理论的修正重点在于其价格影响的现象掩盖了信息欺诈的本质。

欺诈市场理论的修正主要体现在四个方面。第一,证券市场虚假陈述的实质应是信息欺诈而非价格欺诈。由于证券市场的信息瞬息万变,更新迭代非常迅速,如某一个信息或者多个信息是虚假的,从而导致投资者受到损失,投资者即可向虚假信息的信息披露主体主张侵权责任。欺诈市场理论可以有效地支持投资者证明侵权责任构成要件中的因果关系,从而使追究虚假陈述侵权责任的目的能够实现。具体来说,欺诈市场理论认为,证券市场中发布虚假信息的信息披露主体,构成对整个证券市场的欺诈,投资者只要在证券市场中实施了相关的交易行为,就可以推定投资者的交易行为、交易损失与虚假信息之间成立因果关系,即交易因果关系和损失因果关系。第二,投资者依据欺诈市场理论主张交易行为与虚假信息之间成立因果关系,适用的信赖标准应是一般投资人标准。该标准的优点在于不需要像理性投资者标准那样去分析投资者的交易行为是否符合理性的标准。这个理性的标准可能是经济学角度的,也可能是社会学角度的,甚至可能是某个理工专业领域的基本常识。换言之,理性投资者的标准会潜在各种争议,因为不同领域、不同专业、不同角度对理性的解读都会存在差异。一般投资者主要是从证券市场普通投资者的角度来判断是否可以构成信赖,这个标准相对更符合我国证券市场的客观现实。因为我国证券市场中绝大多数为自然人投资者,完全可以从中抽象出一般投资者的标准,但是无法抽象出所谓理性投资者的标准。第三,虚假陈述对于证券市场的欺诈所产生的证券价格变化,需要通过损失因果关系来衡量,而非用于证明交易因果关系是否成立。信息欺诈并不需要通过证券价格的变化得以认定,而是关注信息本身。损失因果关系的认定中,证券价格的变化也并不必然是由虚假信息所导致的。系统性风险、非系统性风险以及其他因素均应当得到充分全面的考量。第四,建立在欺诈市场理论基础上的证券虚假陈述因果关系认定,并不是推定因果关系的成立,而是法定因果关系的成立。法定因果关系的重心在于证明标准或者证明责任的法定性。

第一节　虚假陈述是信息欺诈而非价格欺诈

我国证券市场所有股票的价格形成是建立在只有1/3流动股和流通市值小的基础上的，股价虚拟成分远较美国市场要大，股票价格与股票真实价值相去甚远。[1] 考虑到证券市场的复杂性，应当认识到会存在证券虚假陈述对股票价格没有产生影响的客观情况，投资者不能主张成立交易上因果关系。如果支持投资者关于成立交易因果关系的主张，并要求被告承担赔偿责任，相当于将原告投资的市场风险转移给了被告，原告获得投资保险利益，这是不符合证券市场买者自负的风险承担规则的。[2] 因此，传统欺诈市场理论以价格欺诈为虚假陈述侵权行为的具体表现形式，与侵权责任的构成要件大相径庭，有客观归责之嫌，有欠妥当。虚假陈述侵权行为应当是信息欺诈而非价格欺诈。

美国第三巡回法院早就提出，不允许一家公司否认已经被公众知悉的真实信息的合法性。[3] 换言之，真实的信息，即使是违法流入市场的，被公众所知悉，该信息所属的公司也不能否认信息的合法性。通过策略性虚假陈述或者隐瞒信息来达到财富最大化的目标和创造一个有效市场的目标之间，存在必然的冲突。隐瞒信息或者误导性披露会抑制公司信息反馈的有效性。

一、信息欺诈的认定不需要有效资本市场假说

（一）作为的信息欺诈不需要有效资本市场的价格传递

作为的信息欺诈包括信息被虚假记载和误导性陈述。根据2022年《证

---

〔1〕 参见郭峰主编：《虚假陈述证券侵权赔偿》，法律出版社2003年版，第310页。

〔2〕 参见樊健：《我国证券市场虚假陈述民事责任理论与实践的新发展》，法律出版社2021年版，第17页。

〔3〕 Jonathan R. Macey & Geoffrey P. Miller, *Good Finance, Bad Economics: An Analysis of the Fraud - on - the - market Theory*, 42 Stanford Law Review 1059, 1071 (1990).

券市场虚假陈述侵权规定》第4条的规定，虚假记载主要是指信息披露义务人对于其自身的财务信息或者其他重要信息作出的重大不实或者与真实情况不符的相关记载。误导性陈述具体分为两种情形：第一种情形是信息披露义务人隐瞒重要事实；第二种情形是信息披露义务人未及时更正或者确认重要信息，并导致了已经披露的信息具有误导性，这种误导性是信息不完整、不准确所导致的。

1. 虚假记载主要表现为财务信息的欺诈

相较2003年《证券市场虚假陈述赔偿规定》将作为的信息欺诈区分为虚假记载、误导性陈述以及不正当披露，2022年《证券市场虚假陈述侵权规定》将三种情形精简为两种情形，删减了不正当披露，并且将虚假记载所定义的不存在的事实被虚假记载，进一步明确为相关财务数据或者其他重大信息被虚假记载，体现了信息欺诈最容易高发的是财务数据的欺诈。例如，山东省高级人民法院审理的青岛亨达公司证券虚假陈述责任纠纷案中，青岛亨达公司在新三板定向增发业务中财务数据虚增收入，未如实披露借款；[1]上海市高级人民法院审理的中毅达公司证券虚假陈述责任纠纷案中，中毅达公司在财务报表中虚增业绩；[2]北京金融法院审理的京西文化旅游公司证券虚假陈述责任纠纷案中，京西文化旅游公司将虚假转让投资收益权，虚增收入；[3]山东省青岛市中级人民法院审理的金正大生态工程公司证券虚假陈述责任纠纷案中，金正大生态工程公司虚增收入、隐瞒关联交易、虚列资产等；[4]辽宁省大连市中级人民法院审理的獐子岛集团公司证券虚假陈述责任纠纷案中，獐子岛集团公司随意结转成本，减少营业外支出，成本核算严重不实等。[5]

---

〔1〕参见山东省高级人民法院(2020)鲁民终3132号民事判决书。

〔2〕参见上海市高级人民法院(2020)沪民终549号民事判决书。

〔3〕参见北京金融法院(2021)京74民初1045号民事判决书。

〔4〕参见山东省青岛市中级人民法院(2022)鲁02民初317号民事判决书。

〔5〕参见辽宁省大连市中级人民法院(2022)辽02民初1108号民事判决书。

2. 误导性陈述主要关注信息本身的完整性和规范性

关于误导性陈述,2003 年《证券市场虚假陈述赔偿规定》对其定义是影响投资人对其投资行为产生错误判断的陈述,实际上包含了信赖的内容。2022 年《证券市场虚假陈述侵权规定》对误导性陈述的定义回归信息内容本身,即包括隐瞒重要信息和未及时披露信息。体现了信息披露不完整、不客观方面的基本特征,但是对于用语不规范、含混不清等产生的误导情形没有继续保留。这样一方面剔除了原来包括主观信赖的内容,另一方面包含了原来不正当披露的部分内容。虚假记载和误导性陈述之间的界限更加清晰。

3. 作为的信息欺诈不需要以证券价格变化为前提

传统的欺诈市场理论,需要依赖有效资本市场假说的价格传递效应,从而对损失因果关系作出认定。修正后的欺诈市场理论,将虚假陈述的欺诈内容明确为信息欺诈,不需要考虑信息欺诈引发之后市场的价格影响或者价格涨跌,因此可以剥离理论和实践中存在诸多争议的有效资本市场假说。

(二)不作为的信息欺诈不产生有效资本市场的价格传递

不作为的信息欺诈是指信息的重大遗漏。根据 2022 年《证券市场虚假陈述侵权规定》第 4 条的规定,重大遗漏是指信息披露义务人违反关于信息披露的规定,对重大事件或者重要事项等应当披露的信息未予披露。相较 2003 年《证券市场虚假陈述赔偿规定》中对于重大遗漏的定义,剔除了部分记载的情形,归类到误导性陈述的范围。

信息的重大遗漏,不会产生有效资本市场的价格传递。因为重大遗漏产生的效果是市场对证券价格的认识与其实际价值存在偏离的情形得到错误的维持,不能及时纠正和重新匹配,所以重大遗漏的情形也不需要有效资本市场假说。

二、信息欺诈侵犯投资者的知情权

我国《证券法》第 78 条对信息披露的要求体现在:首先,信息披露主体包括发行人和其他依法依规确定的其他信息披露义务人；其次，信息披露义务人应当及时履行信息披露；最后，信息披露义务人披露的信息要求真实、准确、完整，要求具有简明易懂的特征，不得有涉及虚假陈述的三种违法情形。因此，信息披露是证券市场中发行人及其他信息披露义务人的法定义务。投资者依法对应当披露的信息享有知情权。

（一）投资者知情权来源于证券市场信息披露制度要求

投资者依法享有知情权的信息范围包括证券市场发行信息、证券交易信息、并购重组信息、定期报告和临时报告应予披露的信息等信息。申言之，投资者依法享有的信息知情权来源于证券市场的信息披露制度所要求的披露义务。

1. 法律法规对于证券市场信息披露的要求

我国《证券法》规定了信息披露义务主体及披露的基本原则，义务主体主要包括发行人和上市公司，以及其他法律法规及证监会规定的义务主体。信息披露的基本原则是真实、准确、完整以及简明清晰、通俗易懂。信息披露的具体义务性规定包括定期报告和临时报告，定期报告主要针对审计报告、季度报告、半年度报告等的披露，临时报告主要针对一些重大变化、重大事件等情形的披露。法律同时明确规定了信息披露的网站、备查地点等细节要求。

2. 证监会作为监管部门对信息披露的要求

中国证监会作为证券监管部门，其制定了《上市公司信息披露管理办法》和《非上市公众公司信息披露管理办法》。这两个办法对信息披露义务的范围进一步扩大至包括上市公司的控股股东、实际控制人、董事、监事、高级管理人员等，信息披露的文件除定期报告、临时报告之外，还包括招股说明书、募集说明书、上市公告书、收购报告书等，并对相关报告的主要内容和适用情形进行了细化规定。

3. 交易所作为交易平台对信息披露的要求

目前我国上海证券交易所、深圳证券交易所、北京证券交易所、全国中小企业股份转让系统(新三板)均制定了相关信息披露要求。其中上海证券交易所制定了科创板、主板相关信息披露的自律监管业务指南、指引(包括日常信息披露、定期信息披露、债券信息披露、股权激励信息披露等),深证证券交易所制定了上市公司、非上市公众公司相关信息披露的自律监管指引和信息披露的内容与格式相关要求,北京证券交易所制定了包括《北京证券交易所上市公司业务办理指南第7号——信息披露业务办理》《公开发行证券的公司信息披露内容与格式准则》(包括招股说明书、募集说明书、年度报告、中期报告等)等在内的相关具体文件。新三板针对化工、建筑、广告、农林牧渔、影视等不同类型的公司制定了不同的信息披露指引文件。

(二)投资者知情权来源于证券市场的内在竞争要求

证券市场信息披露包括强制性信息披露和自愿性信息披露。强制性信息披露是基于证券法律法规的规定以及交易所的交易规则要求进行的披露,自愿性信息披露是证券市场发行人及相关主体基于证券市场的内在竞争要求而披露。关于信息披露中的分类,还有一种区分方式是将其分为硬信息和软信息。硬信息类似于强制性要求披露的信息,是合法合规的基本要求。公司生产、经营、销售、资产负债等确定性的信息,一般属于硬信息。[1] 软信息类似于自愿性信息披露,是商业经营的发展推力。软信息并没有一个准确的定义。一般来说,包括风险提示、预测信息、内外部规划、其他意见等。[2]

无论是上述强制性信息披露和自愿性信息披露的分类,还是硬信息和软信息的分类,都反映了证券市场中发行人、上市公司或者其他主体对于合法合规性的规范要求以及商业经营发展的竞争需求的双重特征。

---

〔1〕 参见卢映西:《浅议证券发行市场化过程中的软信息披露》,载《行政与法》2002年第11期。

〔2〕 参见张保生、牛馨雨:《预测性信息披露责任与安全港制度探究》,载《财经法学》2023年第5期。

三、信息的重大性而非价格影响的重大性

美国 affiliated Ute 案中，法院认为遗漏信息的重大性是事实因果关系的关键要件。但产生的问题是未披露的信息或者隐瞒的信息如何产生或者推定信赖。法庭只是将信赖简单作为侵权概念中近因的一种。[1]

（一）信息的重大性具有法定性和可预见性

美国法院以理性投资者的标准来推定信息的重大性，以理性投资者在作出决策时对信息的需求，来推定该信息具有重大性。但是由于理性投资者本身就是虚拟的、不确定的，影响决策的也是主观标准，不利于证券市场的稳定。依据法律法规规定以及交易所的交易规则来认定信息的重大性，相对可靠，并且可以为证券市场上的投资者通过查询或者了解所知悉，相应的，重大信息也会基于明确具体的规定被合理预见。例如，深圳证券交易所《股票上市规则》中明确规定了重大交易信息的财务比例指标，确定以交易金额占总资产、营业收入或者净利润的固定比例作为重大性的标准。对于一些特殊的交易信息如不支付对价、委托管理资产等情形，该规则采取了列举的形式明确告知信息披露义务人应当予以披露，从规则上保障了重大信息披露的准确性和规范性。

（二）信息的重大性不涉及价格重大变化的不确定因素

美国适用欺诈市场理论审理的证券欺诈案件中，原告基于两个可推翻的假设推定，其一是任何公共的、重大的信息会影响标的股票的价格，其二是投资者基于对市场价格建立在股票信息没有任何偏见的情形下进行的评估结果的信赖基础在这个市场上进行交易。这两个假设一起创造了一个推理，价格受到被告陈述的影响，投资者信赖价格，因此投资者信赖了被告的

〔1〕 A. C. Pritchard, *Halliburton* Ⅱ: *A Loser's Story*, 10 Duke Journal of Constitutional Law & Public Policy 27,32(2015).

陈述。[1] 传统欺诈市场理论中价格扭曲的重大性，除了虚假陈述信息在证券市场中的价格传递，还包含很多其他不确定因素，如混合信息的其他价格影响、外部环境和政策对于证券价格的影响，以及其他重大投资行为对于证券价格的影响。然而，信息的重大性，在确定属于重大信息之时，其与证券之间的价值差异就已经确定，如果属于真实信息，那么证券价格就体现了证券真实的价值；如果属于虚假陈述，那么证券价格就会与证券的真实价值产生偏移。这种偏移是当时产生、当时确定的，不会受到证券市场其他不确定因素的影响。

（三）价格影响本身的特性难以支撑重大性的认定

我国法院对于证券虚假陈述侵权案件中的股票价格影响的认定方法比较粗略，更难以做到精确。有学者建议通过优势证据或者事件分析法来证明或者计算虚假陈述相关的影响。[2] 但是，从价格影响本身的特性来看，要想证明价格变化的原因，并且计算出价格变化与虚假陈述之间的影响金额，十分困难。

1. 价格变化的多因性

证券市场的价格变化具有多重因素影响，从发行人、上市公司角度来说，信息披露会导致证券价格变化，受到处罚会导致价格变化；从投资者角度来说，专业分析或者市场分析会影响投资者的投资行为，从而导致证券价格变化；从上市公司内外部环境来说，市场走向、公司治理结构、外部的发展机遇、政治经营等因素也会导致证券价格变化。

2. 价格变化的滞后性

证券市场的价格变化有时会迅速变化，有时会在一段时间后才会完整体现。这不仅与影响的因素有关，而且与市场消化、吸收的程度有关。并且

---

〔1〕 Ann. M. Lipton, *Fact or Fiction: Flawed Approaches to Evaluating Market Behavior in Securities Litigation*, 20 *Transactions*, Tennessee Journal of Business Law 741,744(2019).

〔2〕 参见樊健：《证券虚假陈述民事责任中的价格影响理论：理论反思与实践争议》，载《财经法学》2023 年第 5 期。

一旦滞后的情形出现,价格变化的真正原因就很难准确发现,因为在滞后的期间,证券市场已经发生了不少甚至很多的变化。

3. 价格变化的反复性

证券市场价格变化还会反复。投资者的判断、分析师的判断、市场的走向、外部事件的影响等多种因素的影响会导致证券价格可能在一定时间内上涨后回落,也可能在持续下跌后止跌回升,抑或上涨、下跌交错进行。此时,如需准确证明或者计算虚假陈述与价格变化之间的影响,实属难上加难。

四、安全港:预测信息的欺诈豁免

预测信息相当于证券法理论上所称的软信息。软信息是相对于硬信息而言,硬信息一般指证券市场发行人及其他信息披露义务人应当披露的上市公司、控股股东、实际控制人,以及董事、监事、高级管理人员的客观发生的经营管理等相关信息。软信息则是对公司未来财务预测、经营计划、发展前景等不确定的情况进行预测所发布的信息,一般包括盈利预测信息、并购重组信息等。其意义在于通过发布预测信息,推动发行人及其他主体通过努力促成预测信息成为真实信息,同时提高公司在证券市场的声誉和竞争力。通过上市公司及专业机构进行分析预测的信息可以提供给广大的证券市场投资者查阅,而不是限于有限的分析师或者公司内部人员查阅,提高信息的公平性。

美国证券法中的安全港规则以普通法中的"提示注意"规则为基础。该规则要求"有意义的警告和提醒式语言"可以抗衡一个主张误导的诉求并且构成"不具有重大性且对证券欺诈没有作用力"。不像"提示注意"规则,"安全港"规则没有要求提醒式的语言完全中立化那些声称构成欺诈的陈述,从而阻止欺诈发生,而是相反,那些包括特殊原因没有能够实现的预测性陈述并不意味着不受安全港规则的保护。不考虑一些提醒式语言的特殊标准,法院倾向于支持长篇大论的、通用的风险披露而不是对发行人特殊情形的警告。这种警告类型的另一面将会减轻任何错误陈述的后果。结果,安全港规则赋予发行人有限的欺诈权利。对于故意做出的预测性陈述,可能会免于受到一个股东诉讼,即使这些预测性陈述影响了投资者的决策和投资行为。[1] 安全港规则的具体区分有待于法院来界定,但是并没有有效的工具来界定和区分。因此,市场证据继续作为一个理论上的问题来评估而不是依据实践中的现实情况来认定。[2] 我国2022年《证券市场虚假陈述侵权规定》第6条规定,原告以信息披露文件中的盈利预测、发展规划等预测性信息与实际经营情况存在重大差异为由主张发行人实施虚假陈述的,人民法院不予支持。同时规定了未进行风险揭示、会计政策或基本假设明显不合理,以及前提发生重大变化时未及时更正的三种例外情形。这在一定程度上豁免了预测信息构成虚假陈述中的欺诈信息。基于上述原因,证券法将证券市场的预测信息排除在一般信息欺诈的范围内,从而推动证券市场的健康、高效发展。

也有学者提出异议,认为从信息披露理论和实践角度来说,安全港是一个荒诞的概念。由于是基于法律法规规定作出的信息披露,所以荒谬也没有关系。[3] 想象一下一个发行人披露其对于工厂的评估结论是不太会发生重大失败,但是同时,有一些私人证据显示了对于这个风险评估结论存在很多内部质疑。这种信息就是错误的,容易造成误导。重要的是管理层对于一个不利事件不可能发生的决定,只有在其具有可信声誉时才有价值,否则就是噪声信息。[4] 对于原告的好消息是,很多法院对于主张安全港规则的被告提出两个理解性的问题,用于认定安全港规则是否保护了错误的信息。一个问题是发行人对未来进行的预测是部分真实还是全部真实,如果

---

〔1〕 Ann. M. Lipton, *Fact or Fiction: Flawed Approaches to Evaluating Market Behavior in Securities Litigation*, 20 *Transactions*, Tennessee Journal of Business Law 741,751 – 752(2019).

〔2〕 Ann. M. Lipton, *Fact or Fiction: Flawed Approaches to Evaluating Market Behavior in Securities Litigation*, 20 *Transactions*, Tennessee Journal of Business Law 741,753(2019).

〔3〕 Donald C. Langevoort, *Disasters and Disclosures: Securities Fraud Liability in the Shadow of a Corporate Catastrophe*, 107 The Georgetown Law Journal 967,995 (2019).

〔4〕 Donald C. Langevoort, *Disasters and Disclosures: Securities Fraud Liability in the Shadow of a Corporate Catastrophe*, 107 The Georgetown Law Journal 967,995 (2019).

仅仅部分真实,那么其不受法律法规的保护。另一个问题是提示性的语言是否具有充分的意义,特别是法院拒绝保护那些表面上进行了模糊的预测但是内部管理层明知这个预测信息是确定的发行人,因为这些表面上模糊的预测信息,本身就具有误导性。[1]

第二节　一般投资人标准作为信赖推定的标准

在美国适用欺诈诉讼理论审理的证券欺诈案件中,实际上没有个人投资者或者没有投资者原型供法院去考量。法院实际上构建了一个假想的投资者,通常属于精英或者职业投资,这些投资者行为会影响市场价格的波动。这个假想投资者被法院用来在没有进行专家分析的情形下认为特定的事实或陈述依法不具有重大性,因此不足以影响市场价格。[2] 我国 2003 年《证券市场虚假陈述赔偿规定》的理解与适用中,对于投资人的身份和地位,采取了比较宽泛的标准,只要投资人认为自身权益受到了侵害,就可以依据证监会处罚结果和相关交易凭据提起民事侵权诉讼,不需要证明其是否是善意投资人或者理性投资人。[3]

一、一般投资人标准的基本内容

美国学者认为,理性投资者的特征主要包括:追逐优惠利益;如果给其确定的信息,他们会通过数学计算来确定投资限额;以及会考虑信息来源的

---

〔1〕 Donald C. Langevoort, *Disasters and Disclosures*: *Securities Fraud Liability in the Shadow of a Corporate Catastrophe*, 107 The Georgetown Law Journal 967,996 (2019).

〔2〕 Ann. M. Lipton, *Fact or Fiction*: *Flawed Approaches to Evaluating Market Behavior in Securities Litigation*, 20 *Transactions*, Tennessee Journal of Business Law 741,745 - 746(2019).

〔3〕 参见李国光主编,最高人民法院民事审判第二庭编著:《最高人民法院关于审理证券市场虚假陈述案件司法解释的理解与适用》,人民法院出版社 2015 年版,第 78 页。

具体内容等。[1] 这显然不能适用于我国证券市场的客观情况。一般投资人的标准相较理性投资者标准而言，主要包含以下三个特征：

（一）一般投资人是证券市场投资人的一个抽象主体

一般投资人没有一个确定的投资人形象，他可能是普通人，也可能是经济学专家或者职业的投资人。简言之，一般投资人可能是任何一个投资人。之所以抽象出一般投资人，是因为证券市场的投资并不总是理性的，也并不总是客观的。如新冠疫情期间，证券市场投资者都蜂拥投资口罩、防护衣、新冠药品等上市公司。事实上，从科学、理性的角度，疫情是阶段性的，它总会过去，疫情相关设备和药品不适合长期投资。但是市场形成的大趋势就是投资于疫情相关设备和药品，无论是短期投资还是长期投资。

（二）一般投资人不要求理性投资者的合理预期

证券市场信息丰富，投资形势瞬息万变。按照美国学者的观点，理性投资者会对其接收的信息进行数学计算从而合理安排投资计划。但是我国证券市场的情况是绝大部分投资者属于散户跟随投资，其常根据随机获取的证券市场信息，以及所谓证券分析师或者其他专家，甚至朋友的观点来进行投资，这显然无法满足理性投资者的合理预期。

（三）一般投资人的投资行为具有概然性

如果说美国证券市场的理性投资者是通过将获取的信息进行数学计算来安排投资计划的，那么我国证券市场的投资者就是基于大众分析师和跟风进行的投资。之所以说大众分析师，是因为电视、广播、微信等信息媒体所宣传的所谓证券分析师，很多可能都没有相应的学习经历和证券分析资质，只是利用证券市场的不成熟不完善来攫取广大散户投资人的资金获利。

---

〔1〕 Amanda M. Rose, *The Reasonable Investor of Federal Securities Law: Insight from Tort Law's Reasonable Person & Suggested Reforms*, 43 Journal of Corporation Law 77, 90(2017).

因此,我国证券市场的一般投资人的投资行为具有概然性,其中有的投资行为是基于自己对信息的研读和分析,但是更多的投资是基于第三方的不明信息来源所跟风进行的投资。一般投资人的投资行为只能通过整体分析的概然性来判断,无法通过个体投资行为或者单个投资事项来进行判断。没有一个人购买或者出售一只股票希望其维持原价,每个人都希望价格发生变化,但是他们也希望购买或者出售时的价格是适当的。我们需要假定投资者不管怎样都会购买,我们不能去考虑个人投资者的动机。[1]

二、一般投资人标准是间接信赖推定的主体基础

传统的侵权法理论对于因果关系中的信赖要件,要求必须实际听到或者看到相关的信息,并依据该信息实施相关行为,才可以认定构成信赖并成立因果关系,这就是直接信赖推定的基本方式。但是证券市场中,交易所的集中竞价交易都是非面对面的,人与人之间非接触式的交易,此时投资人对于证券市场信息的信赖只能是间接信赖,他难以举证证明实际看过或者听过该信息。

相比理性投资者而言,一般投资人更适合作为间接信赖推定的主体。因为理性投资者对于信息的计算和分析,往往容易建立直接信赖,当其主张间接信赖推定时,就与其理性投资者的基本特征存在冲突和背离。一般投资人不会对信息进行计算和分析,也不会搜寻信息来源,更不会核实信息真假,所以一般投资人作为间接信赖推定的主体基础,符合我国证券市场的现状以及保护广大散户投资者利益的基本要求。截至 2020 年 7 月末,自然人投资者账户共计 16,976.99 万户,非自然人投资者账户 39.95 万户,其中非自然人投资者相当一部分是机构投资者,机构投资者的数量虽然在全部投资者中占比不超过 20%,但是 2009 年至 2021 年,各类机构持股市值占流通

---

〔1〕 Richard A. Booth, *OOPs! The Inherent Ambiguity of out - of - Pocket Damages in Securities Fraud Class Actions*, 46 Journal of Corporation Law 319,338 (2021).

股总币值都一直在60%以上。[1] 所以中国的资本市场从投资者层面,基本上是由机构投资者所引领和导向的。自然人投资者的行为常会跟随机构投资者的脚步,很少会直接研读、分析证券市场发行人及相关信息披露义务人的信息,而是直接接受其所信赖的机构投资者进行的专业分析和研判。

三、一般投资人标准符合非理性投资的市场现实

虽然我国资本市场经过几十年的发展,取得了令人瞩目的成就。但是从资本市场的现状来看,仍然处于不完全开放状态,市场有效性方面也很难得出准确的结论。不同于英美国家的投资者对证券市场披露的各种信息关注和分析的情况,我国投资者,特别是广大自然人投资者,其并不会直接对证券市场披露的信息进行分析和研判,往往都是通过专业的机构投资者以及其他第三方分析师进行的研究和分析,做出投资决策。由于市场上对于证券分析、投资监管仍然不够,所以证券市场上的股市、债市各种信息、各种分析师良莠不齐,最终导致大量的投资者非常容易受到不专业的分析师和其他媒介的错误引导,进行非理性的投资。很多投资者是多元化投资,他们不会受到价格上涨或下跌的影响,因为他们已经将投资多元化了。他们交易的很少,但是当他们交易时,从比例平衡角度,他们既会买到价格被低估的股票,也会买到价格被高估的股票,但他们都会最终回归真实价值。[2]

我国最高人民法院曾经认为引入理性投资人标准是必要的,理由在于:首先,理性投资人标准要求信息披露义务人不仅从自身的角度、从信息对自己公司股票价格影响的角度考虑问题,而且要求其站在投资人的立场上评价有关事项的重大性,这与现代证券法的重要宗旨之一——保护投资人的利益是一致的。其次,从我国证券市场的现实分析,其还不是一个有效市场,即一些成熟市场上具有价格敏感性的信息,可能在我国证券市场不能及

---

[1] 参见吴晓求等:《中国资本市场三十年》,中国人民大学出版社2021年版,第200-202页。

[2] Richard A. Booth, *OOPs! The Inherent Ambiguity of out-of-Pocket Damages in Securities Fraud Class Actions*, 46 Journal of Corporation Law 319,333 (2021).

时造成价格波动。这样可能造成这种情况,用理性投资人标准衡量应予披露的信息,在价格敏感标准下可能不具备重大性而无须披露,从而使投资人的股票交易决策不能在充分的信息分析基础上产生。最后,在以价格敏感标准认定信息重大性的情况下,投资人在追究信息披露义务人未履行披露义务造成重大遗漏的民事责任时,必须证明相关信息与股票价格波动的密切关系,这对投资人而言是相当困难的。而以理性投资人标准认定信息的重大性,则投资人的举证责任相对简单。为了对证券市场上信息不对称格局中的信息弱者投资人利益加以保护,采用合理投资人标准是合理公正的。证监会发布的关于招股说明书《披露内容与格式准则》第 1 号中提出,该准则是对招股说明书信息披露的最低要求。无论该准则有无规定,凡对投资人作出投资决策有重大影响的信息,均应披露。这实质上就是合理投资人标准。[1] 但是,经过 20 年左右的实践表明,理性投资人标准在我国证券市场是难以适用的。

第三节 从损失因果关系衡量价格影响

美国法院在 Oscar 案中提出,原告需要首先证明损失因果关系,才能适用欺诈市场理论的推定。对于损失因果关系如何证明,法院提出的要求是:第一,错误陈述真实导致了市场的波动以证明存在损失因果关系;第二,损失因果关系成立的情况下,原告才有权适用欺诈市场理论的推定;第三,原告需要提供优势证据证明;第四,上述内容需要在集团诉讼确认阶段完成。法院要求原告在诉讼之初就证明交易后的价格波动,是因为相关证据是从公共数据和公共文件中获得的,很大程度上是一个实践判断,无论是在集团诉讼确认阶段,还是在之后的诉讼阶段。所以,如果原告不能证明损失因果

〔1〕 参见李国光主编,最高人民法院民事审判第二庭编著:《最高人民法院关于审理证券市场虚假陈述案件司法解释的理解与适用》,人民法院出版社 2015 年版,第 216 - 227 页。

关系,不能通过专家证据来证明被告的欺诈造成了股票价格波动,那么就不存在损失因果关系,原告就不能依据欺诈市场理论主张信赖。[1]

一、价格影响的多元性与混合性

证券市场价格影响一般包括两个方面:其一是影响因素的多元;其二是多重信息的混合。影响因素的多元表现在自身的信息、政府的信息、国际市场和环境的信息等方面。证券的价格会受到证券市场发行人及其他主体自身经营管理业绩的影响,也会受到政府法规政策的影响,还会收到国际市场和大环境的影响,这些影响因素是多元的。例如,一个药品生产企业上市公司的股票价格,在其管理层披露可观的经营利润后,一般会上涨;在新冠疫情时期,当这个上市公司所生产经营的主要药品刚好属于新冠疫情所必需的药品时,基于市场的普遍看好和供不应求,其股票价格往往会大幅上涨。但是,如果该药品在使用过程中,因部分患者产生不良反应并被媒体报道甚至竞争对手的大力宣传,那么其股票价格可能会明显下跌。

多重信息的混合主要是指利好消息与利坏消息的混合,单一信息与多个信息的同时混合等情形。例如,光伏行业上市公司不仅披露了国家政策扶持,享受国家财政补贴的利好消息,同时也披露了因经营投资不善,或者当地光伏环境的不良影响,导致某个光伏投资项目出现大幅亏损,影响上市公司财务报表。

多元因素和多重信息都会导致证券价格的扭曲,这种扭曲不应通过交易因果关系来衡量,因为其不能简单归因于交易过程中对某一个信息或者某一些信息的信赖而进行的交易。这种价格影响应当通过损失因果关系来衡量,从确定价格影响的结果是否与证券交易本身存在关联,以及存在多大程度的因果关联,来确定虚假陈述行为所造成的损失。

---

〔1〕 Michael J. Kaufman & John M. Wunderlich, *Regressing*: *The Troubling Dispositive Role of Event Studies in Securities Fraud Litigation*, 15 Stanford Journal of Law, Business & Finance 183,203(2009).

二、事件研究法难以分析混合的价格影响

事件研究法在美国证券欺诈集团诉讼中非常流行，法院通过事件研究法来确定证券欺诈行为与投资者的损失之间的因果关系。然而我国实践中的运用却举步维艰。早在2002年深圳证券交易所的研究人员就开始发表事件研究法的论文，研究确定虚假陈述的赔偿标准中事件研究法的司法运用。[1] 一方面，美国法院利用事件研究法来确定证券欺诈集团诉讼中的损失因果关系，我国证券市场还没有集团诉讼的形式，所以没有事件研究法的生长土壤。另一方面，事件研究法主要是通过数学分析的手段，来分析上市公司证券的超额收益率，从而确定单个事件对证券价格之间的影响程度。然而证券市场的实际情况是多元信息和多重信息混合，很难从中剥离单个事件而不考虑其他事件的影响。

根据威科先行法律数据库关于"事件研究法"的检索结果，目前，我国还没有法院在证券虚假陈述侵权案件中使用事件研究法认定因果关系以及进行裁判。

三、价格影响的损失衡量侧重于公平而非精确

美国学者认为，按照基本的公司金融理论，公共市场交易的股票价格反映市场对发行人未来现金流量的预期，按照发行人资本成本折算成当前的价值。而且，任何时间一个发行人发表一个关于过去或现在财务情况的声明，市场会将这个信息作为发行人未来现金流量的指引。因此，任何降低未来表现的预期的信息披露后，不论是否涉及欺诈，都将会导致股票价格下跌的效果。如果投资者信赖的是最初始的股票价格，那么股票价格将会因为欺诈而虚高，依据金融理论得出投资者将会受到损害的结论，不管欺诈信息是在什么时间披露。不仅欺诈信息披露的时间与欺诈导致的损失无关，欺

[1] 陈向民、陈斌：《确定"虚假陈述行为"的赔偿标准——事件研究法的司法运用》，载《证券市场导报》2002年第7期。

诈信息如何披露也是不重要的。[1] 然而,美国学者这样的理解是片面的、割裂的。虚假陈述因果关系中,对于价格影响情形下的损失因果关系衡量,并不同于人身损害或者环境侵权、医疗侵权等情形,即使通过事件研究法的分析,也很难作出具体准确的认定,何况美国法院在证券欺诈案件中还有大量的专家证言甚至被告自行主张的损失关联性和计算的损失情况。我国法院的司法实践中,从刚开始的简单将投资者卖出和买入股票时的差价作为损失因果关系的认定依据以及上市公司应当赔偿的损失,到目前一般通过上海交通大学中国金融研究院、上海高金金融研究院、投服中心等单位对损失因果关系以及损失的金额进行鉴定来解决。反映出理论和司法实践中对于价格影响的损失因果关系认定和损失确定的研究逐渐深入,并且认识和关注到市场和主体等不同因素和不同情形,如系统性风险、非系统性风险、自愿交易等情形,对虚假陈述损失因果关系的影响。因此,价格影响的损失衡量侧重于公平等价值的考量,而无法进行精确的数学计算。

第四节 证券虚假陈述因果关系的法定性

一、推定因果关系的理论不足与实践争议

长期以来,之所以在侵权法领域诸多学者对于因果关系理论存在各种各样的研究和争论,其目的就在于希望能够形成一个确定的因果关系理论。这个理论需要在理论上没有争议或者很少争议,而且可以在司法实践中得到良好的实施。通过法律规定来明确因果关系,是诸多学者长期不懈的追求。但是,如果虚假陈述因果关系中的推定得到泛化甚至泛滥,那么因果关系理论的价值就会大大降低,不再需要法学理论的严密分析以及实践的多重检验,只需要法院直接认定就可以了,这是理论界和实务界都不愿意看到

[1] Ann Morales Olazabal, *Loss Causation in Fraud – on – the – Market Cases Post – Dura Pharmaceuticals*,3 Berkeley Business Law Journal 337,367(2006).

的情形。

(一)推定因果关系本身的理论难题

推定还不宜算作一个严格的法律概念。我国现行法律中适用的“推定”散见于多个法律条文中。例如,《民法典》第 544 条、第 623 条、第 718 条、第 976 条对于合同内容、合同变更、合同履行、合同期限的推定,第 1121 条对于继承时间的推定,第 1165 条、第 1199 条、第 1222 条规定的侵权责任过错推定原则;《反垄断法》对于经营者市场支配地位的推定规则;《电子商务法》对于当事人民事行为能力的推定规则;《海警法》对于违法事实的推定规则的规定,等等。其他关于推定的规定散见于行政法规、最高人民法院的司法解释、司法文件、部门规章和地方法规中。这一方面说明了推定的法学理论基础尚不成熟,不足以上升到法律规定的层面;另一方面也反映了司法实践对于推定存在着广泛的需求。从境外法制来看,大陆法系将推定分为法律推定与事实推定,英美法系分为强推定、弱推定、不可反驳之推定。各种论说差异很大,容易引发争议。[1]

对于因果关系的推定,仅仅散见于上海市高级人民法院、山东省高级人民法院关于侵权责任的办案指南或者会议纪要以及上海市律师协会关于侵权案件的办案指引之中。证券虚假陈述因果关系的推定,是交易因果关系的推定。美国法院通过欺诈市场理论推定交易因果关系成立,是为了减轻原告的举证责任,其背后的根本目的是保护证券市场广大投资者的利益优先于少数构成虚假陈述的上市公司发行人及其他主休的利益。为了法律上的严谨以及利益平衡,美国法院同时明确这种因果关系推定是可推翻、可辩驳的推定。事实证明,这种可推翻、可辩驳的推定的证明难度一点也不低于虚假陈述交易因果关系证明本身。

---

〔1〕 参见叶名怡:《过错及因果关系推定与证明责任倒置》,载《北方法学》2007 年第 4 期。

(二)推定因果关系存在的现实困境

推定因果关系的理论基础主要是欺诈市场理论。欺诈市场理论真正的威力是支持和推动集团诉讼或者群体诉讼来向实施虚假陈述的主体主张侵权赔偿责任。[1] 美国司法实践中对于股票发行阶段的虚假陈述,公司只承担吐出非法所得的严格责任;对于股票交易二级市场中的虚假陈述,提出索赔的投资者需要证明损失因果关系才能向被告主张侵权责任,一般不允许推定。[2] 美国 Halliburton 案后的一些案件,如 2017 年 11 月审理的 Petroleo 证券欺诈案的调查令程序,[3] 2020 年 11 月审理的 Esperion Therapeutics 证券欺诈案的集团诉讼确认程序,[4] 以及 2022 年 8 月审理的 Energy Transfer 证券欺诈案的集团诉讼确认程序,[5] 原告的主张都得到了支持,被告的抗辩都被驳回。

我国司法实践中,不仅一般侵权责任纠纷适用推定因果关系,而且更是在证券虚假陈述因果关系中普遍采用推定因果关系。根据威科法律先行系统检索的结果,适用推定因果关系的一般民事侵权纠纷案件达到 200 件左右,适用推定因果关系的证券虚假陈述侵权纠纷案件高达 2000 件左右。一方面是因为证券虚假陈述侵权案件存在大量针对同一个上市公司的案件,另一方面是因为 2022 年《证券市场虚假陈述侵权规定》和 2003 年《证券市场虚假陈述赔偿规定》对于虚假陈述因果关系的认定均被理解为推定因果关系。但值得注意的是,无论是 2022 年《证券市场虚假陈述侵权规定》,还是 2003 年《证券市场虚假陈述赔偿规定》,其条文中均没有写明“推定因果关系”的概念或者内容。

---

[1] 参见耿利航:《欺诈市场理论反思》,载《法学研究》2020 年第 6 期。
[2] 参见耿利航:《欺诈市场理论反思》,载《法学研究》2020 年第 6 期。
[3] Brasileiro v. Universities Superannuation Scheme Ltd. ,2017 WL 5127301(2017).
[4] Dougherty v. Esperion Therapeutics, Inc. , Slip Copy(2020).
[5] Allegheny County Employees' Retirement System v. Energy Transfer LP,F. Supp. 3d(2022).

(三)推定因果关系不具有普遍适用性

推定因果关系由于其主观性和不确定性,难以在司法实践中普遍适用。从推定因果关系成立的案例来看,在郑某与山西路桥股份有限公司证券虚假陈述责任纠纷一案中,法院认为原告行为符合虚假陈述实施日以后、揭露日之前买入股票,在揭露日之后卖出股票且存在投资亏损的情形,因此依据2003年《证券市场虚假陈述赔偿规定》规定推定因果关系成立。[1] 武汉凡谷电子技术股份有限公司、林某证券虚假陈述责任纠纷一案中,法院进一步指出,我国证券虚假陈述民事责任适用的是因果关系推定原则。原告只要证明符合2003年《证券市场虚假陈述赔偿规定》规定的三个条件,就可以初步推定因果关系成立。此后由被告对否定因果关系承担举证证明责任。[2]

从否定因果关系成立的案例来看,喀什中汇联银创业投资有限公司、中兵红箭股份有限公司证券虚假陈述责任纠纷案中,法院指出,对于推定因果关系,被告可以提出虚假陈述没有对股票价格产生影响,或者交易是基于其他原因,或者明知虚假陈述仍会交易等进行抗辩,只要前述情形之一能够得以证明,则法院可以认定交易因果关系不成立。[3] 毛瓯越、新疆亿路万源实业控股股份有限公司证券虚假陈述责任纠纷一案中,法院认为,原告卖出股票时,其主张的虚假陈述行为与股票价格下跌之间没有紧密的关联关系,因此不应当认定原告损失与其主张的虚假陈述行为之间成立损害因果关系。[4]

通过上述各地不同法院的司法裁判案例可以看出,不同法院对推定因果关系的司法尺度不一,推定因果关系的认定尚不具有普遍适用性。

---

[1] 参见山西省太原市中级人民法院(2021)晋01民初906号民事判决书。
[2] 参见湖北省高级人民法院(2021)鄂民终156号民事判决书。
[3] 参见湖南省高级人民法院(2021)湘民终867号民事判决书。
[4] 参见新疆维吾尔自治区乌鲁木齐市中级人民法院(2022)新01民初145号民事判决书。

二、法定因果关系实质是证明标准的法定性

从2022年《证券市场虚假陈述侵权规定》第11条、第12条可以看出，2022年《证券市场虚假陈述侵权规定》对于交易因果关系的成立或者不成立，进行了明确的界定和区分。这种界定和区分的主要表现就是证明标准。对于证券虚假陈述侵权案件的原告来说，其需要举证证明的多为事实行为，如虚假陈述的信息、交易行为的时间等。对于被告来说，若要对抗原告的诉讼请求，则证明标准较为严格，如原告在交易时知悉虚假陈述、原告的交易行为是受到虚假陈述以外的其他市场原因、违法行为原因或者其他情形。对于一般意义上的被告来说，这些抗辩很难得到充分证明。因此，对于交易因果关系的证明，证明标准的法定构成了法定因果关系的认定。损失因果关系方面，2022年《证券市场虚假陈述侵权规定》第31条规定，虚假陈述与原告损失之间的因果关系由法院查明，被告只有举证证明他人操纵市场、证券市场的风险或者过度反应，以及上市公司内外部环境影响的损失，才能抗辩减轻或者免除损失因果关系的认定。从证明标准的法定性来看，损失因果关系的法定性更多地表现在因果关系抗辩理由的法定，对于损失因果关系是否成立，则交由法院认定。

2022年《证券市场虚假陈述侵权规定》的上述规定，尤其是对于交易因果关系和损失因果关系不成立的规定，与德国民事证据法的间接反证法相似。所谓间接反证，并非对举证者举证事实的直接反证，而是通过举证其他事实的存在而间接推翻举证者的事实。间接反证法多用于环境侵权因果关系的认定。从间接反证法角度，证券虚假陈述侵权案件的原告不需要对完整的侵权行为与损害结果之间的引起与被引起的关系进行证明，只需要证明法定的几个要素或者条件即可。[1] 间接反证不能被理解为举证责任倒置或者优势证据规则，举证责任倒置是将因果关系的证明责任全部施加给

---

〔1〕 参见韩明明：《论因果关系推定中的间接反证学说》（上），载《山西法制报》2017年8月14日，第3版。

被告,优势证据一般应当是同类或者同性质的证据的证据效力或者证明能力的比较。间接反证的双方往往都会有一定的举证义务,而且双方的证据内容的性质或者种类可能会并不相同。

证券虚假陈述侵权责任的因果关系,应当属于法定因果关系,主要表现为证明标准的法定性。从交易因果关系来看,原告只要证明虚假陈述和交易时间,就可以认定交易因果关系的成立。从损失因果关系来看,只要交易因果关系成立,原告受到交易损失,那么损失因果关系同样成立。

三、法定因果关系符合证券市场的价值衡量

法定因果关系的认定,符合侵权法因果关系理论中的法规目的说。由于证券市场的重要性和特殊性,采用法定因果关系认定虚假陈述交易因果关系,符合保护证券市场广大投资者利益的基础需求。通过法律规定或者司法解释的规定来确定虚假陈述交易因果关系的法定性,可以避免推定因果关系中的基础不牢以及虚假陈述侵权案件中被告的百般质疑和辩驳。虽然赋予虚假陈述案件中被告可辩驳交易因果关系是否成立的权利,从基本法理上是公平的,但是具体到《证券法》和虚假陈述案件中来说,却是低效的,无力的。推定因果关系并没有让被告感受到可辩驳、可推翻的权利,相反让被告充分感受到其所提出的抗辩不会被法院支持的无力和无奈。因为对于推定因果关系的可辩驳、可推翻的证明要求,一点也不比原告证明交易因果关系本身简单。早期学者提出,在侵权之债的框架下,损害赔偿或者来源侵权,或者来源于法律的推定。[1] 这在一定程度上来说,也是对于因果关系的认定:一种是基于事实上的侵权行为,另一种是法律推定为因果关系。虚假陈述因果关系认定中,可以直接将法律上的推定确定为法定因果关系。直接的法定因果关系更符合证券市场的要求和保护投资者利益的价值追求,理论上也会相对争议较小。

法定因果关系如果得以确立,将有助于明确司法裁判的预期,增强证券

〔1〕 参见[荷]胡果·格劳秀斯:《格劳秀斯私法导论》,法律出版社2015年版,第334页。

市场的活力。各级法院的裁判对于因果关系的认定将更加简明清晰,同案同判的司法目标将得以接近和实现,相似情形不同司法认定的情况会逐渐减少和淡出。证券市场各类主体的交易活动将会明显活跃,对于是否构成虚假陈述会有更加准确的判断,不会过度担心不同法院对于虚假陈述的因果关系作出超越预期的推定。

第四章　修正欺诈市场理论的证券虚假陈述因果关系认定

在证券虚假陈述因果关系认定中，欺诈市场理论中一直以来存在误区的价格欺诈需要修正为信息欺诈，并以信息重大性和影响投资者决策标准重塑交易因果关系，以可预见规则和事前观点重塑损失因果关系及损失计算方法。

第一节　作为交易因果关系前提的信息重大性

一、信息重大性的法理基础：投资人的知情权益

重大性是因果关系的前提，也是证券虚假陈述民事侵权责任的前提。重大性标准的意义体现在两个方面：第一个方面主要是正向引导，即通过明确信息披露义务人披露的具体信息内容、种类相关要求，确保能够满足证券市场投资者分析、研判并做出投资决策行为；第二个方面主要是反向限制，通过明确应当披露的信息的内容和种类，可以有效避免信息泛滥，避免信息披露义务人犹豫不决，甚至动辄得咎。最终实现一个信息披露要求与现实需要的平衡。在修正欺诈市场理论中，重大性是指信息的重大性，而不是价格

影响的重大性。信息重大性的法理基础是投资者的知情权益。

（一）投资者知情权是证券市场信息公开的制度要求

我国《证券法》第4条规定，证券的发行、交易活动，必须遵循公开、公平、公正的原则。深圳证券交易所《股票上市规则》第4.1.5条要求，公司投资者关系管理工作应当遵循公开、公平、公正原则，真实、准确、完整地介绍和反映公司的实际状况，避免在投资者关系活动中出现透露、泄露未公开重大信息、过度宣传误导投资者决策、对公司股票及其衍生品种价格公开作出预期或者承诺等违反信息披露规则或者涉嫌操纵股票及其衍生品种价格的行为。上海证券交易所《股票上市规则》也有相应规定。《证券法》的公开原则与信息公开紧密相关，密不可分，公开原则也是《证券法》的核心和精髓。[1] 美国早期证券法就称之为"蓝天法"，可见信息公开在证券市场的重要性。

（二）投资者知情权是证券市场主体信息披露义务的必然表现

我国《证券法》第78条规定，发行人及法律、行政法规和国务院证券监督管理机构规定的其他信息披露义务人，应当及时依法履行信息披露义务。为了落实《证券法》规定的信息披露义务，深圳证券交易所和上海证券交易所都进一步制定了详细的信息披露规则和指引。信息披露对于证券市场来说，就像一日三餐，必须定期披露；对于一些并购重组、关联交易等重大事件，就像出席宴会，需要特别披露。证券法律法规和交易所规定的证券市场发行人及相关主体的信息披露义务，是投资者知情权的内在要求，投资者需要根据发行人及相关主体披露的真实、准确、及时、全面的信息进行投资和交易。

（三）投资者知情权是证券市场保护投资者利益的价值追求

证券市场作为高度发达的投资交易市场，其参与者鱼龙混杂，不乏大量

〔1〕 参见周友苏主编：《证券法新论》，法律出版社2020年版，第113页。

投机钻营的不法分子，广大投资者尤其是自然人投资者在证券市场中投资交易，好比大海行船，不仅时常面临自然风暴的袭击，而且还会遇到鲨鱼、海盗的攻击。无论是美国、英国、日本还是我国，都毫无例外的重视证券市场投资者保护制度的建设和完善，特别是经历“安然事件”以及全球金融危机事件之后，各国愈加重视。我国《证券法》中专设一章规定投资者保护制度，其中就包括证券虚假陈述侵权案件中不特定的多数投资者组成代表人诉讼或者由投资者保护机构来行使诉讼权利。

二、信息重大性的现实基础：行政处罚与司法认定

对于重大性，我国现行《证券法》规定的是价格变动标准，司法解释似乎倾向于理性人决策标准，同时又规定有处罚前置程序，重大性问题可直接予以认定。[1] 在 2022 年《证券市场虚假陈述侵权规定》实施前，证券虚假陈述侵权案件中，绝大多数的重大性认定都以由证券监管部门的行政处罚为依据。2022 年《证券市场虚假陈述侵权规定》明确排除了行政处罚前置程序作为认定重大性的前提，赋予了法院通过案件审理认定虚假陈述信息重大性的权利。

（一）证券监管部门的行政处罚对于信息重大性的认定

康美药业虚假陈述民事赔偿纠纷案件中，2019 年 8 月 17 日，康美药业公告称收到中国证监会《行政处罚及市场禁入事先告知书》（处罚字〔2019〕119 号），该告知书中写明，对于康美药业涉嫌信息披露违法违规一案，中国证监会认为，康美药业虚增营业、在建工程、投资等多种收入，公司所披露的 2016 年至 2018 年上半年的三期报告内容均存在虚假记载，公司未按规定披露控股股东及其关联方非经营性占用资金的关联交易情况，所披露的 2016 年至 2017 年的年度报告内容存在重大遗漏。2020 年 5 月 15 日，康美药业公告称公司收到中国证监会《行政处罚决定书》（〔2020〕24 号），该决定书查

[1] 参见耿利航：《欺诈市场理论反思》，载《法学研究》2020 年第 6 期。

明的主要内容与《行政处罚及市场禁入事先告知书》基本一致。基于上述行政处罚告知书及决定书,法院对康美药业披露的2016年至2018年上半年的三期报告内容均存在虚假记载和重大遗漏的事实予以确认,并认定该案存在证券虚假陈述行为。[1]

獐子岛虚假陈述民事赔偿纠纷案件中,2020年6月25日,被告公告獐子岛集团股份有限公司收到中国证券监督管理委员会作出的《行政处罚决定书》和《市场禁入决定书》的公告(公告编号:2020－48)。中国证监会认定獐子岛的违法行为表现在财务造假和内部控制存在重大缺陷。獐子岛披露的2016年、2017年两个年度报告,以及其关于扇贝2017年终盘点情况和核销资产及计提存货跌价准备的相关公告内容,与客观情况严重不符,涉嫌虚假记载。獐子岛披露的2017年扇贝抽测结果的公告信息,没有事实依据,同样涉嫌虚假记载。法院依据中国证监会的认定和查明的案件事实,对獐子岛虚假记载的事实予以确认。[2]

从上述案例可以看出,目前司法实践中,仍然广泛采用证券监管部门对于重大性的认定,作为虚假陈述侵权赔偿责任的认定基础,一方面基于证券监管部门专业上的权威性;另一方面法院如果直接认定虚假陈述案件中的重大性,将会反射证券监管部门的行政执法行为,会产生证券市场投资者对证券监管部门存在失职的质疑。此外,证券监管部门所认定的重大性,均为证券市场发行人及相关主体披露的年度报告、专项报告等信息,这些都构成了虚假陈述信息的重大性,而不是价格影响的重大性。

(二)司法实践中法院对于信息重大性的认定

虽然我国2003年《证券市场虚假陈述赔偿规定》和2022年《证券市场虚假陈述侵权规定》都赋予法院认定虚假陈述民事赔偿案件中信息重大性和因果关系的权利,但是法院直接认定虚假陈述信息具有重大性并成立因

[1] 参见广东省广州市中级人民法院(2020)粤01民初980号民事判决书。
[2] 参见辽宁省大连市中级人民法院(2022)辽02民初780号民事判决书。

果关系的案例寥寥无几。在威科先行法律信息数据库中以“虚假陈述”和“没有受到行政处罚”为关键词进行检索，没有发现上市公司主体在没有受到行政处罚的情况下被提起虚假陈述民事赔偿诉讼的情形。检索发现的司法案例主要是关于证券中介服务机构的重大性及因果关系认定。例如，辽宁省大连市中级人民法院审理的姚大钟与时空客公司、东兴证券等证券虚假陈述责任纠纷案中，法院认为，所谓重大事实，通常是指投资者在其购买证券之前，应被合理告知的事件，以及是否会对理性投资者购买该证券产生影响而引起不同投资判断的事件。2003 年《证券市场虚假陈述赔偿规定》以及《证券法》等相关规定中明确规定了重大性事件的要求和内容。依据《证券法》的规定，作为证券市场发行人的上市公司，一方面，应当保证依法依规披露信息，确保披露的信息真实、准确，没有虚假记载；另一方面，应当及时披露涉及上市公司的重大事件，因为这些事件可能会对股票交易价格产生重大影响。具体流程方面，上市公司需要按照法律法规规定以及国务院证券监督管理机构和证券交易所的要求提交重大事件临时报告并予以公告，公告的内容应当具体说明相关事件的原因以及可能产生的后果。从法律法规和司法实践来看，重大事件包括但不限于上市公司经营方针和经营范围变化或调整，重大投资并购事项，以及可能对公司资产负债权益和经营成果产生重要影响的重大合同签订事项。此外，还包括一些上市公司重大债务违约纠纷、公司重大损失、公司生产经营外部条件重大变化、公司董事或者经理等高级管理人员发生变化等方面的事项。具体到该案，即便抛开大成律所不存在虚假陈述行为的事实，原告也没有证据证明其所认为存在的虚假陈述的事项达到了上述规定列举的重大事件标准。根据 2003 年《证券市场虚假陈述赔偿规定》第 17 条的规定，虚假陈述信息必须是违背事实真相的重大事件。我们参照再审裁定书可以知道，最高人民法院对虚假陈述行为的认定主要集中在虚假性、重要性等方面。虚假性方面要求该信息必须违背事实真相。重要性方面要求改信息符合法律法规相关规定对于重大事件的要求。其中信息如果对投资者有利，则一般不属于虚假陈述信息。由此观之，最高人民法院在重要性的判断标准中加入不利性这一新标准，并提出对股票市场产生实质性影响的股价敏感性要求。法院认为，中国证监会大连监管局虽对致同会计师事务所作出《关于致同会计师事务所（特殊普通合伙）采取出具警示函措施的决定》，全国中小企业股份转让系统有限责任公司对东兴证券作出《关于对东兴证券股份有限公司采取自律监管措施的决定》，但上述警示函或决定并非行政处罚决定，根据 2003 年《证券市场虚假陈述赔偿规定》第 6 条规定，不足以依据上述警示函或决定，直接认定致同会计师事务所或东兴证券承担民事责任。且被告东兴证券在督导时空客集团 2015 年度报告过程中，发现存在关联方占用资金的情况后，及时向广大投资者发出《风险提示公告》，已尽力尽督导之责，故对原告对东兴证券、大成律所、致同会计所、众华资产等证券中介服务机构提起的诉讼主张不予支持。[1] 上海市高级人民法院审理的招商证券股份有限公司与李淮川、周向东证券虚假陈述责任纠纷一案，中安消技术公司因财务造假受到了中国证监会的行政处罚决定，瑞华会计师事务所并不在处罚范围内。但是法院认为，瑞华会计师事务所系涉案重大资产重组的审计机构。中国证监会作出的《行政处罚决定书》中认定，中安消技术公司存在虚增评估值及营业收入的违法行为，而对中安消技术公司进行审计及盈利预测审核的机构正是瑞华会计师事务所。虽瑞华会计师事务所进行审计及审核的依据均是中安消技术公司提供的相关财务资料，但瑞华会计师事务所作为专业审计机构，应严格按照审计准则的要求，执行充分适当的审计程序，对这些资料尽到审查义务。现经中国证监会查实，中安消技术公司存在虚增评估值及营业收入的违法行为，瑞华会计师事务所亦未能提供充分证据证明其对此不存在过错，故瑞华会计师事务所理应与中安消技术公司承担连带赔偿责任。[2]

由此可见，司法实践中还没有发现在没有受到行政处罚，但是通过法院审理来认定虚假陈述信息重大性以及因果关系的情形。相较于我国法院，虽然美国证券交易法第 10 部分和证券法 10b－5 规则没有确定信息重大性

---

〔1〕 参见辽宁省大连市中级人民法院（2019）辽 02 民初 1795 号民事判决书。

〔2〕 参见上海市高级人民法院（2020）沪民终 666 号民事判决书。

标准,但是美国有不少法院直接在司法裁判中认定信息重大性及因果关系。如阿瑟·杨会计公司诉鲍勃·雷沃等集团诉讼案中,法院认为,这一案件中的首要问题是因果关系,其中包括两个要素:其一,原告必须证明其是因为被控欺诈的行为而购买证券。这也可以称为构成事实因果关系,或“若无,则不”的因果关系,或信赖,或满足 10b-5 规则与证券交易有关的要求。然而,10b-5 规则案例中这种情况通常被称作交易因果关系。其二,原告必须证明被控欺诈行为给其造成了经济损失,即存在法律因果关系,亦称损失因果关系。对于交易因果关系,诉讼当事人需要证明其是由于虚假陈述才购买即期票据的。但是,集团诉讼当事人反驳称其索赔请求是建立在阿瑟·杨会计公司未披露合作社重要的财务状况的基础之上。这样,交易因果关系可被推定成立,当然该推定也可被推翻。阿瑟·杨会计公司提出第一个子问题,即集团诉讼人依据 10b-5 规则提出的索赔请求,是建立在虚假陈述还是未披露重大信息的基础之上?由于集团诉讼人的主张是以未披露重要信息的理论为前提的,交易因果关系被推定成立,当然该推定也是可以被推翻的。阿瑟·杨会计公司提出了关于交易因果关系的第二个子问题,即它只有在有义务披露的前提下,才需要承担没有披露的责任。法院曾经认为披露的义务来源于 10b-5 规则本身。然而这一观点已经不再准确。根据 10b-5 规则下责任的目的,这种关系既不需要物理性质上的存在,也不需要面对面的交谈。相反,产生披露义务的这种关系是否存在,取决于个案中的不同情形。多个法院确立了多项用来评估个案情况的考虑因素,包括:(1)当事人接触到信息的相关度,支持存在披露义务;(2)被告从销售证券中获得的利益;(3)被告所能意识到或预见到的原告在作出投资决定时对被告的依赖程度;(4)被告在证券首次发行销售中所扮演的角色;(5)被告的知识面,支持本案披露义务;(6)没有披露的信息的重要性;(7)被告在诈骗事件中的参与程度。[1]

---

〔1〕 参见施天涛、周伦军主编:《美国证券欺诈经典案例:内幕交易与虚假陈述》,法律出版社 2015 年版,第 559-564 页。

1965年德克萨斯海湾硫磺公司案(SEC vs. Texas Gulf Sulphur Company)是确定信息重大性标准的较早案例。美国法院在该案中设定三个标准:其一是一个事实具有特殊性,一旦披露会导致价格下跌;其二是从合理和客观角度判断,可能会影响股票价格;其三是从合理和客观角度判断,可能会影响公司未来的预期和前景。一般认为这三个标准相对过低,实际上是确定基于合理信赖而实施了交易,就可以证明信息的重大性。1976年的TSC Indus. vs. Northway案,美国联邦最高法院将重大性的认定标准明确为理性投资人标准,并且不再使用可能影响投资标准。这应该是对此前TSG案的正确修正。Basic案中,美国地区法院进一步提出需要综合考虑事件发展的可能性以及该事件的发生对于公司前景进行预测的影响程度来认定是否具有重大属性。但是问题在于,对于公司并购重组、投资合作等事项的前期沟通和磋商,需要结合个案具体情况,综合考虑事件发展可能性以及事件对投资人预测公司前景的影响力,才能作出重大性的认定。该案上诉至美国联邦最高法院时,法院明确采用TSC案确定的理性投资人的重大性标准,并同时认为不能直接适用于公司并购重组、投资合作的前期沟通和磋商阶段。因为TSC案确立的重大性标准的条件是该事件是确定的、必然发生的事件。如果事件本身具有不确定发生的可能性,作为理性投资者也很难作出是否投资的准确判断。Basic公司认为应该以基本达成协议的标准来认定并购重组事件是否属于重大事件,并购重组前对于交易模式、交易价格等内容进行的沟通协商不构成重大事件。换言之,尚未就主要条款达成一致意见的并购重组、投资合作等事件,不属于必须披露的信息,不构成对证券法及其规则的违反。但是,美国联邦最高法院没有接受Basic公司的抗辩,法院认为不能将前期沟通磋商这一事件可能具有重大性予以排除,这些信息可能对理性投资人的投资决策具有决定性作用,交易内容尚未确定或者尚未达成一致意见,不足以否定事件本身具有重大性。认定重大性必须综合考虑事件发生的可能性以及该事件的发生对于公司前景进行预测的影响程度。不能简单地就并购重组、投资合作的沟通磋商情况来判断是否具有重大性。相反,重大性要站在理性投资人的角度,判断沟通磋商的情况是否会对其投资决策产生重大影响。

值得注意的是，正如美国学者所言，法院的判例包括最高法院的判例都不是始终如一，一成不变的。[1]

三、信息重大性的认定标准：影响投资者决策

证券虚假陈述中的信赖标准主要有两个：其一是影响投资者决策标准；其二是价格影响标准。我国最高人民法院《九民纪要》规定的信赖标准是影响投资决策标准，但是2022年《证券市场虚假陈述侵权规定》将信赖标准调整为价格影响标准。这反映出理论和实践中的争议。《九民纪要》更多是从理论层面分析证券市场投资者的层面分析信赖标准，2022年《证券市场虚假陈述侵权规定》更多的是从指导法院实际在虚假陈述案件中认定投资者的层面分析信赖标准。价格影响相比影响决策而言，更容易从事实中发现。然而价格影响的多元和复杂，往往会导致信赖标准的失真和脱节。影响投资者决策的标准虽然认定上缺少统一的标准，需要法院在个案中查明和发现，但是该标准才是客观公允的标准。

（一）信息重大性应当是事先标准

20世纪80年代，美国对于信息重大性的标准体现在两个方面。一方面是行政监管方面，主要是美国证监会规定的综合信息披露制度。制度中对于信息重大性标准的要求是理性投资人标准，即一个理性投资人在决定是否购买注册证券时，该信息是否会对其购买行为产生重要影响。另一方面是司法层面，美国法院在一些案件的审理过程中，从另一个角度认定重大性。这个角度就是信息对股票价格的影响。如果某种信息被披露，将会对相关股票的市场价格产生重要影响，并导致股票价格的变化和波动，那么法院可能会将其认定为重大信息，这就是有些学者或者法院所说的市场效应

---

〔1〕 A. C. Pritchard, *Halliburton Ⅱ: A Loser's Story*, 10 Duke Journal of Constitutional Law & Public Policy 27, 42 (2015).

标准。但实质性影响是一个需要根据具体情况确定的概念,因为不同的证券具有不同的交易特点,因而不同的信息反映在股票的价格上也有所不同。

欧盟国家中大部分采用价格敏感性标准,通过衡量信息对市场价格的影响能力,来判断信息是否具有重大性。如果上市公司披露的信息可能影响其股票的市场价格,那么就可以认定该披露信息具备重大性。但对于何为价格敏感,以及价格敏感的具体程度要求,欧洲各国还没有具体法律法规规定,也缺乏权威的解释和说明。从学者的观点看,判断某一信息是否价格敏感,可以通过两个方面来确定。第一个方面是观察具体股票的实际价格变动情况。但是由于价格变动往往涉及多种原因,所以这种方法常常因有其他因素的干扰而难以适用。第二个方面是根据证券交易商或者其他交易参与者的合理判断加以确认。同样地,这个合理判断标准也没有一致的观点或者规定。总的来说,欧洲的价格敏感标准与美国的市场效应标准有相似之处。都是以市场对特定信息的反应来判断其是否具备重大性。

通过美国、欧盟等国的上述情况,可以得出两个结论,第一个结论是信息重大性的概念可以从两个方面来界定,一方面是从投资人的决策产生影响来看,即如果该信息的披露将会实质性地影响投资人的交易决策,那么该信息即具有重大性;另一方面是从对证券市场价格的影响来看,如果该信息的披露将会对相关股票的价格产生实质性影响,那么该信息即具有重大性。这两个方面是关联的。市场是由投资人组成的,对于某一信息而言,如果理性的投资人认为重要,他们就会据以作出交易决策,或买进卖出股票。此时,受信息的影响,大多数投资人的交易方向是相同的,而大量相同方向的交易必然导致相关股票的市场价格出现波动。从这个意义来说,这两种界定重大性的方式并没有本质上的不同。但应该承认,侧重点的不同可能会对相关行为人的对策产生不同的影响,而依据对投资人决策产生的影响来界定,似乎更切合实际,与确定重大性标准的意义相吻合。第二个结论是信息重大性的标准并不是一个确定的刚性公式,它具有相当程度的模糊性,在很多情况下需要执法部门在个案中加以认定。即使在美国,虽然美国证监会和法院均希望在适用重大性标准上有一定的确定性,但是他们也承认这是相当困难的。从本质上看，信息重大性具有很强的个案特征，常常需要根据个别案件的不同情况加以确定，正因如此，为了解决重大性标准模糊的问题，大多数国家对证券发行规定了具体的信息披露义务，并制定了一系列的标准格式，尽可能使证券发行中的信息披露规范化。对于持续性披露信息的义务，也尽可能地数字化、具体化，以使信息披露重大性的标准的掌握更具有操作性。

目前，我国已经大致形成了重大信息披露规范的基本体系。公司首次上市主要以招股说明书和上市公告书的形式披露重大信息，《公司法》《证券法》《股票发行与交易管理暂行条例》《公开发行股票公司信息披露内容与格式准则》规定了招股说明书的具体内容和要求。上市公告书中的内容要求与招股说明书相同。上市公司持续性披露信息的义务分为定期披露与临时披露，定期披露有年报、中报的披露，就定期披露的内容以列举的方式加以规定，基本可以囊括投资人决策实际需要的重大信息。对于临时披露，在规范文件中加以列举不能穷尽所有情况。但是立法者仍然做了努力，将出现频率较高的可能发生的重大事件列举出来。我国有关重大性信息的法律法规以及部门规章，从所列举的重大事件来看，采取的标准可称适中，据此应予披露的重大信息，对于投资人为决定投资对象而了解公司状况已经基本足够，对于信息披露义务人亦无过分负担。从确定信息披露义务人的民事责任要求看，我国的证券立法基本从股价影响角度来确定信息重大性的标准，是不甚妥当的。

通过价格影响标准认定信息重大性，虽然看起来简单清晰，但是由于其是事后发现，难免有失公平，因为事后会有多重因素的介入和影响。所以信息重大性应当是一个事先标准，在证券市场发行人及其他主体实施虚假陈述行为之前，以及投资者进行投资之前，重大性的标准就已经确定。如上海证券交易所、深圳证券交易所披露的交易规则中，就明确列举了具有重大性的事件以及其他信息；会计准则、评估准则、律协指引等行业文件中也列举了重大性的信息范围。相关内容均可作为认定信息是否具有重大性的标准。2022 年《证券市场虚假陈述侵权规定》中之所以没有列明具体的信息重大性认定标准或者方法,是因为考虑到证券市场现实情况复杂,信息不断变化,如果简单按照事先确定的标准,那么可能会出现漏网之鱼,即违法行为人实施法律规定以外的虚假陈述行为,从而逃脱法律责任的情形。但是,对于信息重大性的标准应当事先确定,有必要通过立法以及司法的不断探索和研究,早日具备实施的条件。

(二)信息重大性应当作为事实认定而非法律认定

有学者认为,欺诈市场理论原则是混乱无基础的,很难说有多少是基于美国证券法 10b-5 规则的尝试,有多少是对投资者行为的浪漫主义色彩的观点。[1] 也有学者直接提出,重大性是一个法律问题。该观点难免片面。"市场真实"原则的特征也许是法院对于重大性的重要支撑。欺诈的信息被推定为影响市场价格,相应的真实的信息也被推定会影响市场价格,有时能完全抵消原始的、虚假的信息所产生的影响。就像美国第十一巡回法院提出的观点,原告如果信赖欺诈市场理论,那么他就必然"痛并快乐着"。[2] 因为欺诈市场理论可以用来推定虚假陈述因果关系的成立,但是真实的市场同样会接收不同的虚假陈述信息,原告最终的结果是受到损害还是保本或盈利,都与客观真实的市场密切相关。市场真实的原则适用于不同的情形。一些时候,它被用于认定一些错误陈述并不具有重大性,因为投资者可以通过其他渠道了解到真实的信息。另一些时候,真实的信息虽然迟延披露,但是对于市场的影响较小,并且法院认为缺乏价格影响从而认为此前的虚假信息不具有重大性,或者换个角度说,它不应对投资者的损失承担责任。[3] 需要注意的是,如果重大性的标准过低,导致大量的信息进入重大

---

〔1〕 Ann. M. Lipton, *Fact or Fiction*: *Flawed Approaches to Evaluating Market Behavior in Securities Litigation*, 20 *Transactions*, Tennessee Journal of Business Law 741, 747(2019).

〔2〕 Ann. M. Lipton, *Fact or Fiction*: *Flawed Approaches to Evaluating Market Behavior in Securities Litigation*, 20 *Transactions*, Tennessee Journal of Business Law 741, 748(2019).

〔3〕 Ann. M. Lipton, *Fact or Fiction*: *Flawed Approaches to Evaluating Market Behavior in Securities Litigation*, 20 *Transactions*, Tennessee Journal of Business Law 741, 748(2019).

性的范畴,很容易让上市公司的股东陷入管理层发布的一大堆并不重要的信息。法院常常宣称一些问题对理性投资者来说并没有实质性的意义。但是,就拿夸大信息来说,即使具体市场上的证据不能证明夸大,但是法院有时仍然作出夸大信息的认定。并且,简单来说,很难将公司财务总监的高尔夫爱好或者公司总经理使用了公司飞机的行为与公司财务状况的评估之间形成什么样的关联。[1]

因此,对于虚假陈述信息重大性的认定,需要根据法律规定对证券市场发行人及其他主体的虚假陈述信息内容进行认定。这并不意味着重大性的判断是一个法律问题。相反,无论是我国《证券法》的规定,还是上海证券交易所、深圳证券交易所对于重大信息的规则内容,都是根据实践中的经验和行业内的相关标准进行总结提炼而形成的,可以有效地指导法院在办理证券虚假陈述侵权案件过程中对信息重大性作出准确的认定。我国证券市场中,既有单纯的上市公司进行虚假陈述的情形,如在季报或中报隐瞒重大事实而为虚假陈述,还有两种情形:其一是证券市场发行人与相关证券中介服务机构人员进行合谋,实施虚假陈述行为。其二是在《证券法》及交易所规定的信息披露过程中,证券市场发行人或者上市公司故意在信息披露文件中进行虚假陈述或隐瞒重大事实,而证券中介服务机构人员也未能予以发现和纠正,形成虚假陈述并导致投资者遭受损害。以上情况中,投资者所受到的损失是由多个原因多个主体存在过错造成的,单独一个原因或者主体不足以造成原告损失,只有多个原因多个主体的结合才能造成损失,这种情形属于共同因果关系。[2] 证券市场发行人虚假陈述被揭露时,若国家政策影响导致包括发行人在内的整个证券市场股票价格处于下跌情形,无论是虚假陈述,还是国家政策影响,都足以导致投资者损害结果的发生。这属于侵权法中的聚合因果关系,即多个原因造成损害结果的发生,但是其中单个

---

〔1〕 Ann. M. Lipton, *Fact or Fiction: Flawed Approaches to Evaluating Market Behavior in Securities Litigation*, 20 *Transactions*, Tennessee Journal of Business Law 741, 747 - 748(2019).

〔2〕 参见郭峰主编:《虚假陈述证券侵权赔偿》,法律出版社2003年版,第307页。

原因或者事件也可以导致同一损害结果或者相同性质结果的发生。[1]

(三)信息重大性是基于实践的认定标准

虚假陈述因果关系的一个重要因素是虚假陈述的内容具有重大性。引入重大性概念的原因是,如果虚假陈述只是一般事项的不准确、不真实,那么就不足以导致信赖该虚假陈述的主体受到损失。《美国侵权法重述(第二次)》强调了虚假陈述损失因果关系认定过程中,只有信赖具有重大性,被告才有义务赔偿原告投资人的损失。关于过失虚假陈述侵权的事实因果关系判定标准,主要包括被告过失提供虚假信息并诱导原告投资人进行投资交易和原告投资人合理信赖该虚假信息。关于无过错虚假陈述侵权的事实因果关系的判定标准,主要包括被告无过失提供的是买卖、租赁或互易这三类交易中具有重大性的虚假信息和原告合理信赖该信息。上述因果关系认定均将信赖和重大性作为核心要件。但是需注意的是,以上《美国侵权法重述(第二次)》规定的虚假陈述并非指证券法上信息披露义务人违反法定信息披露义务的行为,而是一般意义上的欺诈侵权行为。[2] 虚假陈述信息重大性的标准伴随着证券市场的发展不断改进和提升。很多信息如并购重组信息、分红信息、股权变更信息、人员调整信息都逐渐被列入重大性的范畴。这不是一蹴而就形成的重大性认定标准,而是基于资本市场或者证券市场几十年的发展所总结和形成的信息重大性认定标准,充分考虑到了对证券市场的影响程度,证券市场发行人及其他主体的披露义务,以及对投资者利益的保护程度等各方面因素。

美国法院曾经考虑参考损失因果关系方面的事件研究法,通过定量分析的方式来认定重大性。美国第三巡回法院认为,在一个"有效"市场的概念的基础上,具备重大性的信息会改变公司股票的价格。因此,事件研究法

---

〔1〕 参见郭峰主编:《虚假陈述证券侵权赔偿》,法律出版社 2003 年版,第 308 页。

〔2〕 参见李国光主编,最高人民法院民事审判第二庭编著:《最高人民法院关于审理证券市场虚假陈述案件司法解释的理解与适用》,人民法院出版社 2015 年版,第 241 – 252 页。

可以用来展示虚假陈述对于股票价格的影响，证明虚假陈述事项是否具有重大性。一些法院也会将事件研究法用以证明错误陈述不具有重大性，没有影响价格的争论。[1] 值得注意的是，欺诈发生时的价格影响并不等同于更正性披露时的价格影响。[2] 但是使用事件分析法来认定重大性，效果并不理想。由于事件分析法更多关注财务方面的数据，但是证券市场还有对于环境、社会、治理（ESG）方面的信息披露要求的往往是非财务方面的信息，为了敦促公司为了自身的利益而承担更多的社会责任，其界限是模糊的。[3] 证券虚假陈述侵权案件中，若存在被告虚假陈述以外的其他原因或者事件亦可能同时造成投资者受到损失的情形，无论其他原因或者事件的具体情形是系统风险还是第三方介入，原告只需要证明被告虚假陈述具有重大性，原告投资的证券与虚假陈述直接关联，以及交易时间在虚假陈述实施日以后揭露日之前，就可以推定被告虚假陈述构成投资者损失的事实原因，当然被告如果有证据可以反驳或者推翻的除外。[4] 例如，证券市场的并购项目，并购前的商谈只是重大性信息中很小的一部分。一个让人担心的普遍问题是，如何才能在这些涉及边界认定的案件中将股票的公共部分和投资者资源部分按比例区分开来。而且也很难一件一件地去界定所有重大性的问题。只有寄希望于通过某种程序上的创新以及观点去创建一个重大性或义务的更高标准，不能等到在诉讼中去解决，最好有一个先前阶段的认定，在披露之前或者谨慎严格限制下的披露过程中进行认定。基于这个原因，重大性其实不应该作为一个法律问题。[5] 从动机和程序合法性角度来看重大性，并且通过更深的语言学规则来分析研究，仍然不能解决案件中

---

[1] Jill E. Fisch, Jonah B. Gelbach & Jonathan Klick, *The Logic and Limits of Event Studies in Securities Fraud Litigation*, 96 Texas Law Review 553,562(2018).

[2] Jill E. Fisch, Jonah B. Gelbach & Jonathan Klick, *The Logic and Limits of Event Studies in Securities Fraud Litigation*, 96 Texas Law Review 553,564(2018).

[3] Donald C. Langevoort, *Disasters and Disclosures: Securities Fraud Liability in the Shadow of a Corporate Catastrophe*, 107 The Georgetown Law Journal 967,981(2019).

[4] 参见郭峰主编：《虚假陈述证券侵权赔偿》，法律出版社 2003 年版，第 309 页。

[5] Donald C. Langevoort, *Basic at Twenty: Rethinking Fraud on the Market*, 2009 Wisconsin Law Review 151,196(2009).

的问题。被告往往声称不管说什么,不管怎么积极去做,都是普通的、投机的、模糊的,都具有夸大性,这些信息不具有重大性,并且即使遗漏了信息也不具有误导性。被告抗辩合理投资者知晓不会去信赖缺少固定事实和具体表述的那些陈述,并且能够解读那些没有说出来的信息的界限。投资者会小心处理信息而不是假定他已经被告知这些信息是重大的。无论用软语言还是其他文字,都没有关系。这种抗辩经常和证券法规没有明文规定一起使用。所以合理投资者并不寄希望于违背公司自身利益的认罪,全部成为争议焦点由法官来认定。[1]

美国将重大性因素测试作为判定事实因果关系的标准和判定法律因果关系的标准。[2] 美国证监会将重大信息限定为,那些存在使一些理性投资者在决定买入或者卖出注册证券时认为是重要的重大可能性的事实。[3] 日本最高法院认为,诉讼中要求明确区分因果关系的证明与自然科学的证明,要求高度盖然性,需要证明到一般人不怀疑的程度。[4]

第二节 多元信息和交易的虚假陈述交易因果关系认定

一、多元信息的虚假陈述交易因果关系认定

长期以来,虚假陈述交易因果关系的认定和讨论,往往集中在单一信息或者单一事件与投资者损失之间的因果关系。这与因果关系的传统侵权法渊源有关,但是却与证券市场的真实情况不相符。一般的现实情况是,市场

---

〔1〕 Donald C. Langevoort, *Disasters and Disclosures: Securities Fraud Liability in the Shadow of a Corporate Catastrophe*, 107 The Georgetown Law Journal 967, 978 - 979 (2019).

〔2〕 参见郭峰主编:《虚假陈述证券侵权赔偿》,法律出版社 2003 年版,第 255 页。

〔3〕 参见郭峰主编:《虚假陈述证券侵权赔偿》,法律出版社 2003 年版,第 279 页。

〔4〕 参见[日]吉村良一:《日本侵权行为法》(第 4 版),张挺译,中国人民大学出版社 2013 年版,第 74 页。

不能立即处理信息，而且股票价格对复杂的信息、难以搜寻的信息或者碎片化的信息的反应不大。[1] 证券市场中的信息具有混合性和多重性，投资者间隔一两天关注证券市场，市场上的信息可能已大量更新。

（一）单一信息虚假陈述适用条件说认定交易因果关系

对于证券市场发行人及其他主体实施的单一信息虚假陈述，可以适用侵权法理论的条件说（but for 规则）来认定是否构成交易因果关系。如前文所述，认定方式有两种：一种是删除法，通过将单一信息或者事件从证券市场中删除，此时看投资者是否还会实施此前的投资行为；另一种是替代法，通过与单一信息或者事件相同或者类似的信息、事件替换进入证券市场，此时看投资者是调整投资决策，还是继续实施与此前一样的投资行为。

（二）混合信息虚假陈述适用法规目的说认定交易因果关系

对于证券市场发行人及其他主体实施的多元信息虚假陈述，例如，其先发布了一条业绩造假的利好信息，随后又发布了一条核心人员变动的利坏信息，或者又发布了一条公司投资项目的利好信息等，这其实是证券市场信息的常态。针对这种多元信息虚假陈述的情形，用传统侵权法理论的条件说往往很难对是否成立交易因果关系作出准确认定，此时适用法规目的说对交易因果关系进行认定相对妥当。前文所述的利好、利坏利息的混合，只是混合信息的一种情形，实践中还存在多种混合情形，如多个利好信息的混同，其中包含虚假陈述的利好信息，也包含真实的利好信息；多个利坏信息的混同，其中包含虚假陈述的利坏消息，也包含真实的利坏信息。

对于混合信息情形下的虚假陈述交易因果关系认定，除了适用条件说规则对一些重大、突出的信息进行交易因果关系判断以外，整体适用法规目的说来认定交易因果关系更为有效。证券市场发行人及其他主体虚假陈述

---

〔1〕 Ann. M. Lipton, *Fact or Fiction*: *Flawed Approaches to Evaluating Market Behavior in Securities Litigation*, 20 *Transactions*, Tennessee Journal of Business Law 741, 749 – 750 (2019).

的混合信息，属于证券法律法规所限制和禁止的信息，那么其在市场上的被公开并被投资者或者研究机构进行研究、分析，投资者随后进行了相应的投资决策和投资行为，就应当认定成立交易因果关系。

二、交易行为多样化与交易因果关系的认定

证券市场的交易行为多种多样，相较于传统侵权法中的民事侵权行为，几近于树木与森林之差别。有学者认为，欺诈市场理论中的因果关系是基于市场的因果关系，不适用传统侵权行为中的信赖。英美法系中的信赖要件属于事实上的因果关系范畴。从因果关系测试来看，“若无，则不”测试中，“反事实的依赖”成立时需要满足两个条件：其一是真实世界中的事件引起的后果；其二是如果事件没有发生，假设同样的世界中结果也不会发生。主流观点认为，虚假陈述因果关系测试并不是“若无，则不”测试，而是“单因素”测试。“单因素”测试侧重于引起与被引起的关系，而不是必要性，这种方式更适合虚假陈述行为与投资者损失之间的因果关系认定。[1] 基于市场的因果关系属于间接因果关系，不仅仅适用于股票市场。[2] 澳大利亚越来越多的判决在认定基于市场的因果关系中，已经不再将原告信赖作为要件之一。[3] 因此，澳大利亚学者科内(Cooney)认为基于市场的因果关系不需要包含信赖要件。[4]

(一)积极投资与消极投资

证券市场的积极投资者，会认真研读证券市场发行人及其他主体披露

---

〔1〕 Henry Cooney, *Misleading Conduct*, *Reliance and Market - Based Causation*, 48 University of Western Australia Law Review 431,438 -439(2021).

〔2〕 Henry Cooney, *Misleading Conduct*, *Reliance and Market - Based Causation*, 48 University of Western Australia Law Review 431,442(2021).

〔3〕 Henry Cooney, *Misleading Conduct*, *Reliance and Market - Based Causation*, 48 University of Western Australia Law Review 431,444(2021).

〔4〕 Henry Cooney, *Misleading Conduct*, *Reliance and Market - Based Causation*, 48 University of Western Australia Law Review 431,468(2021).

的各种信息，以及专业机构、专业人员研究、分析、发布的各种信息，最终作出自己的决策，实施相应的投资行为。证券市场的消极投资者，往往不会关注市场上的公开信息，更不会去收集、研究相关投资信息，他们的投资决策具有极大的不确定性，既可能跟随证券市场趋势随机而动，实施投资行为，又可能逆势而流，进行反向投资。积极投资者可以基于虚假陈述信息与投资决策之间的关联性主张成立交易因果关系。但是消极投资者需要根据具体情形才能认定，如其是跟随证券市场潮流和大趋势进行的投资，则可以依据代表人诉讼机制一并主张成立交易因果关系；如其是钟摆形式布朗运动的随机投资者，则不宜认定虚假陈述信息与其投资决策之间成立交易因果关系。

从消极投资者角度来看，在一个传统的面对面欺诈案件中，侵权行为构成要件是相对直接的。原告将会提供证据证明如果没有虚假陈述，他将不会进行案涉投资，无论虚假陈述是故意作出或者过失作出的，并且原告可以证明因欺诈导致的损失。但是当欺诈发生在一个现代的、非接触的市场中，问题就变得复杂。实施欺诈的主体可能不会直接与购买者接触，他们可能直接向市场发布错误的信息，影响很多证券中介服务机构，如分析师、股票经纪人、投资银行家以及记者，这些证券中介服务机构为交易者传递分析结果，最终交易决定与最初的虚假陈述之间已经间隔了好几个步骤。这个过程影响了股票最终的市场价格，导致交易者在扭曲的价格进行了交易行为。交易这些股票的投资者会在真相大白时受到实际的经济损失，但是他们很难证明错误的信息在他们的投资行为中所起到什么样的作用。如果他们是被动型投资，那么就与市场披露的信息没有太多关系。[1]

(二)集中竞价与大宗交易(协议转让)

证券市场不同于典型的面对面交易，是高度非接触市场。[2] 证券市场

---

〔1〕 Ann. M. Lipton, *Fact or Fiction: Flawed Approaches to Evaluating Market Behavior in Securities Litigation*, 20 *Transactions*, Tennessee Journal of Business Law 741,743 - 744(2019).

〔2〕 Henry Cooney, *Misleading Conduct*, *Reliance and Market - Based Causation*, 48 University of Western Australia Law Review 431,462(2021).

的集中竞价交易方式，即非面对面、非接触式的证券交易，是虚假陈述因果关系认定的基础，是适用欺诈市场理论的前提条件。证券市场中，除了集中竞价交易方式，还有大宗交易和协议转让的方式，这类方式不同于非接触的竞价交易，是与一般商事活动中的协商签订合同方式相似，交易双方对证券的数量和价格进行协商确定后实施大宗交易和协商转让。这类与商事合同接近的交易行为，不应适用欺诈市场理论认定交易因果关系，而应当按照传统侵权构成要件来认定交易因果关系，买方需要证明其对卖方的虚假陈述信息形成信赖并依此进行投资决策和实施投资行为。

（三）单一投资与投资组合

很少有证券市场投资者只交易一种证券的情形，绝大多数的自然人投资者和机构投资者都会交易多种证券。在单一投资情形下，虚假陈述交易因果关系的认定方式与单一信息的情形相同，按照传统侵权法条件说规则认定虚假陈述信息与投资行为之间是否成立交易关系。投资组合的情形下，情况就相对复杂。一方面，如果是投资者自行购买的多种多个证券组成的投资组合，那么可以参考单一投资的方式认定是否成立虚假陈述交易因果关系；另一方面，如果投资者购买的是基金、资产管理计划、信托计划等投资组合产品，投资者往往对投资组合中的单个证券并不知悉，而且基金、资产管理计划、信托计划等投资组合产品本身会考虑风险的分配和市场的风险，换言之，投资者对于此类投资组合中的任何一个或几个证券的虚假陈述信息并不产生信赖，投资者并不会基于单个证券的虚假陈述信息进行投资决策和实施投资行为，相应的，也不产生交易因果关系。

单只证券的市场价格对于各种各样的信息来说并不都是有效率的。市场参与者会从众多的信息中寻找更有价值的信息。[1] 单只证券的价格可能会受到绝大多数信息的影响，同时也可能会对一些类型的信息不具有敏

---

〔1〕 Jonathan R. Macey & Geoffrey P. Miller, Good Finance, *Bad Economics*: *An Analysis of the Fraud - on - the - market Theory*, 42 Stanford Law Review 1059,1083(1990).

感性。例如,在一个交易量大的市场中,公司股票价格可能不会受到太多季度分红信息的影响。但是在一个交易量小的市场中,一项投资并购信息可能会对该公司股票产生比较大的影响。[1] 投资者分散化的投资组合可以降低对具体股票价值有效性的要求。只要投资者的投资组合不是单向价格低或者价格高的股票,那么没有理由可以让人相信策略性虚假陈述或者隐瞒信息导致的市场效率不完善会损害投资者。[2] 因为投资者的投资组合中既会包含价值被低估的股票,也会包含价值被高估的股票。投资组合会处在一个相对平衡的状态。

三、交易模式与信赖利益的正相关性

有学者指出,虚假陈述的交易模式与信赖利益之间应当成立正相关的关系,即基于信赖虚假陈述信息所进行的投资决策和实施的投资行为,其所实现的目标应当与信赖利益一致。个案当中的信赖利益证明更为重要,只有法院有权否认欺诈市场理论的个案适用,原告需要证明个别交易信赖,才能有效制止那些虚假陈述情节轻微或者被告仅仅是过失的情形下的代表人诉讼进入法院。[3]

(一)交易行为与预期结果的同向性

投资者的交易行为与预期结果是否具有同向性,能够反映其是否为基于信赖虚假陈述信息所进行的投资决策和实施的投资行为。申言之,投资者不会信赖一个虚假陈述的利好消息,而决定将手中持有的包含虚假陈述信息的证券卖出;也不会因为一个虚假陈述的利坏消息,而决定从证券市场中大量买入包含虚假陈述信息的证券。

---

〔1〕 Jonathan R. Macey & Geoffrey P. Miller, Good Finance, *Bad Economics*: *An Analysis of the Fraud - on - the - market Theory*, 42 Stanford Law Review 1059, 1084(1990).

〔2〕 Jonathan R. Macey & Geoffrey P. Miller, *Good Finance*, *Bad Economics*: *An Analysis of the Fraud - on - the - market Theory*, 42 Stanford Law Review 1059, 1074(1990).

〔3〕 参见耿利航:《欺诈市场理论反思》,载《法学研究》2020 年第 6 期。

(二)交易行为与预期结果的反向性

投资者的交易行为与预期结果的反向性,是指虚假陈述信息是利好消息时,投资者却将手中持有的包含虚假陈述信息的证券卖出。这种情形在单个证券交易中往往不会出现,但是在多个证券交易的情形中,并不排除投资者基于投资组合或者其他因素,实施反向性的交易行为,此时虚假陈述信息与交易行为之间,不应当成立交易因果关系。

第三节 以可预见规则修补损失因果关系的认定基础

损失因果关系最早是美国法官提出的要求,然后规定在了美国国会发布的《私人证券诉讼改革法案》中。该法案第 21Db - 4 条规定了原告向被告提起索赔诉讼的两个条件:其一是任何依据本章提起的私人诉讼中原告需要证明被告违反了规定;其二是原告因为被告违反规定的作为或者不作为受到了损失。因此损失因果关系的有无决定了原告可否顺利地主张虚假陈述侵权损害赔偿请求权。实务界判断损失因果关系的标准莫衷一是。[1] 美国法院 Oscar 案体现了损失因果关系和信赖要件在一些情形中可以通过与被告欺诈行为相关联的股票价格波动来体现。[2] 修正欺诈市场理论中,价格影响是在损失因果关系的认定中进行衡量。我国普遍采用的买入价格减去卖出价格的直接损失计算方法,不利于证券市场各类主体的积极参与以及推动证券市场的健康稳定发展。美国法院所采用的"out of pocket"净损失认定方法,也存在争议。曾有学者提出,因果关系的经济学解释关注原

---

〔1〕 参见郭峰主编:《虚假陈述证券侵权赔偿》,法律出版社 2003 年版,第 292 页。

〔2〕 Michael J. Kaufman & John M. Wunderlich, *Regressing: The Troubling Dispositive Role of Event Studies in Securities Fraud Litigation*, 15 Stanford Journal of Law, Business & Finance 183,204(2009).

告所受到的损害结果,对全部损害结果进行赔偿的经济学原理说明了因果关系要件的合理性。[1] 典型的欺诈市场理论案件中要求原告证明股票价格有明显的下跌。从实践角度来看,绝大多数案件中需要原告证明更正性披露导致了股票价格的下跌,从而使原告受到损失。美国大多数法院,尤其是美国第三、第十一巡回法院对损失因果关系的认定,都持这个观点。美国第七巡回法院对于损失因果关系证明标准的要求相对低一些。美国第二巡回法院的观点有些模糊,有一些案件要求损失具备可预见性标准,其他大多数案件基本与第七巡回法院相同,主要关注未披露信息是否具有重大性。美国第八、第九巡回法院采用相对宽松的因果关系认定标准,要求原告举证证明他们的损失与被告的不当行为之间有一些因果关联即可。[2]

然而,整体来看,在适用修正欺诈市场理论的情形下,引入可预见规则来进行损失因果关系认定,有利于保护和稳定证券市场各类主体的信息,有利于合理界定损失的赔偿范围。

一、损失因果关系认定中的可预见规则

(一)可预见规则的理论基础

从侵权法角度来说,可预见规则的理论基础一般体现在三个维度。第一个维度是心理学基础。可预见规则是指心理学层面的一般人可以预见到的情况。可预见规则的心理学基础类似于"海德归因理论"和"凯利归因理论",即一般具有外部环境或者刺激条件,行为人的本体,以及行为人基于所处环境或者条件的预见三个方面内容。[3] 证券虚假陈述侵权责任的损失因果关系的认定,证券市场中的虚假信息相当于外部环境或者刺激条件,众

[1] [美]马克·格斯特菲尔德:《经济学、道德哲学及对侵权行为法的实证主义分析》,载[美]格瑞尔德·J. 波斯特马主编:《哲学与侵权行为法》,陈敏、云建芳编译,北京大学出版社2005年版。

[2] Ann Morales Olazabal, *Loss Causation in Fraud - on - the - Market Cases Post - Dura Pharmaceuticals*, 3 Berkeley Business Law Journal 337,339 - 340(2006).

[3] 参见于雪锋:《侵权法可预见性规则研究——以法律因果关系为视角》,北京大学出版社2017年版,第64页。

多投资者相当于行为人本体,投资者对证券市场中虚假信息以及可能造成损失的可预见性,决定着投资者的交易行为与经济损失之间的损失因果关系是否成立以及具体的损失金额认定。

第二个维度是法社会学基础。可预见规则应当是法治社会中可以合理预见的规则,它不能脱离具体的社会现实,它需要考量具体的可预见主体的身份和能力。证券虚假陈述侵权责任的损失因果关系的认定,需要结合证券市场和广大普通投资者的社会属性来作出判断,不能脱离现实,从而陷入虚幻的社会环境或者不确定的理性要求之中。

第三个维度是法经济学基础。侵权法中的可预见规则,需要体现为一种价值和效率上的衡量,从矫正正义的角度来对损失进行补偿。证券虚假陈述侵权责任的损失因果关系的认定,一般不会出现投资者的损失全部得到补偿的情形,证券市场或者投资者本身的各种因素或者情况均会对损失产生影响和调整,这也表现为经济学角度的一种利益衡量。

(二)可预见规则的一般标准

1. 可预见主体

既往的证券虚假陈述的损失因果关系认定,区分不同主体的损失因果关系没有从可预见规则进行考量,只是通过比例责任的分配来进行。可预见的主体分为证券市场发行人及其关联主体,关联主体包括控股股东、实际控制人和董监高人员等;证券市场中介服务机构,包括券商、会计师事务所、资产评估事务所、信用评级公司以及律师事务所等。

2. 可预见对象

虚假陈述损失因果关系认定中可预见的对象,对于证券市场发行人及其关联主体来说,包括潜在的监管部门、投资人、合作伙伴以及广大的证券市场投资者;对于证券市场中介服务机构来说,包括监管部门和广大证券市场投资者。

3. 可预见时间

虚假陈述损失因果关系认定中的可预见时间,对于证券市场发行人及其关联主体来说,只要作为证券市场的发行人主体,则其贯穿于整个证券市场存续期间;对于证券市场中介服务结构来说,其仅包括其专业报告或者意见在证券市场公布后的一段时间。这个时间段不应较长,因为证券市场的信息更新非常迅速,中介服务机构的专业报告或者意见及相关信息很快就会成为过期信息,市场上的投资人不会再去翻阅。

(三)可预见规则的例外

侵权法中的可预见规则的例外,最典型的是"蛋壳脑袋规则"。该规则的主要内容是,侵权行为中,因受害人的特殊体质导致的损害扩大,一般不影响因果关系的认定和责任的承担。该规则得到多数国家认可的理由在于:第一,侵权行为中的可预见性主要体现在对损害类型的预见,而不是损害程度的预见。第二,侵权法应当注重对受害人的保护,而不是让具有特殊体质的受害人陷于比一般人更谨慎、更小心的境地。因为如果具有特殊体质的受害人只能在一般人可预见的范围内得到保护,那么他事实上反而无法像一般人一样生活。第三,"蛋壳脑袋规则"体现的是对人身的保护优于对财产的保护。[1]

二、损失因果关系认定中可预见规则的价值衡量

(一)规则本身的合理性考量

侵权法中,如果侵权人对其造成的损失无法预见,那么判令其承担全部损失赔偿责任,就存在合理性的质疑。在证券虚假陈述侵权案件中,对于损失因果关系的认定,应当通过可预见规则来保证损失因果关系认定的合理性。证券市场发行人及其关联主体披露虚假陈述信息,是为了获取巨额的不法利益,或者维持其不法利益,这种不法利益对他们来说,是可以预见的。

对于投资者集团基于欺诈市场理论提起的证券虚假陈述侵权诉讼,投

---

〔1〕 参见于雪锋:《侵权法可预见性规则研究——以法律因果关系为视角》,北京大学出版社2017年版,第281页。

资者是否应当从这些复合性的损失中获得赔偿,一直以来都存在广泛的学术争论。这些损失只是信息披露后的可预见结果,所以很多法院认为这是与风险的重大性有关的损失因果关系问题,这些索赔的案件看起来不言而喻。换个角度来说,如果我们集中关注购买或者出售的时间,对方就会抗辩欺诈本身的可信度是独立的,并不存在可信度的欺诈。多年持有股票的长期投资者,同样也受到了复合性的损失,但是却无权主张赔偿。[1] 对于证券市场中介服务机构来说,其按照证券法律法规和交易所的规则发表的专业意见,并不产生对未来损失的预期,客观上也无法对其专业意见可能产生的后果进行预测。在我国证券市场中,中介服务机构的专业意见,很大程度上是限于流程的需要,而非规范的需要。

(二)责任限缩的司法考量

证券市场发行人及其关联主体通过虚假陈述信息的披露,获取了巨额的不法利益。这种巨额非法利益不应当简单按照侵权损害赔偿的范围来认识和界定。否则,欺诈市场理论诉讼更多是损害了而不是保护了其所意图保护的股东群体。[2] 侵权损害赔偿的范围虽然存在损失扩大的情形,但损失本身并不产生放大作用。证券市场中的损失,由于数量庞大的投资者以及巨额的累计资金量,一旦发生证券虚假陈述侵权案件,所产生的损失赔偿金额动辄上亿元甚至数十亿元。即使按照侵权损害赔偿责任中的范围限缩以及考虑责任比例的限定,计算出的损失金额仍然是非常巨大的。有必要通过可预见规则,将证券市场中介服务机构的损失因果关系认定进行限缩,从而将损失赔偿责任规定在一个相对合理的范围内。

为了限制欺诈市场理论可能导致的诉讼泛滥,美国《私人证券诉讼改革法案》规定了诉讼的严格要求,要求原告诉状中必须包含被告欺诈的事实,

---

〔1〕 Donald C. Langevoort, *Disasters and Disclosures: Securities Fraud Liability in the Shadow of a Corporate Catastrophe*, 107 The Georgetown Law Journal 967,1011 (2019).

〔2〕 参见耿利航:《欺诈市场理论反思》,载《法学研究》2020 年第 6 期。

并且能够推断被告存在故意,否则法院会中止证据发现程序,并在立案阶段裁定驳回起诉。这实际要求原告在集团诉讼的集团诉讼确认阶段就对虚假陈述的事实和过错要件进行一定的举证证明。[1]

三、可预见规则与直接后果说的比较与评析

(一)直接后果说的基本内容

美国司法实践中判断损失因果关系的理论主要有三种,分别是直接后果说、某些因果关联说以及风险实现说。其中应用最广的是直接后果说。直接后果说,是指被告行为在没有其他因素介入的情况下导致损害结果的发生,该损害结果就是直接后果,并不要求被告事前可以合理预见。被告行为之后如果介入新的事件或因素,因该时间或者因素导致损害结果的发生,那么损害结果不是被告行为的直接后果。对于事后介入的事件或者原因,如果由被告行为所引起,那么被告行为事实上通过介入事件或者原因继续产生作用。此时被告行为属于原告损害结果的法律上原因。[2] 某些因果关联说是美国第八巡回法院曾经的观点,但很快被美国联邦最高法院否定。[3] 风险实现说认为原告的损害结果是由没有揭露的风险所导致的,这个风险是因为被告欺诈行为所引发的。风险实现说与直接后果说的主要区别是,原告交易时的股票价格变动风险与交易后发生的股票价格上涨或者下跌风险,需要原告举证证明。[4]

直接后果说认为,侵权人仅对其行为或者活动所引起的直接结果负责,而不必为其行为或者活动造成的间接结果负责。[5] 事实上,当真相被揭露,股票价格会基于新的信息而下跌,但是不仅如此。如果考虑到公司代理人之前的错误陈述将可能导致后面的诉讼风险,那么股票价格不仅会反映

---

〔1〕 参见耿利航:《欺诈市场理论反思》,载《法学研究》2020 年第 6 期。
〔2〕 参见郭峰主编:《虚假陈述证券侵权赔偿》,法律出版社 2003 年版,第 293 页。
〔3〕 参见郭峰主编:《虚假陈述证券侵权赔偿》,法律出版社 2003 年版,第 294 页。
〔4〕 参见郭峰主编:《虚假陈述证券侵权赔偿》,法律出版社 2003 年版,第 294 - 295 页。
〔5〕 王利明:《侵权行为法研究》(上卷),中国人民大学出版社 2004 年版,第 408 页。

新的信息,而且还会反映可能出现的罚款、和解以及其他法律费用。并且,股票价格也会由于市场对公司管理丧失信心而产生一定程度的下跌。换言之,由于公司披露的信息不再像之前一样可信赖,会导致市场对公司的资本成本进行调整。没有理由相信市场会错过这些因素,但是有充分的理由可以相信市场价格在虚假信息被揭露后的迅速下跌,包含了诉讼风险在内的其他费用因素,这里称为间接损失。[1]

区分直接结果和间接结果的三种观点包括:其一认为应当从损害结果引发的原因角度来区分事件直接导致的损害就是直接损害;其二认为损害事件直接产生的损害结果就是直接损害;其三从可预见性角度来区分行为主体引起的可预见的损害是直接结果。[2] 直接结果说主要用来解释侵权行为与损害结果之间是否存在法律上的因果关系,如果存在法律上的因果关系,则此时所造成的损害结果是直接损害结果。[3]

(二)可预见规则的基本内容

美国第五巡回法院认为,国会没有明确定义证券违法行为中的经济损失,这个损失属于损害填补。同时,净损失标准常常被称为价格上涨指标。基于这个理论,证券的购买者可以从被告处获得的仅仅是其所支付的价格和证券真实价格之间的价差。法院并没有认为这个标准专属于证券欺诈诉讼,但是坚持认为这个损失必须是由错误陈述所导致的。所以只有在损失因果关系得到证明的情况下,这种经济损失才能成立。[4] 美国第二巡回法院认为,损失因果关系是被揭露的错误行为与原告所受到的损失之间的因果关联。损失因果关系属于侵权法中的近因概念。例如,原告所受到的损

[1] Richard A. Booth, *OOPs! The Inherent Ambiguity of out - of - Pocket Damages in Securities Fraud Class Actions*, 46 Journal of Corporation Law 319,322 (2021).

[2] 王利明:《侵权行为法研究》(上卷),中国人民大学出版社2004年版,第409页。

[3] 王利明:《侵权行为法研究》(上卷),中国人民大学出版社2004年版,第410页。

[4] Richard A. Booth, *OOPs! The Inherent Ambiguity of out - of - Pocket Damages in Securities Fraud Class Actions*, 46 Journal of Corporation Law 319,324 (2021).

失一定是错误陈述和重大遗漏的一个可预见的结果,但是仅靠侵权法分析结构是不充分的。一个普通法意义上的可预见损害结果可以说是由被告的错误行为所导致的,但是不能简单说证券价值的下跌是由错误陈述或者重大遗漏所导致的。如果说一个错误陈述或者重大遗漏是一个投资损失的近因,投资者需要证明其所主张的损失是在虚假陈述或者重大遗漏行为所产生的风险范围内。为了证明损失因果关系,原告需要证明欺诈行为导致了事实上的损失。也就是说,市场上的虚假陈述或者重大遗漏被揭露,导致了证券价值的下跌,否则损失问题就是不可预见的。[1]

需要慎重考虑的是,避免损失因果关系成为投资者的社会保险卡。在谎言和看起来毫无关联的损失之间认定存在一定程度的可预见关系,是非常困难的。但是,即使假设有一个毫无关联的介入事件,我们能不能确定任何股票的下跌与欺诈之间就没有关系?如果不能确定,那么问题就在于解决引起价格下跌的两个独立因果关系,而不是认为不存在欺诈损失。[2]

(三)可预见规则比直接后果说的损失关联性更强

通过直接后果说进行损失因果关系认定,具有客观性。但是这种客观性并不适用于证券虚假陈述损失因果关系的认定。因为直接后果说中所包含的虚假陈述实施日与揭露日之间,是一个相当长的时间期限,这个期限在证券市场中所包含的信息与交易已经非常庞大。通过直接后果说的损失因果关系认定,实际上已经很难还原真实的损失关联性,更多的只是证券价格上的简单计算而已。可预见规则相比较直接后果说而言,在对虚假陈述损失因果关系的认定方面,与损失的关联性更强,因为证券虚假陈述侵权案件中的损失,应当在虚假陈述信息披露时可预见的损失范围内。

---

〔1〕 Richard A. Booth, *OOPs! The Inherent Ambiguity of out - of - Pocket Damages in Securities Fraud Class Actions*, 46 Journal of Corporation Law 319,324 - 325 (2021).

〔2〕 Donald C. Langevoort, *Basic at Twenty: Rethinking Fraud on the Market*, 2009 Wisconsin Law Review 151,183 (2009).

（四）可预见规则比直接后果说的损失扣除率更低

现行司法实践中，对于虚假陈述实施日至揭露日期间较长的证券虚假陈述侵权案件，基于直接后果说所计算出的损失，需要考虑系统风险因素和非系统风险因素进行多方面的考量和扣减。虽然这种考量和扣减是通过专业机构作出的，但是专业机构所采用的方法并未得到理论界和实务界的一致认可或者接受。可预见规则进行的虚假陈述损失因果关系认定，不需要过多考虑证券市场风险因素，因为从可预见角度来说，这些风险或多或少都是虚假陈述信息披露时可以在一定程度上预见的。

第四节　以事前观点作为损失认定的方法

基于美国证券法 10b－5 条款提出的证券欺诈集团诉讼中的赔偿损失标准一般是净损失标准，但是很少案件会走到裁判这一步，因为案件本身带来的颠覆性责任的威胁，会让双方通过和解和撤诉来解决。因此，关于如何计算净损失的案件数量较少。[1] 有学者认为，一个并不是基于对被告虚假陈述行为信赖的原因而购买了被告证券的原告，可以从被告处获得赔偿，这并不意味着投资者保险。信赖要件的缺失并不影响因果关系的其他要件认定，只有虚假陈述行为所导致的损失，才可以获得赔偿。只要继续要求原告证明其损失是由虚假陈述行为导致，信赖要件的缺失所产生的原告索赔风险就非常有限。[2] 但是，原告的索赔风险与虚假陈述行为之间的损失因果关系及损失认定方法，同样也存在不少的争议。因虚假陈述行为所导致的损失，应当以虚假陈述时证券价值为基准，而不是之后某个不确定的时间点

---

〔1〕 Richard A. Booth, *OOPs! The Inherent Ambiguity of out－of－Pocket Damages in Securities Fraud Class Actions*, 46 Journal of Corporation Law 319, 320－321 (2021).

〔2〕 Henry Cooney, *Misleading Conduct, Reliance and Market－Based Causation*, 48 University of Western Australia Law Review 431, 465(2021).

或者时间段。

2022 年《证券市场虚假陈述侵权规定》第 25 条规定,虚假陈述侵权案件中,原告的实际损失包括投资差额、差额损失部分的佣金和印花税。相较于 2003 年《证券市场虚假陈述赔偿规定》第 30 条的规定,损失的范围减少了资金利息。这也侧面反映了最高人民法院对于事前观点和事后观点认定损失的一定考量。美国学者在事前观点和事后观点之间也存在着明显的争议。科菲教授和托雷森教授认为事后观点更为可取,因为虚假信息需要经过市场的反应才能将投资者具体的损失予以展现。福克斯教授和斯宾德勒教授倾向于事前观点。他们认为经过市场反应的损失因果关系具有不确定性,可以通过市场测量的方式对投资者交易证券时的价值进行衡量,从而确定投资者支付的证券交易价格和证券实际价值之间的损失金额。[1]

一、事前观点认定的虚假陈述侵权损失客观公允

(一)事前观点是计算虚假陈述侵权损失的真实价值

事前观点是以虚假陈述实施时证券的实际价值和投资者买入或者卖出交易证券时的价值的差额作为虚假陈述侵权损失的金额。这种观点有效避免了虚假陈述信息披露后,按照投资者买入和卖出的两种情形计算损失,会存在大量证券市场其他因素介入导致的证券价格偏移。但是缺点在于,对于虚假陈述实施时证券真实价值的计算缺乏公认的标准,并且计算难度较大。

1. 虚假陈述侵权损失应当以证券真实价值为基础

证券虚假陈述属于侵权行为,其损害赔偿源于普通法侵权责任的补偿性赔偿制度。[2] 涉及财产损害的侵权责任中的金钱赔偿是为了填补计算

---

〔1〕 参见樊健:《我国证券市场虚假陈述民事责任理论与实践的新发展》,法律出版社 2021 年版,第 55－56 页。

〔2〕 参见郭峰:《虚假陈述侵权的认定及赔偿》,载《中国法学》2003 年第 2 期。

的财产损失，保护的是受害人的价值利益。[1] 从因果关系角度来说，赔偿金额与侵权行为之间应当属于直接的引起与被引起的关系。虚假陈述的侵权行为实施后，经过一段期间才提出损害赔偿要求，并不意味着就以一定期间内证券价格的变化来计算赔偿金额，而仍应当回归于侵权行为实施时的证券真实价值来计算赔偿金额。超出或者异化的损失，不能通过某种形式变相作出因果关系的直接认定。

2. 证券真实价值的计算可以通过鉴定或者评估实现

证券虚假陈述责任纠纷案件中，已经有不少法院如上海、福建、山东、湖南等地的法院在案件审理过程中，委托专业机构对投资者损失进行核定。上海交通大学中国金融研究院在中安科公司证券虚假陈述责任纠纷案中出具的损失核定意见书，就通过构建损失量化计算模型，由模型根据既定的逻辑计算出投资者损失。其中模型采用的"收益率曲线同步对比法"基本逻辑是对影响股价的各种因素进行定量分析，用"多因子模型法"来考虑各种因素对企业股票收益的影响。虽然上述两种方法均是用于计算投资者买入和卖出证券时的交易价格差额产生的损失，但是同样可以通过类似方法或者模型来合理计算出虚假陈述实施时证券的真实价值。

3. 证券真实价值计算的不准确性优于价格变化的不准确性

关于证券真实价值的计算，根据不同的方法或者模型会出现不同的结果。但是一方面，通过不断地修正方法或者模型，这个差异会逐步降低；另一方面，如果计算价格变化，同样会因为不同的方法或者模型而出现不同的结果。换言之，证券真实价值计算的不确定性与证券价格变化产生的损失计算的不确定性，都会存在。然而，证券真实价值计算的不确定性不仅可以通过方法或者模型的修正得以逐步降低，而且其不确定性始终是围绕着真实价值在波动，经过方法或者模型分析和计算后的差异相对较小。相反，证券价格变化产生的损失计算的不确定性，更多会与外在的市场环境或者其

---

[1] 参见[德]迪特尔·梅迪库斯：《恢复原状与金钱赔偿》，赵静译，载梁慧星主编：《民商法论丛》第75卷，社会科学文献出版社2023年版。

他主体及因素关联,其对计算方法或者模型的要求更高。因此,证券真实价值计算的不准确性优于价格变化的不准确性。

(二)事前观点认定虚假陈述侵权损失提高了威慑有效性

事前观点将虚假陈述实施时证券价值作为计算侵权行为造成的损失的基准价值,对于证券市场发行人及其他信息披露义务人来说,禁止虚假陈述的威慑力更强。因为对于他们来说,违法的成本立等可见,不能有一丝一毫从复杂多变的证券市场中投机取巧的想法和心思。缺点在于虚假陈述信息披露后投资者交易证券时,证券价格的变化可能过大,也可能过小,因为考虑时间因素和其他影响因素,市场会有一个反应时间。例如,一条河流因为存在溺亡危险,首要的措施应当是严格禁止游客违规踏入河流,而不是根据游客在进入河流后受到的伤害程度来实施处罚。

(三)事前观点计算虚假陈述侵权损失的方法简明清晰

修正欺诈市场理论下的损失因果关系并不考虑虚假陈述实施后投资者的两次买入卖出时间,而是考虑虚假陈述实施时证券价值,与虚假陈述实施日和揭露日期间的投资者买入或者卖出证券的证券价格之间的差额。对于虚假陈述侵权损失的计算,一般会存在以下三种情形:

第一种情形是虚假陈述实施日和揭露日期间投资者买入证券。此时计算虚假陈述侵权损失的方法是计算投资者买入证券的价格与证券真实价值之间的差额。

第二种情形是虚假陈述实施日和揭露日期间投资者卖出证券。此时计算虚假陈述侵权损失的方法是计算投资者卖出证券的价格与证券真实价值之间的差额。

第三种情形是虚假陈述实施日和揭露日期间投资者多次买入或卖出证券。此时计算虚假陈述侵权损失的方法是将投资者每笔买入证券的价格或者卖出证券的价格与证券真实价值之间的差额单独计算后进行累加得出最终损失金额。若投资者的买入或者卖出行为达到 3 次以上,可以按照算术平均或者加权平均的方法来计算最终损失金额。

二、事后观点认定的虚假陈述侵权损失并不纯粹

(一)事后观点认定虚假陈述侵权损失会催生赌徒心理和连续欺诈

事后观点是美国法院以及我国法院经常采用的损失认定方法,因为其直接以包含虚假陈述信息的证券买入和卖出的价差金额作为损失赔偿金额,在司法实践中比较简单便捷。但是这容易催生赌徒心理和连续欺诈,主要表现为证券市场发行人及其他主体在披露了一个虚假陈述信息后,会寄希望于证券市场的快速消化和掩盖。为了更快得达到目的,他们常常会继续披露多个虚假陈述信息,或者其中也可能会有一两个真实信息,试图通过这种信息替代或者更新的方式来掩盖其虚假陈述侵权行为,逃避其赔偿责任。

我国有法院认为,被告股票价格在虚假陈述揭示日当天和次日如果没有明显上涨或者下跌,则原告投资损失与被告收到的行政处罚没有必然关联,可以认定原告的投资损失是由证券投资市场风险等因素造成的。[1] 该观点的问题在于错误地使用系统性风险抗辩覆盖价格影响抗辩,导致价格扭曲不能反映虚假陈述所产生的影响。系统性风险应当用于认定是否成立损失因果关系,而价格影响理论的抗辩是用来推翻交易因果关系。另外,法院采用揭示日之后股票价格波动来认定虚假陈述是否对股价产生影响,这是事后观点,会受到多种因素的介入影响。价格影响理论应当在虚假陈述实施后投资者交易时进行分析认定。事后观点不能准确反映出虚假陈述对证券价格的影响,因为虚假陈述实施日与揭示日期间买入或者卖出证券与之后投资者卖出或者买入证券的交易时间期间往往并不短,可能影响的因素较多,只能作为当前次优选择。[2]

---

〔1〕 参见广东省深圳市中级人民法院(2013)深中法商初字第46号民事判决书。

〔2〕 参见樊健:《我国证券市场虚假陈述民事责任理论与实践的新发展》,法律出版社2021年版,第18页。

(二)事后观点认定虚假陈述侵权损失需要考虑未及时处置的损失

采用传统欺诈市场理论的虚假陈述侵权案件中,虚假陈述实施日和揭露日确定之后,虚假陈述实施日之后、揭露日之前买入证券或者卖出证券,并于揭露日之后卖出证券或者买入证券的,其间的价差被认定为虚假陈述造成的损失。但是,这种认定方式对于投资者在虚假陈述实施日之后、揭露日之前买入证券并在揭露日之后卖出证券的情形,需要考虑投资者是否及时出售了证券。如果投资者没有及时出售包含虚假陈述信息的证券,导致证券价格一路下跌,损失惨重,一方面对于投资者来说,受到的损失扩大;另一方面对于虚假陈述的发行人及其他主体来说,所需赔偿的金额越高。此外,还有一种可能不多见的情形,即投资者相当长一段时间没有出售包含虚假陈述信息的证券,由于证券市场的变化以及证券市场发行人及关联主体的努力经营,投资者出售该证券时没有收到损失,这就会反射虚假陈述侵权违法性认定的不适当甚至不必要性。

三、区分单一投资与多元投资的损失计算方法

(一)单一投资可以采用事件分析法认定虚假陈述侵权损失

事件研究法也可以用于证明损失因果关系。损失因果关系也是美国证券法 10b－5 条款责任的构成要件之一。损失因果关系是指错误陈述与经济损失之间的直接因果关联。它要求原告证明被告的错误陈述或者重大遗漏不仅导致其错误投资,而且导致其受到了实际经济损失。[1] 对一只股票价格对信息的反应变化程度所采取的事件研究法测试,类似于抛硬币。[2] 事件研究法在美国证券市场的应用已经很多年时间。事件研究法来源于经

---

〔1〕 Michael J. Kaufman & John M. Wunderlich, *Regressing: The Troubling Dispositive Role of Event Studies in Securities Fraud Litigation*, 15 Stanford Journal of Law, Business & Finance 183,197－198(2009).

〔2〕 Jill E. Fisch, Jonah B. Gelbach & Jonathan Klick, *The Logic and Limits of Event Studies in Securities Fraud Litigation*, 96 Texas Law Review 553,574 (2018).

济学分析方法，经济学家通过事件分析法来衡量股票价格和各种类型事件之间的关系。事件研究法最核心的贡献在于区分一个证券典型范围内的价格波动和基于一个特定事件所引发的高度不寻常的价格偏移。[1] 美国证券欺诈集团诉讼中，损失因果关系和价格影响在起诉和集团诉讼确认阶段占据了核心地位。[2] 用事件研究法通过对特定证券超额收益率的分析以及相关因素的影响来分析和认定虚假陈述行为与损失之间的因果关系，并计算具体的损失金额，对于涉及单个证券的单一投资来说，科学性、准确性、合理性较高。

根据美国学者的研究，事件研究法的传统定义是指一个用于检验一个事件效果的统计学上的回归分析，如欺诈陈述或者隐瞒信息在被信赖时产生的变化，又如对一个公司股票价格产生的影响。一般包含四个步骤：第一步是识别事件，这些事件包括并购重组、诉讼仲裁、管理层人员变动等；第二步是构建一个事件窗口期，这个期间一般自信息公开之日开始至事件结束止；第三步是对市场和产业影响进行界定，以获得公司与市场之间一个可衡量的关系，这需要专家将事件的影响与其他市场因素、产业因素，或者公司具体因素区分开来，因为这些因素都会造成公司股价的波动；第四步是评估事件的影响，主要通过回归分析的方法来计算窗口期市场和产业的变动程度。[3] 也有美国学者将事件研究法分为五个基本步骤：第一步，识别一个或多个合适的事件日期；第二步，在每个事件日期计算证券的收益；第三步，决定每个事件日期的证券期望收益；第四步，从期望收益中分离出事实收益从而计算出每个事件日期的超额收益；第五步，评价最终的超额收益在一个

---

〔1〕 Jill E. Fisch, Jonah B. Gelbach & Jonathan Klick, *The Logic and Limits of Event Studies in Securities Fraud Litigation*, 96 Texas Law Review 553,555 (2018).

〔2〕 Jill E. Fisch, Jonah B. Gelbach & Jonathan Klick, *The Logic and Limits of Event Studies in Securities Fraud Litigation*, 96 Texas Law Review 553,568 (2018).

〔3〕 Michael J. Kaufman & John M. Wunderlich, *Regressing: The Troubling Dispositive Role of Event Studies in Securities Fraud Litigation*, 15 Stanford Journal of Law, Business & Finance 183,190 – 193(2009).

既定的统计学重要性基础上是否具有统计学上的重要性。[1]

但是司法实践中对于事件研究法的应用，仍然存在很多问题。首先，法院并不完全理解和掌握事件研究法。其次，事件研究法只能衡量没有预测的、重大的信息所导致的股票价格偏移。在一些特定的情形下，如欺诈的信息是对之前信息的肯定和重复，不一定会导致股票价格的偏移。因此，事件研究法不能衡量肯定性的虚假陈述信息对股票价格的影响。类似的情形，如多重混合性的信息披露，事件研究法也很难区分和界定每一个信息，以及该信息在混合性披露信息中的重要程度。最后，学术研究领域的事件研究法与证券欺诈诉讼中事件研究法有着重要的区别。研究领域的事件研究法往往是针对一家公司的股票和一个特定事件进行分析，但是证券欺诈诉讼中会涉及一家或多家公司多重信息的披露，以及政府法律法规或者政策，也会对股票价格产生一定影响，这时的事件研究法分析结果就会缺乏客观性和准确性。[2]

随着研究的深入，美国学者费希（Fisch）教授提出，法庭和专家需要更加关注方法论问题。至少有四个方面的问题需要关注：第一，由于诉讼相关的事件研究法一般只涉及一家公司，那么就会产生一只股票价格非正态分布的问题。第二，由于原告只需要展示股票价格下跌或上涨，不需要证明相反情形发生，专家们应当毫无疑问采取单边重要性检验，而不是用传统的双边观点进行检验。第三，证券欺诈诉讼常常会涉及多个检测日期，每个具体日期对法庭和专家认定的市场整体信任水平为95%的标准究竟有多大程度的影响。第四，事件研究法必须要根据股票价格随时间波动的可能性进行合理的修正。[3] 然而，即使进行一定程度的修正，事件研究法仍然会存在一

---

〔1〕 Jill E. Fisch, Jonah B. Gelbach & Jonathan Klick, *The Logic and Limits of Event Studies in Securities Fraud Litigation*, 96 Texas Law Review 553, 570 (2018).

〔2〕 Jill E. Fisch, Jonah B. Gelbach & Jonathan Klick, *The Logic and Limits of Event Studies in Securities Fraud Litigation*, 96 Texas Law Review 553, 556 – 557 (2018).

〔3〕 Jill E. Fisch, Jonah B. Gelbach & Jonathan Klick, *The Logic and Limits of Event Studies in Securities Fraud Litigation*, 96 Texas Law Review 553, 617 (2018).

定的缺陷。第一，诉讼中所认定的5%作为重要性判断水平是否合理。第二，不能排除的零假设与证明信息不会产生价格影响之间不能等同，事件研究法在司法中的应用还取决于举证责任的分配以及法庭允许和接受多少价格影响中的非事件研究法之外的因素介入。第三，偶然性和战略性的信息使事件研究法的证据难以整合。第四，相比错误积极信息来说，证券诉讼中的事件研究法容易被更高概率的错误消极信息影响，这意味着，更多情形是事实价格影响缺少重大性证据，而不是在没有重大性证据的情形下，价格影响产生重大性证据。[1] 费希教授在2021年继续提出，95%的信赖水平并不是科学上的客观标准，它仅代表一个错误的消极可能性应当低于5%的界限。事件研究法是否应当采用这个标准是一个法律问题，而不是科学问题。[2] 问题在于统计上的结论是否能够推动将其看作一个科学问题，而不是明显从证据上来看是为了满足政策上的考量，从而推动法律上或者法庭的证据标准。有些评论家批评法庭竟然希望把实践数据作为科学事实，而不是认识到结论实际将是否可信赖或者存在争议是一个内在的法律问题。[3]

然而，也有美国学者提出，从行为金融学角度和市场无效规则的一般意义上来说，是让人困惑的。如果认为市场会对信息有过高或者过低的反应，甚至有时会出现令人担忧的泡沫，导致价格偏离了本来的价值，那么简单的数学统计并不能作为衡量遗漏信息或者被告责任的精确方法。换言之，事件研究法不能对证券欺诈情形下的股票本来的价值进行清晰的界定，因为存在噪声和情感因素，这些因素同样会影响股票价格，因此，计量经济学家

〔1〕 Jill E. Fisch, Jonah B. Gelbach & Jonathan Klick, *The Logic and Limits of Event Studies in Securities Fraud Litigation*, 96 Texas Law Review 553,618(2018).

〔2〕 Jill E. Fisch & Jonah B. Gelbach, *Power and Statistical Significance in Securities Fraud Litigation*, 11 Harvard Business Law Review 55,90(2021).

〔3〕 Jill E. Fisch & Jonah B. Gelbach, *Power and Statistical Significance in Securities Fraud Litigation*, 11 Harvard Business Law Review 55,91(2021).

的能力就是去合理限制和减少诉讼程序。[1] 重大性、交易因果关系(集体的信赖),以及损失因果关系通常都是一样,通过事件研究法来衡量欺诈信息是否真实的欺骗了市场,以及是否对投资者造成了损害。这个背后的假设就是市场是有效率的,它很难被欺骗,所以真实的欺诈案件是较少的。通过科学的方法可以减少不必要的诉讼。[2] 过度司法坚持市场效率和事件研究法,导致法院将计量经济分析变成了护身符,仅为了使用,却不解释如此认定的原因。[3]

(二)多元投资可以采用原因力和价值衡量认定虚假陈述侵权损失

对于多个证券,或者多个投资组合的多元投资情形,采用事件研究法来认定损失因果关系和计算损失金额就明显力不从心,得出的结论也会千差万别。可以采用原因力和价值衡量的方法来对多元投资的损失因果关系进行认定,并相应计算出损失金额。这个损失金额可能准确度相对较低,但是从价值衡量的角度,具有相应的合理性。

---

〔1〕 Donald C. Langevoort, *Basic at Twenty: Rethinking Fraud on the Market*, 2009 Wisconsin Law Review 151, 180 (2009).

〔2〕 Donald C. Langevoort, *Basic at Twenty: Rethinking Fraud on the Market*, 2009 Wisconsin Law Review 151, 189 (2009).

〔3〕 Donald C. Langevoort, *Basic at Twenty: Rethinking Fraud on the Market*, 2009 Wisconsin Law Review 151, 191 (2009).

第五章　修正欺诈市场理论的证券虚假陈述因果关系抗辩

在证券虚假陈述因果关系中，如果对传统欺诈市场理论的价格影响提出抗辩，将会十分困难。因为价格影响作为客观现象，要想从中剥离第三方介入因素的影响，或者证券市场系统风险、非系统风险的影响，目前司法实践中还没有卓有成效的方法和手段。对于修正欺诈市场理论的信息欺诈提出抗辩，相较于对价格影响的抗辩，更为合理，也更为有效。对于虚假陈述的信息是否构成信赖，是否影响交易行为，可以提出交易因果关系的抗辩；对于虚假陈述的信息与证券价值之间的关联和影响，可以提出损失因果关系的抗辩。

第一节　虚假陈述因果关系抗辩的价值衡量

法律经济学的奠基人卡拉布雷西指出，因果关系要件，如所有其他法律要件一样，必须最终从功能上来证明它们自己。法律是为了实现特定目标而设计的人类构想。[1] 弗兰科尔法官质疑因果关系的分类,他认为很难认同对于损失因果关系和交易因果关系的区分,这些分类可能存在学术上的合理性,同时也有时被证明是有用的,但是在某些案件中并不建议使用。[2] 虚假陈述因果关系认定,不仅涉及侵权因果关系的理论基础,而且涉及证券市场的特殊性,对于虚假陈述因果关系的抗辩,有必要进行价值衡量。

一、法理基础和政策导向的合理选择

(一)侵权因果关系理论在证券市场的泥潭效应

传统的侵权因果关系理论,从事实因果关系或者责任成立因果关系层面来说,是基于面对面信赖,接触式信赖,通过“耳闻目睹”阅读信息,并以此而进行决策及实施交易行为;从法律因果关系(责任范围因果关系)角度来说,是基于交易行为所造成的投资损失,但是无论是多少损失计算金额,都不能完全确定是基于交易行为所导致的损失。证券市场中的虚假陈述交易因果关系认定,不需要面对面的信赖,不需要接触,不需要耳闻目睹查阅虚假陈述的信息,通过法定信赖构建的交易因果关系;证券市场的虚假陈述损失因果关系认定,基于虚假陈述信息披露时证券价格与其真实价格之间的价差来认定损失赔偿金额,但是真实价值的计算方法千差万别,各有千秋。侵权因果关系理论在证券市场的应用呈现出一种进退黏连的“泥潭效应”。

(二)政策导向是证券市场中看不见的手

证券市场中的千变万化,与其庞大的投资者数量,以及巨大的资金量是分不开的。相应地,其对于国家经济发展、民众利益以及社会稳定的意义不

---

〔1〕 [美]马丁·斯通:《侵害与受害的意义》,载[美]格瑞尔德·J. 波斯特马主编:《哲学与侵权行为法》,陈敏、云建芳译,北京大学出版社 2005 年版。

〔2〕 Ann Morales Olazabal, *Loss Causation in Fraud – on – the – Market Cases Post – Dura Pharmaceuticals*, 3 Berkeley Business Law Journal 337,344(2006).

容忽视。因此,国家对其采取一定限度、一定程度的干预不可避免。就像市场经济中政府是一只看不见的手,证券市场中政府的政策导向也是一只看不见的手。政策导向的根本要求是要促进国家经济发展,维护民众利益和保障社会稳定,因此其会辐射至证券市场的运行中,对虚假陈述因果关系的认定以及侵权赔偿责任的确定必然会产生一定的影响。

二、投资者保护与责任限缩的利益平衡

(一)保护投资者利益是证券市场规范的制度要求

证券市场的重中之重是保护投资者利益。美国学者甚至提出,信赖和损失因果关系不应该是解决欺诈市场理论诉讼的要件之一。[1] 因为投资者利益在证券市场的经济洪流中显得势单力薄,保护好广大投资者的合法利益,才会有稳定的证券市场,以及良好的发展前景。我国证券法律法规以及交易所的交易规则中无不贯穿这一思想和要求。美国主要通过集团诉讼保护证券市场众多投资者利益。根据美国集团诉讼规则,原告如要求以集团诉讼方式提起证券虚假陈述民事索赔,须经法院集团诉讼确认程序。[2] 往往在法院的集团诉讼确认阶段,虚假陈述的主体就会选择和投资者达成和解。但是,大陆法系的德国对于虚假陈述集团诉讼案件仍然保持谨慎的态度。[3] 德国证券虚假陈述侵权案件相比美国证券虚假陈述侵权案件而言,寥寥无几。

(二)责任限缩是促进证券市场发展的应有之义

证券市场庞大的投资者数量以及资金量,令人难以想象。证券虚假陈述侵权案件中,在制度要求和维护市场稳定的情形下,对不能举证证明信赖

---

〔1〕 Donald C. Langevoort, *Basic at Twenty: Rethinking Fraud on the Market*, 2009 Wisconsin Law Review 151, 198 (2009).

〔2〕 参见耿利航:《欺诈市场理论反思》,载《法学研究》2020 年第 6 期。

〔3〕 参见章武生:《我国证券集团诉讼的模式选择与制度重构》,载《中国法学》2017 年第 2 期。

虚假陈述信息的投资者,同样适用法定信赖推定交易因果关系。但是从损失因果关系和损失认定角度,如果继续维持这种认定方式,让证券市场发行人及关联主体,以及中介服务机构陷入一案即破产的境地,将会对证券市场的发展产生阻碍,限制和排除证券市场发行人及关联主体,以及中介服务机构的参与热情和参与力量。因此,责任限缩是证券虚假陈述侵权责任的应有之义。

三、个人投资者与群体投资者的区别保护

(一)个人投资者按照侵权构成要件认定因果关系

个人投资者的虚假陈述因果关系认定,完全可以按照侵权构成要件的认定规则,要求投资者举证证明信赖虚假陈述信息,并以此进行投资决策和实施投资行为,从而认定交易因果关系是否成立。损失方面,投资者需要证明虚假陈述信息与其损失之间成立损失因果关系,并计算出虚假陈述信息披露时的真实价值与其交易时的证券价格之间的价差损失金额提出索赔,当然,这一般可以通过专业机构的司法鉴定方式解决。

(二)群体投资者按照欺诈市场理论认定因果关系

群体投资者不能按照侵权要件认定因果关系,因为投资者人数庞大,而且无法一一证明实际阅读和信赖虚假陈述信息,所以适用欺诈市场理论认定信赖要件,从而认定交易因果关系的成立。损失方面,投资者同样需要证明虚假陈述信息披露时的证券价格与其真实价值之间的价差损失金额。但是,对于损失因果关系的认定,需要建立在可预见规则和价值衡量的基础之上,并且区分证券市场发行人及其关联主体和证券市场中介服务结构之间的责任分配和承担。

事实上,正如经常可以看到的那样,市场是由各种各样的投资者组成的,从观察信息的普通消费者到研究市场交易算法的精英机构投资者都难以数计。当面对欺诈市场理论诉讼的主张时,美国法院经常会将这些内容

考虑在内,将重大性的评估与投资者的环境相结合。[1] 日本学者提出,公害案件中的因果关系证明有三种观点:第一,盖然性说,证据优越情况下的超过50%的盖然性。第二,“事实上的推定”理论,是指原告没有直接证据证明事实存在,根据经验法则可以推定该事实存在。如环境污染案件中,追究污染源到企业大门,除非企业证明自身不是污染源,否则就推定企业是污染源。第三,流行病学(疫学)因果关系。根据流行病学观点,某个因素与疾病之间建立因果关系需要满足四个条件:第一个条件是该因素在疾病发生前产生作用;第二个条件是该因素与疾病之间具有同步增大的量与效果关系;第三个条件是该因素的分布、消长与发生的疾病可以没有矛盾的合理说明;第四个条件是该因素与结果的关系与生物学理论之间没有矛盾,可以合理说明。通过这种流行病学证明损害与被告行为之间的因果关系,作为法律责任要件的事实上的因果关系也被视作得到证明。[2] 但有的情况下,证明了群体性因果关系并不意味着不需要证明个体性因果关系。[3]

第二节 影响信息而非影响价格的交易因果关系抗辩

传统欺诈市场理论基础上的虚假陈述交易因果关系抗辩是对于价格影响的抗辩,其抗辩效果明显不足,因为价格影响或者价格扭曲往往是一个客观现象,虽然是表面的客观现象,但是如果需要举证推翻价格影响,对于证券虚假陈述侵权案件中的被告来说,十分困难。而将抗辩焦点集中在信

[1] Ann. M. Lipton, *Fact or Fiction: Flawed Approaches to Evaluating Market Behavior in Securities Litigation*, 20 *Transactions*, Tennessee Journal of Business Law 741,745(2019).

[2] 参见[日]吉村良一:《日本侵权行为法》(第4版),张挺译,中国人民大学出版社2013年版,第76页。

[3] 参见[日]吉村良一:《日本侵权行为法》(第4版),张挺译,中国人民大学出版社2013年版,第76页。

息重大性方面，就给了被告充分的法律依据和合理空间。

一、并非基于虚假陈述信息的交易行为抗辩

(一)虚假陈述实施之前的交易

虚假陈述交易因果关系的抗辩，对于信息欺诈，只要证券市场发行人及其他主体证明投资者在虚假陈述实施之前实施的交易行为，那么就可以排除交易因果关系。

(二)知情投资者的自愿交易

2022 年《证券市场虚假陈述侵权规定》第 12 条第 2 项规定了交易因果关系不成立的两种情形。第一种情形是投资者在证券交易时已经知道或者应当知道存在虚假陈述；第二种情形是投资者所主张的虚假陈述行为已经被证券市场广泛知悉。知情不仅反映了原告不是基于信赖而进行的投资交易，而且反映了投资者(原告)对于交易行为不需要保护的主观状态和客观结果。因此，知情投资者的投资交易行为与虚假陈述信息之间不成立因果关系。

但是，对于知情投资者的交易行为与虚假陈述信息之间是否一定不成立因果关系这一问题，仍然存在争议。因为知情投资者对于虚假陈述信息的信赖可能是正向信赖，也可能是反向信赖，因此，知情投资者的交易不宜简单归类于不成立因果关系的抗辩事由。

(三)非自主行为导致的无因果关系交易

这里的非自主行为，一般包括证券市场发行人的送股、配股、股权激励的解锁、股权质押的解锁等非投资者在虚假陈述信息披露时可以自主决定的行为。非自主行为受到虚假陈述信息披露的影响产生的价差损失，不宜认定成立交易因果关系。

二、虚假陈述信息之外的介入因素引发的交易行为抗辩

《美国侵权法重述(第二次)》规定了判断新原因介入的重要考虑因素

包括:介入因素造成的损害结果与过失行为原本导致的损害结果属于不同种类的损害结果;事件发生后的结果不是一般情况下的结果而是特殊情况下的结果;介入因素与过失行为导致的损害结果无关;介入因素是过失行为产生的非正常结果;介入因素是第三人应当作出但未作出行为导致发生的事件;介入因素是第三人实施的违法行为并且第三人应承担损害赔偿责任;第三人的违法行为造成介入因素具有可归责性。[1]

(一)证券市场发行人及其他主体重大信息的披露

投资者实施的多元投资过程中,对业绩造假的虚假陈述信息进行披露时,若证券市场发行人及其他主体披露了并购重组、投资合作等重大信息,证券市场发行人及其他主体能够证明投资者实施的交易是基于并购重组、投资合作等重大信息,或者能够排除虚假陈述信息的信赖推定情形的,不成立交易因果关系。

(二)政府政策的调整或者变更

证券市场发展过程中,法律法规很难跟上其速度,交易所的交易规则以及政府政策往往承担维护证券市场稳定的责任和义务,故因政府政策的调整或者变更导致的交易行为,与虚假陈述信息的披露之间不成立交易因果关系。

(三)外部环境的客观变化

外部环境的变化,如国际环境的变化导致石油、天然气价格上涨,以及汽车芯片的短缺,俄乌战争的影响等所导致的交易行为,与虚假陈述信息的披露之间不成立交易因果关系。

三、与虚假陈述信息无关的违法行为引发的交易行为抗辩

我国学者提出,2003 年《证券市场虚假陈述赔偿规定》第 19 条抗辩事

---

[1] 参见郭峰主编:《虚假陈述证券侵权赔偿》,法律出版社 2003 年版,第 263 页。

由中第3款和第5款分别规定了明知虚假陈述进行的投资和恶意投资、操纵证券价格的违法行为,这两种情形可以用来证明投资者的证券交易没有受到虚假陈述的影响,可以就虚假陈述交易因果关系不成立进行抗辩。此外,并没有规定虚假陈述行为人能够对欺诈市场理论的有效市场或价格影响提出其他抗辩,欺诈市场理论被强行推定。[1] 2022年《证券市场虚假陈述侵权规定》对具体的违法行为进行了列举式的规定,解决了上述学者的质疑。

(一)内幕交易

根据我国《证券法》第53条的规定,证券交易内幕信息的知情人和非法获取内幕信息的人,在内幕信息公开前,不得买卖该公司的证券,或者泄露该信息,或者建议他人买卖该证券。内幕交易的主体与虚假陈述的主体存在部分重合。内幕交易的主体包括证券内幕信息的知情人员,以及非法获取内幕信息的人员。其中知情人员包括证券市场发行人及其董事、监事、高级管理人员,公司控股股东、实际控制人及其董事、监事、高级管理人员,由于公司任职或者业务往来获取内幕信息的人员等。内幕信息的范围与虚假陈述信息的范围基本相同,但是内幕信息的范围大于虚假陈述信息的范围,因为部分内幕信息没有信息披露的义务。

内幕信息知情人员利用内幕信息从事内幕交易的行为属于违法行为,因违法行为的阻断功能,在内幕交易期间发生的虚假陈述信息披露与内幕信息知情人员的交易行为之间不成立交易因果关系。

(二)操纵市场

根据我国《证券法》第55条的规定,影响或者意图影响证券交易价格或者证券交易量的操纵证券市场的行为包括八种情形:第一种情形是单独或者通过合谋,集中资金优势、持股优势或者利用信息优势联合或者连续买卖;第二种情形是与他人串通,以事先约定的时间、价格和方式相互进行证

---

[1] 参见耿利航:《欺诈市场理论反思》,载《法学研究》2020年第6期。

券交易；第三种情形是在自己实际控制的账户之间进行证券交易；第四种情形是不以成交为目的，频繁或者大量申报并撤销申报；第五种情形是利用虚假或者不确定的重大信息，诱导投资者进行证券交易；第六种情形是对证券、发行人公开作出评价、预测或者投资建议，并进行反向证券交易；第七种情形是利用在其他相关市场的活动操纵证券市场；第八种情形是操纵证券市场的其他手段。

操纵市场的违法行为阻断虚假陈述交易因果关系的依据在于，操纵市场者不是证券市场信息的被动接收者，他们往往是证券市场的主动出击者，他们对于市场的分析、发行人及其他主体的行为分析以及信息披露真假的分析，都远超过一般投资人的判断，其能力甚至超过专业机构的分析能力，因此，投资者如同时系操纵市场者，那么其交易行为与虚假陈述信息之间不成立交易因果关系。

（三）其他违法行为

证券市场中还有一些其他违法行为，如利用未公开的信息进行交易，俗称“老鼠仓”；编造虚假信息或者误导信息进行交易的行为；窃取、挪用客户证券账户资金等损害客户利息的行为等。

“老鼠仓”的主体大部分是证券监管部门、证券交易所、证券公司、证券登记结算结构等有途径接触证券市场发行人未公开信息的人员。这里的未公开信息一般是内幕信息以外的信息，一般不包括在虚假陈述信息范围内。编造虚假信息或者误导信息的情形，其涉及的信息为故意编造，与虚假陈述信息存在部分重合，但是区别在于其主体的特殊性和偶发性，编造虚假信息或者误导性信息的人员大多属于券监管部门、证券交易所、证券公司、证券登记结算结构等的人员，以及媒体人员等，其行为后果主要是扰乱证券市场。窃取、挪用客户证券账户资金等损害客户利息的行为，其主体是特殊主体，是有权利接触和管理客户证券账户的证券公司及其从业人员，其行为往往是为了借用、占用、挪用客户资金而实施的交易，与虚假陈述信息之间不成立交易因果关系。

第三节　虚假陈述实施时证券价值的损失因果关系抗辩

不同于传统欺诈市场理论对于虚假陈述实施日至揭露日期间的价格影响或者价格扭曲的损失因果关系抗辩，修正欺诈市场理论对于虚假陈述损失因果关系的抗辩会集中在影响虚假陈述实施时证券价值的计算与衡量上。他人操纵市场、证券市场风险、特定事件的过度反应，以及上市公司内外部经营环境均可以作为抗辩理由。

一、他人操纵市场导致的证券价值偏移

（一）他人操纵市场行为阻断了虚假陈述交易因果关系

操纵市场的行为，基于其本身的违法性，替代了虚假陈述的侵权行为模式，他人操纵市场行为阻断了虚假陈述与投资者交易之间的交易因果关系，损失因果关系相应地也就不在讨论范围内。王云英与文峰大世界公司证券虚假陈述责任纠纷案中，根据法院审理查明的事实，文峰股份 2014 年 12 月 23 日发布公告称文峰集团向陆永敏及郑素贞各转让 14.88% 的股权，实系与徐翔等人操纵市场行为相关联，其目的在于向证券市场释放文峰股份优化公司股权结构及增强股票流动性的信息，以利于徐翔与文峰股份优化公司时任董事长徐长江合谋共同拉升股价，实现高位减持套现，性质上应属于徐翔与徐长江操纵市场行为的一部分。因此，虽然文峰股份优化公司在公告中未如实披露陆永敏系代文峰集团持有 15% 左右比例股权这一信息，且因此受到中国证监会处罚，构成虚假陈述，但是该虚假陈述行为及其产生的后果已经被文峰股份优化公司发布“高送转”等信息、徐翔控制账户组实施交易、徐长江通过大宗交易减持等行为覆盖，其中构成的操纵市场违法行为实际造成了证券价格异常波动，故王云英以虚假陈述为由要求文峰股份优

化公司承担赔偿责任的主张,法院不再予以支持。[1]

通过上述案例可以看出,他人操纵市场的行为中,虚假陈述行为对投资者实施证券交易的因果关系难以成立,信赖和重大性都流失于操纵市场的违法行为中。操纵市场的行为一定程度上阻断了虚假陈述与投资者交易之间的交易因果关系。

(二)操纵市场的后果覆盖了虚假陈述信息的损失因果关系

操纵市场的违法行为情形下,由于操纵市场行为对于证券价值影响巨大,相较于虚假陈述信息与投资者交易损失,好比蚍蜉与大树,水滴与海洋,虚假陈述的损失因果关系完全被操纵市场的行为后果覆盖,没有必要再给与投资者单独衡量和救济。吴顺忠与上海岩石公司证券虚假陈述责任纠纷案中,法院认为,首先,上海岩石公司的虚假陈述行为、鲜言的违规操纵股价行为,虽然基于行政处罚存在一定的关联性,但却是作为各自独立的行为被处罚的,处罚对象亦不相同,故不能把两者混为一谈。其次,两者在期间上存在较短的重叠之处。鲜言的违规操纵行为,操纵期间为2014年1月17日至2015年6月12日,而上海岩石公司虚假陈述行为的实施日为2015年5月11日,重叠时间并不长。当吴顺忠的投资损失由两种证券侵权行为共同造成时,应向不同的侵权主体分别进行索赔。该案中,吴顺忠向进行虚假陈述行为的上海岩石公司索赔,而未向操纵市场行为的鲜言索赔,故鲜言操纵市场行为造成的吴顺忠损失,应在该案投资损失中予以扣除。[2]

操纵市场的危害性和损害后果程度远大于虚假陈述的侵权行为,所以操纵市场行为所造成的损害后果基本可以将虚假陈述损失因果关系及其损失覆盖。这种情形下,再另行认定虚假陈述损失因果关系和损失,实无必要。

二、与虚假陈述信息无关的证券市场风险

2022年《证券市场虚假陈述侵权规定》已经不区分系统性风险和非系

〔1〕参见江苏省高级人民法院(2017)苏民终2154号民事判决书。
〔2〕参见上海金融法院(2018)沪74民初721号民事判决书。

统性风险。司法实践中，法院考虑的是证券市场规模性的或者批量性的指数变化方面的风险，如深成指数、上证综合指数等证券市场综合指标的变化。就损失因果关系的推翻而言，被告可以举证其他因素导致了投资者的损失结果，从而推翻或者部分推翻损失因果关系，减少被告赔偿责任。大庆联谊虚假陈述案中，法院认为对证券市场产生普遍影响的风险因素的特征在于系统风险因共同因素所引发，对证券市场所有的股票价格均产生影响，这种影响是单个企业或者行业所不能控制，投资人也无法通过分散投资消除的情形。江苏省高级人民法院在司法裁判中尝试通过采用大盘综合指数与行业指数等来综合认定系统风险。然而，证券市场的风险往往以证券市场的综合指数、流通股总市值等因素综合体现出来，在确定风险导致的损失结果时不能采用单一认定标准，需要在综合分析上证综合指数、沪市全部A股流通股总市值、纵横国际所在的机械类行业板块指数、机械类行业A股流动股总市值这四类数据变动情况的基础上加以把握。测定证券市场风险最佳的方法是行业指数，在缺乏行业指数情况下，可以考虑大盘指数。原告也可以举证存在股价下跌的系统风险。[1] 上述法院对于系统风险的分析和论述，可以用来作为证券市场风险的具体参考内容。

金正大公司、冯军证券虚假陈述责任纠纷一案中，中证服务中心在对证券市场的风险进行测算时，根据金正大公司的企业性质、行业类型、业务范围以及金正大公司股票在特定时期内的涨跌幅等情况，综合参考比对与该案个股最紧密的深证综合指数、基础化工行业指数、复合肥行业指数在同时期的涨跌幅等因素，移运加权平均计算出应当扣除的证券市场的风险比例。[2] 前述风险应属于证券市场风险的范畴。

---

〔1〕 参见樊健：《我国证券市场虚假陈述民事责任理论与实践的新发展》，法律出版社2021年版，第114页。

〔2〕 参见山东省高级人民法院(2022)鲁民终2368号民事判决书。

三、与虚假陈述信息无关的证券市场特定事件过度反应

（一）过度反应中断虚假陈述损失因果关系的特征

证券市场特定事件的过度反应，一般表现在证券市场发行人及其他主体的信息或者事件，在常态化、非特殊性时间，由于媒体的特别报道、公众的特殊情感等产生的过度反应，如“采熊胆”事件和“宝马冰淇淋”事件。过度反应常出现在多虚假陈述信息叠加的情形中，如广东聚达公司与北汽蓝谷公司证券虚假陈述责任纠纷案中，法院在考虑两项虚假陈述行为对于投资者市场决策的影响和市场反应程度等因素的基础上进行了综合认定。该案中，两项虚假陈述行为揭露日相距较近，中间仅隔两个交易日，市场对于前一项虚假陈述行为的反应还来不及充分释放，后一项虚假陈述行为的揭示进一步叠加影响，对投资者的决策综合发生作用，使后一个虚假陈述行为揭示后的市场反应能够完整体现出两个虚假陈述行为共同作用的结果。[1]

（二）过度反应中断虚假陈述损失因果关系的后果

证券市场特定事件的过度反应，由于其规模大，金额高，关联性强，所以其可以覆盖虚假陈述信息与交易损失之间的损失因果关系。对于借助专家报告信息认定是否成立虚假陈述因果关系的情形，有学者认为，专家报告的可行度与专家个人主观判断其实相差无几，双方专家得出完全想法的结论是正常现象。对于虚假陈述是否导致价格影响，法院经常需要结合案件虚假陈述的类型、情节等进行综合评价，一方面来看，如果公司隐瞒重大亏损，即使信息公布时不存在可观测的股价变动，从常理上亦可认定存在价格影响；另一方面来看，如果公司虚假陈述情节轻微，即使价格变动可观测，也很有可能是市场过度反应导致。[2]

广东聚达公司与北汽蓝谷公司证券虚假陈述责任纠纷案中，法院提出，

---

〔1〕 参见北京市第二中级人民法院（2019）京02民初805号民事判决书。

〔2〕 参见耿利航：《欺诈市场理论反思》，载《法学研究》2020年第6期。

在短期先后存在重大担保和重大诉讼的情形下，北汽蓝谷公司主张应以重大担保事件的揭露日作为计算投资差额损失的依据，但是在投资者损失受到两项虚假陈述行为共同影响的情况下，仅以之前的一项虚假陈述行为揭露日作为计算依据，显然不能涵盖在后的虚假陈述行为对投资者的影响，更何况该案重大诉讼事件信息相较于重大担保事件信息显然对投资者的投资决策影响更大。实际上，北汽蓝谷公司之所以提出该项主张，是因为按照其主张的时点计算投资损失，会比按照重大诉讼事件相关时点计算投资损失，赔偿更少。如果北汽蓝谷公司的该项意见成立，则会导致以下的结果：北汽蓝谷公司如果只实施重大诉讼事件一项虚假陈述行为，只能按照重大诉讼事件时点计算损失，反而赔偿会更多；而北汽蓝谷公司实施了两项虚假陈述行为，则要按照重大担保事件时点计算损失，赔偿却更少。此结果不合常理。[1]

四、与虚假陈述信息无关的上市公司内外部经营环境

（一）内部经营环境对虚假陈述损失因果关系的中断

上市公司内部经营环境，一般包括质量认证体系的规则要求、“ESG”（环境、社会责任、治理）方面的经营管理要求。内部经营环境的重大变化，会导致覆盖虚假陈述信息与交易损失之间的损失因果关系。所谓的非金融损失或者金融损失其实是一个误区。即使非常坚持金融损失的观点，事实上已经有大量关于环境的、社会的，以及公司类似行为方面的研究表明内部经营环境的变化会对股票市场价值的评估以及公司获利能力方面产生影响。[2] 内部经营环境相当于上海交通大学中国金融研究院在证券投资者损失核定意见书中提到的因重大资产重组的发布和终止导致的股价波动，以及签订重大合同和合作协议引起的股价波动，还有公司实行退市风险警示带来的股价波动等内部环境，也有些类似于损失核定意见中提到的风格

[1] 参见北京市第二中级人民法院(2019)京02民初805号民事判决书。

[2] Donald C. Langevoort, *Disasters and Disclosures: Securities Fraud Liability in the Shadow of a Corporate Catastrophe*, 107 The Georgetown Law Journal 967,1012 (2019).

因素,具体包括规模因素(股票市值)、价值因素(公司估值)、贝塔因素(股票对市场风险反应程度)、盈利因素(公司的盈利水平)、杠杆因素(公司杠杆率)、成长因素(公司销售或盈利成长速度)、动量因素(股票收益历史表现)、波动率因素(股票交易波动率)和流动性因素(股票换手率)。

金正大公司、冯军证券虚假陈述责任纠纷案中,金正大公司提出的业绩大幅下滑、分红记录中断、管理水平欠佳、被众多指数剔除、股票质押风险爆发、重大收购失利、限售股解禁预期等抗辩因素及其具体表现和发生时间,以及在对重大收购未能完成业绩时的承诺、为子公司提供担保、股权补充质押等因素,[1]张兰兰、大连天宝绿色食品公司证券虚假陈述责任纠纷案中,法院考虑的公司经营状况恶化、债务逾期导致诉讼、资产冻结风险增加等多种因素,[2]这些因素应属于内部经营环境的范畴。

(二)外部经营环境对虚假陈述损失因果关系的中断

上市公司外部经营环境,如俄乌冲突、汽车芯片短缺、人工智能技术的快速发展导致的技术变革等非常态化的事件。由于该等非常态化事件导致的天然气、石油相关上市公司证券交易量的变化和价格扭曲,汽车业相关上市公司证券交易量和交易价格的变化,可以覆盖虚假陈述信息与交易损失之间的损失因果关系。美国学者提出,法院否认优化信息披露系统或者其救济方式是他们的责任或义务,这应该是美国国会和美国证监会的责任。推动实现股票价格的准确性需要继续投入更多的努力。[3] 外部经营环境有些类似于上海交通大学中国金融研究院在证券投资者损失核定意见书中提到的大盘因素、行业因素等,以及张兰兰、大连天宝绿色食品公司证券虚假陈述责任纠纷案中,法院考量的国际政治经济关系与出口国贸易政策变化等宏观因素。[4]

---

[1] 参见山东省高级人民法院(2022)鲁民终2368号民事判决书。

[2] 参见辽宁省大连市中级人民法院(2021)辽02民初504号民事判决书。

[3] Donald C. Langevoort, *Disasters and Disclosures: Securities Fraud Liability in the Shadow of a Corporate Catastrophe*, 107 The Georgetown Law Journal 967,1016 (2019).

[4] 参见辽宁省大连市中级人民法院(2021)辽02民初504号民事判决书。

第六章　证券虚假陈述因果关系的类型化研究

由于证券市场的复杂性和多样性，证券虚假陈述侵权行为多种多样。不同的虚假陈述侵权行为，应当具体问题具体分析地适用因果关系认定规则。我国证券市场多年来的快速发展和日益丰富的司法实践，涌现出各种各样的证券虚假陈述侵权行为。比如，从理论和实践的不同性质上来看，存在基于价格扭曲的虚假陈述因果关系认定和基于信息欺诈的虚假陈述因果关系认定；从证券市场参与主体来看，侵权主体方面存在发行人，控股股东，实际控制人，董事、监事、高级管理人员等内部人与中介服务机构、外部供应商、合作商等外部人的虚假陈述因果关系之分；从证券市场的公开性来看，存在公开市场和不公开或者不完全公开的市场中虚假陈述因果关系的区分；从证券种类来看，有担保的证券和无担保的证券不应一概适用同样的虚假陈述因果关系认定规则。

第一节　不同欺诈性质的虚假陈述因果关系类型化研究

2003 年《证券市场虚假陈述赔偿规定》没有对诱空型

虚假陈述的因果关系认定进行规定,但是制定者充分考虑了诱空型虚假陈述在证券市场中的罕见性。然而,基于理论界广大学者从理论完善和规则完善的角度进行的呼吁,2022 年《证券市场虚假陈述侵权规定》相应规定了诱多型虚假陈述和诱空型虚假陈述的不同类型。但是,仍然值得探讨。因为证券市场虚假陈述实质上不是价格欺诈而是信息欺诈,不需要区分诱多和诱空。

一、基于价格欺诈的虚假陈述因果关系区分诱多和诱空

诱多型虚假陈述和诱空型虚假陈述的区分是基于虚假陈述行为导致的损害后果差异,即证券价格的变化。2022 年《证券市场虚假陈述侵权规定》根据理论界的广泛呼吁,在 2003 年《证券市场虚假陈述赔偿规定》规定诱多型虚假陈述的基础上,完善了诱空型虚假陈述的规定。但是证券市场的客观现实并没有改变,从价格变化的角度来看,市场上绝大多数虚假陈述是诱多型虚假陈述,并没有因为理论上的完整而形成诱多型虚假陈述和诱空型虚假陈述平分市场的情形。

现有法院判例中,诱空型判例屈指可数。石岳定与北大医药公司、北大资源集团等证券虚假陈述责任纠纷案中,法院认为,西南合成集团对外虽呈现为控股股东减持股票,但实际仍由北大资源控股持有股票,属于隐藏利好消息,发布利空消息,属于诱空型虚假陈述,该行为不会导致投资者积极买入股票。[1] 陈新华、陈炽昌、全通教育证券虚假陈述责任纠纷案中,法院认为,以虚假陈述对投资人的影响情况为标准,可以将虚假陈述划分为诱多型虚假陈述与诱空型虚假陈述。诱多型虚假陈述通常指信息披露义务人对披露的事实采用虚夸、利好的方式进行公布,从而引诱投资人作出积极投资的决定。而诱空型虚假陈述,通常是指信息披露义务人披露虚假的利空消息,或者隐瞒实质性的利好消息不予公布或者不及时公布,使投资者在股价向下运行或相对低位时卖出股票,而虚假陈述被揭露或者被更正后股价又上涨,从而使投资者遭受损失的行为。判断一个消息是利多还是利空,要从一

---

〔1〕 参见重庆市第一中级人民法院(2018)渝 01 民初 432 号民事判决书。

般理性投资者的角度看信息是否符合投资者对公司经营状况的预期。2017年2月20日，全通教育根据陈炽昌、林小雅报送的股份减持告知函相关文件，发布了关于控股股东、实际控制人股份减持计划实施情况的公告。披露了2017年2月16日林小雅以大宗交易方式减持近500万股，减持比例接近1%。2017年2月17日，陈炽昌以大宗交易方式减持一千余万股，减持比例接近2%。陈炽昌与林小雅系夫妻关系，且同为全通教育实际控制人，一般理性投资者在面对实际控制人短期内较大比例的减持公告时，通常会理解为实际控制人对企业的经营状况没有信心或急于套现，故该减持消息应属于利空消息。陈炽昌、林小雅隐瞒股份代持关系，向全通教育报送的《股份减持函》存在虚假记载，违反了《证券法》第63条的规定，构成《证券法》第193条第2款所述的虚假陈述，陈炽昌、林小雅的虚假陈述属于诱空型虚假陈述。[1]

2001年至2022年，证券虚假陈述侵权案件的判决书数量达到了8万件左右，然而涉及诱空型虚假陈述的判例却依然是个位数。由此可见，诱空型虚假陈述类型不具有普遍意义，也缺乏代表性。诱空型虚假陈述的因果关系认定也会因为缺少充分的研究分析样本而难以得出行之有效的结论。2022年《证券市场虚假陈述侵权规定》虽然响应了理论界一直以来对于诱多型虚假陈述和诱空型虚假陈述的完整性类型要求，但是该分类并没有反映出司法实践中的现实需要。

二、基于信息欺诈的虚假陈述因果关系不区分诱多和诱空

根据修正欺诈市场理论，虚假陈述中的欺诈行为属于信息欺诈而非价格欺诈。因此在信息欺诈的同时，虚假陈述损失因果关系及损失即可确定，不会过多涉及后续价格扭曲和买入卖出行为。对于虚假陈述中可能存在的诱导行为，完全可以归类于操纵市场的违法行为进行规范和处理。

毛建民与上海游久公司、代琳等证券虚假陈述责任纠纷案中，法院提

[1] 参见广东省高级人民法院(2019)粤民终2413号民事判决书。

出，信息披露违规、违法行为应当承担行政责任，但不一定构成诱多、诱空的民事证券欺诈行为。我国现行法律、行政法规、规章，以及证券交易所业务规则等规范性文件规定的上市公司信息披露义务，基本涵盖了所有投资者决策可能需要的信息。上市公司及相关信息披露义务人必须按照规定真实、准确、完整、及时、公平地披露信息，否则依法履行监督管理职责的行政部门即可认定相关主体构成信息披露违法，并责令承担相应的行政责任。而证券虚假陈述赔偿责任在本质上属于侵权责任，其构成须具备过错、损害和因果关系三个要件。在证券虚假陈述侵权案件审理中，法院审查行为违法性和过错的同时，也需审查行为和损害结果之间的因果关系。如果所涉信息不会对投资者的投资决策、股票价格产生实质影响致投资人损失，那么该行政违法行为与投资者的损失之间即缺乏因果关系。[1]

周建明与湖南尔康制药公司、帅放文证券虚假陈述责任纠纷案中，法院认为，依照证券法律法规的规定，上市公司就多种内容的信息均具有披露义务，不同内容的信息对证券价格的影响亦各有不同。现该公告仅提示湖南尔康制药公司有违规嫌疑，仅阅看此公告并不必然将其与湖南尔康制药公司2016年的年报建立联系，也无从知晓湖南尔康制药公司可能存在的信息披露违法事项属于诱多行为还是诱空行为，更无法据此合理判断该公司股票价格之后的走向，客观上不具备收到足够警示的条件。[2]

从上述湖南、上海地区法院的案例可以看出，传统价格欺诈的认定规则下，如果虚假陈述实施后，证券价格并没有发生实质性的变化，那么就会出现无法判断信息披露违法事项究竟属于诱多还是诱空的情况。易言之，现行司法实践中，如果无法判断诱多和诱空，则不能认定或者推定构成价格欺诈。然而从信息欺诈的角度，是否构成侵权或者欺诈，依据的是虚假陈述是否违反法律法规规定或者信息披露方面的其他要求。只要构成违反，则构成欺诈，就具备了虚假陈述因果关系的认定基础，不会因为后续没有造成证

〔1〕 参见上海金融法院(2018)沪74民初1185号民事判决书。
〔2〕 参见湖南省长沙市中级人民法院(2019)湘01民初3045号民事判决书。

券价格扭曲，而导致虚假陈述因果关系不成立，从而逃脱侵权责任的承担。因此，信息欺诈的虚假陈述因果关系认定中，不需要区分诱多型虚假陈述和诱空型虚假陈述。

第二节　不同主体的虚假陈述因果关系类型化研究

证券市场不同主体对信息的敏感程度也是不同的。市场上的专业人员也会推动股票价格回归有效水平，因为众多的专业人员会跟踪和分析市场上股票发行量较大的公司或者可能会产生重大信息的公司，从而获得较高的投资收益。[1] 当今的证券市场，很多投资者是基于对做市商、研究员、投资经理等专业人员的信息信赖而进行的投资，而非直接信赖市场上的信息。但是欺诈市场理论并不直接惩罚专业人员，因为专业人员并没有法律上的义务将证券价格维持在有效率的水平，他们的动机只是追求经济利益。[2] 欺诈市场理论并不会简单直接对投资者有利，只有当法院认为公司信息的财产权利可以依据欺诈市场理论得到有效分配时，才会对投资者利益进行保护。[3] 因此，不同主体，尤其是证券市场发行人在虚假陈述因果关系认定方面，其内部人和外部人理应适用不同规则。

一、内部人和外部人的虚假陈述因果关系认定

（一）内部人的虚假陈述因果关系认定

内部人的虚假陈述因果关系来源于信息披露义务的规范要求。不同内

〔1〕 Jonathan R. Macey & Geoffrey P. Miller, *Good Finance, Bad Economics: An Analysis of the Fraud-on-the-market Theory*, 42 Stanford Law Review 1059, 1086 (1990).

〔2〕 Jonathan R. Macey & Geoffrey P. Miller, *Good Finance, Bad Economics: An Analysis of the Fraud-on-the-market Theory*, 42 Stanford Law Review 1059, 1090 (1990).

〔3〕 Jonathan R. Macey & Geoffrey P. Miller, *Good Finance, Bad Economics: An Analysis of the Fraud-on-the-market Theory*, 42 Stanford Law Review 1059, 1091 (1990).

部人的身份是否都应纳入虚假陈述侵权责任的范围,仍有争议。对于拟制主体的公司,是否应斟酌将其排除在被告之外,也是一个问题。而且,公司之外的其他被告并非都为首恶,应区分责任。如果违法情节轻微且监管部门给与了警告等处分,投保机构再进行索赔属于重复处罚。即使将公司等信息披露义务人都列为被告,投保机构也可以考虑通过和解的方式,合理确定赔偿总额,并根据不同被告在虚假陈述中所起到的作用、过错程度、因果关系等安排责任分担,使各被告罚当其责。[1]

1. 控股股东和实际控制人的虚假陈述因果关系认定

证券市场发行人的控股股东和实际控制人,一直是证券市场监管的核心对象,因为他们是通过证券市场获取利益的主体,也是最有可能进行虚假陈述的"首恶"。

周琴、国信证券虚假陈述责任纠纷案中,一审法院认为,虚假陈述行为的主要实施人是华泽钴镍的实际控制人王应虎、王涛、王辉等人,具体的违法行为是利用关联公司占用华泽钴镍的资金,违规为他人担保等。由于华泽钴镍实际控制人有意识的欺诈行为,在欺骗投资者的同时,也向国信证券、瑞华会计师事务所提供虚假材料、隐瞒相关事实。而国信证券作为保荐人,除了在审计工作中投入更多的精力外,没有其他强有力的手段对上市公司实际控制人的行为加以规制,国信证券对华泽钴镍实际控制人的上述行为并不知情,亦无通过行政手段调查、制裁华泽钴镍实际控制人之责任和能力,其主要过错在于在保荐华泽钴镍股票恢复上市及持续督导的过程中未勤勉尽责,疏忽大意。[2] 因此,华泽钴镍实际控制人刻意隐瞒的关联交易行为与投资者买卖股票受到的损失之间成立虚假陈述因果关系,并且是投资者受到损失的主要原因。在投资者缺少信赖以及交易因果关系证据的情形下,可以依据欺诈市场理论进行信赖推定以及认定交易因果关系成立。

陈新华、陈炽昌、全通教育证券虚假陈述责任纠纷案中,法院认为,从一

---

〔1〕 参见耿利航:《欺诈市场理论反思》,载《法学研究》2020 年第 6 期。
〔2〕 参见四川省高级人民法院(2020)川民终 293 号民事判决书。

般的理性投资人角度出发，当面对实际控制人短期内较大比例减持公告时，通常会理解为实际控制人因对企业的经营状况没有信心而认为当时股价虚高或是实际控制人急于套现，一般应属于利空信息。[1] 何小英因与时空客集团、东兴证券等证券虚假陈述责任纠纷一案中，法院认为，被告时空客集团与其实际控制人王恩权之间存在关联交易，未披露的关联交易时间跨度近两年，交易总规模近2亿元，导致尚有6000余万元资金未归还公司，故时空客集团从事的关联交易属于可能对公司的资产、负债、权益和经营成果产生重要影响之情形，属于重大事件，被告时空客集团未及时披露该关联交易信息行为构成《证券法》和2003年《证券市场虚假陈述赔偿规定》中规定的"虚假陈述"。[2] 法院依据2003年《证券市场虚假陈述赔偿规定》投资者交易证券的时间范围的法定要求的规定，推定交易因果关系成立，没有要求投资者去证明虚假陈述与证券交易之间的信赖关系。

由上述案例可见，控股股东和实际控制人的一举一动，对证券市场发行人的经营情况、利润预期、未来发展等方面都有着举足轻重的影响。在缺乏信赖和因果关系证据的情形下，可以适用欺诈市场理论推定虚假陈述交易因果关系的成立。

2. 董事、监事、高级管理人员的虚假陈述因果关系认定

证券市场发行人的董事、监事、高级管理人员一般需要进行区分，对于发行人股东、实际控制人委派担任的董事、监事、高级管理人员，其实际上代表着股东、实际控制人的利益，也属于"首恶"的范围；对于发行人股东大会选举产生的职工董事、外部董事、独立董事、外部监事、职工监事等人员，不属于"首恶"的范围，这些人员进行虚假陈述的动机很弱，可能性也很小。

北京同德普惠投资管理中心、江亭河等证券虚假陈述责任纠纷一案中，法院认为，上市公司董事、监事、高级管理人员应当保证上市公司所披露的信息真实、准确、完整。上市公司信息披露的真实、准确、完整、及时、有效，

---

〔1〕 参见广东省高级人民法院(2019)粤民终2413号民事判决书。

〔2〕 参见辽宁省大连市中级人民法院(2019)辽02民初1794号民事判决书。

有赖于全体董事、监事以及相关高级管理人员勤勉尽责,实施必要的、有效的监督。这种监督既包括监督上市公司依照法律法规规定和监管部门要求,建立并完善信息披露制度,也包括通过日常履职和检查督促公司切实执行有关规则,还包括能够及时发现公司信息披露上存在的问题,及时督促改正,对拒不改正的,及时向监管部门举报。新三板挂牌公司亦应如此。对于董事、监事违反勤勉义务的民事责任承担问题,2014 年《证券法》第 69 条[1]规定,发行人的控股股东、实际控制人、董事、监事、高级管理人员和其他直接责任人员以及保荐人、承销的证券公司及其直接责任人员,应当与发行人承担连带赔偿责任,但是能够证明自己没有过错的除外。2003 年《证券市场虚假陈述赔偿规定》第 21 条规定了上市公司发起人、发行人或者上市公司本身对其虚假陈述给投资人造成的损失承担民事侵权责任。发行人、上市公司负有责任的董事、监事和经理等高级管理人员对前述的损失承担连带赔偿责任。但有证据证明无过错的,应予免责。从上述规定可以看出,应根据相关人员在公司中所处的实际地位、在信息披露文件的制作中所起的作用、取得和了解相关信息的渠道及其为检验相关信息所做的努力等实际情况,审查、认定其是否存在过错以及因果关系。如果认定不参与、不知悉虚假陈述行为的董事、监事与组织、策划、主导虚假陈述行为的董事、监事认定相同的因果关系并承担连带赔偿责任,将严重有失公允。[2] 法院对于公司法定代表人和组织实施虚假陈述的公司副董事长、总经理,以及制作财务账簿、执行虚假陈述信息披露的公司董事、副总经理、董事会秘书以及财务负责人等对亨达公司信息披露虚假记载行为负有直接责任的人员,认定虚假陈述因果关系成立。公司其他董事、监事因没有尽到勤勉尽责义务,也一并认定虚假陈述因果关系成立。上述人员的虚假陈述损失因果关系的责任范围比例均是全部责任。对于公司独立董事,由于不参与公司日常经营管理,不执行公司具体业务,法院酌定其与虚假陈述损失因果关系的责任范围比

---

〔1〕 2019 年《证券法》第 85 条。

〔2〕 参见山东省高级人民法院(2020)鲁民终 3132 号民事判决书。

例为10%。

因此,证券市场发行人的董事、监事、高级管理人员在虚假陈述因果关系方面,不应当一概适用欺诈市场理论推定交易因果关系的成立,或者以未履行勤勉尽责义务适用欺诈市场理论推定交易因果关系成立,而是需要结合董事、监事、高级管理人员是否参与组织、策划、主导虚假陈述行为,以及勤勉尽责的程度,是否存在过错等情形谨慎进行虚假陈述损失因果关系的认定,尤其是谨慎认定损失因果关系中的责任范围比例。

(二)外部人的虚假陈述因果关系认定

外部人的虚假陈述因果关系来源于信息的质量与可预见规则的责任限缩,不宜按照内部人标准认定虚假陈述因果关系并施加以严格的赔偿责任。

1.券商、保荐人的虚假陈述因果关系认定

证券市场的股票发行、债券发行、融资融券行为,都离不开券商,即证券公司。它们是证券市场运行和发展的中坚力量,它们的专业意见中包含了其他证券中介服务机构的基本意见。虚假陈述因果关系认定中,券商的虚假陈述损失因果关系认定范围,常常会比其他证券中介服务机构的损失因果关系范围要大一些。

招商证券与李淮川、周向东证券虚假陈述责任纠纷案中,法院认为,招商证券公司作为独立财务顾问,应对重组的程序、估值作价和信息披露及操作的合规性进行独立的评判。在招商证券公司所出具的《独立财务顾问报告》中,其在对中安科公司置入资产即中恒汇志公司对中安消技术公司持有的100%股权的定价进行合理性分析的基础上作出了交易作价合理、公允的认定,然后根据之后中国证监会作出的《行政处罚决定书》认定中安消技术公司的评估值存在严重虚增的情形。招商证券公司显然对此未尽审核义务,使中安科公司公告的重大资产重组文件存在虚假记载、误导性陈述。从原因力的角度来看,投资者根据案涉重大资产重组等市场信息作出投资决策,其中盈利预测、交易定价等均是投资者判断公司价值的重要因素。案涉

“班班通”项目占中安消技术公司2014年度预测营业收入的26%，构成相关评估和交易定价的重要基础，从而对中安科公司股票价格和投资者交易决策造成一定影响。[1] 因此，法院将招商证券公司的虚假陈述损失因果关系的责任范围比例酌定在了全部损失的25%。

周琴、国信证券虚假陈述责任纠纷案中，结合法院认为部分可以看出，根据2003年《证券市场虚假陈述赔偿规定》的规定，国信证券承担责任的范围应当与其主观过错程度相匹配。《证券法》的立法目的在于切实维护投资者合法权益，通过民事责任追究实现震慑违法的功能，维护资本市场公开、公平、公正的市场秩序。因此，有必要评价不同主体的侵权行为所造成的后果，以区分各自应当承担的责任份额，实现责任与侵权行为、因果关系、主观过错程度相匹配。在该案中，虚假陈述行为的主要实施人是华泽钴镍的实际控制人王应虎、王涛、王辉等人，具体的违法行为也是利用关联公司占用华泽钴镍的资金，违规为他人担保等。由于华泽钴镍实际控制人有意识的欺诈行为，在欺骗投资者的同时，也向国信证券、瑞华会计师事务所提供虚假材料、隐瞒相关事实，从实际控制人角度来说，可以认定虚假陈述交易因果关系成立。然而国信证券作为保荐人，除了在审计工作中投入更多的精力外，亦没有其他强有力的手段对上市公司实际控制人的行为加以规制，国信证券对华泽钴镍实际控制人的上述行为并不知情，亦无通过行政手段调查、制裁华泽钴镍实际控制人之责任和能力，其与投资者购买证券的行为之间不宜直接认定虚假陈述交易因果关系的成立。保荐人的主要过错在于保荐华泽钴镍股票恢复上市过程及持续督导过程中未勤勉尽责，疏忽大意。在共同侵权中，华泽钴镍存在主观故意，国信证券是基于过失，华泽钴镍应当赔偿周琴的全部损失，国信证券在其过失范围内承担连带赔偿责任。[2] 该案中的虚假陈述因果关系是基于保荐人保荐华泽钴镍股票恢复上市以及持续督导中未勤勉尽责和疏忽大意而进行的认定。一审法院将国信证券的

〔1〕 参见上海市高级人民法院(2020)沪民终666号民事判决书。
〔2〕 参见四川省高级人民法院(2020)川民终293号民事判决书。

虚假陈述损失因果关系的责任范围比例认定在40%，然而二审法院认为国信证券如果在工作中勤勉尽责，尽到注意义务，则投资者的损失完全可以避免，因此将虚假陈述损失因果关系的责任范围比例调整为100%。

上述案例对于券商的虚假陈述因果关系的认定，是结合券商是否勤勉尽责、是否疏忽大意，以及是否存在过错来进行综合判断的。有时法院在判决书中并没有明确指出虚假陈述因果关系的认定内容，而且需要结合勤勉尽责和责任承担来反推虚假陈述因果关系，尤其是损失因果关系认定的责任范围比例。值得注意的是，正因为法院在案判中没有充分重视虚假陈述损失因果关系的认定规则，才会出现不同个案的损失因果关系的责任范围比例存在明显的差异。

2. 其他证券中介服务机构的虚假陈述因果关系认定

会计师事务所、律师事务所、评级机构、资产评估机构等组成了证券市场的证券中介服务机构主体。它们为证券市场发行人及其他主体提供审计评估、法律意见、信用评级等中介服务，按照法律规定、行业标准提供专业意见。美国学者将其称之为证券市场"看门人"。我国证券监管部门也强化对证券中介服务机构的监管，强调中介服务机构要发挥"看门人"作用，"装睡"则严惩。因此司法实践中，法院对于证券中介服务机构的虚假陈述因果关系的认定，普遍是支持态度。

银信资产评估公司、江苏保千里公司等证券虚假陈述责任纠纷一案中，法院详细说明，现代证券市场交易的涉众性、标准化、虚拟化和即时性特征，使其高度依赖充分有效的信息披露，而市场又存在信息不对称和非均衡等固有缺陷。一个充分有效的市场，必须确保信息披露的真实性、准确性和完整性。正因为此，证券市场围绕信息服务的专业分工越来越细，市场主体的重大交易、投资者特别是中小投资者的投资决策越来越依靠证券中介服务机构提供的专业意见和信息，越来越离不开对专业机构的信赖，而市场监管法律法规体系也有相当一部分是围绕信息披露建立的。包括评估审计机构在内的各类专业证券中介服务机构作为市场"看门人"角色对证券市场公平有效运行至关重要。《证券法》第173条与第223条对专业机构出具资产评估报告的勤勉义务以及对所依据的文件资料内容的真实性、准确性、完整性进行核查和验证的义务作出了规定。2003 年《证券市场虚假陈述赔偿规定》对证券中介服务机构违反上述义务的责任进行了进一步明确。为了确保证券市场的审计评估机构认真履职,监管机构还制定了《资产评估准则》等相关业务指引提出具体要求。另外,从证券中介服务机构的工作特点和成本考量,为了保障证券中介服务机构能够充分适当履行职责,也不应对证券中介服务机构苛以过重乃至于超出其职责范围的注意义务,而是需要保持一定的平衡。否则,动辄得咎必然会打破市场各方的责任边界,走向良好目的的反面,也不利于市场投资者的理性成长。根据《证券法》的规定,为证券的发行、上市或者证券交易活动出具审计报告、资产评估报告或者法律意见书等文件的专业机构和人员,必须按照执业规则规定的工作程序出具报告,对其所出具报告内容的真实性、准确性和完整性进行核查和验证。

基于上述《证券法》法律法规及信息披露方面的相关要求,投资者基于对银信公司披露的信息产生信赖而实施证券交易,即构成虚假陈述交易因果关系。对于虚假陈述损失因果关系,银信公司提出了抗辩。银信公司认为,基于处罚决定认定的事实,存在造假合同对应虚增江苏保千里电子公司估值近 3 亿元,约占整个公司估值约 30 亿元的 10%;评估报告对江苏保千里电子公司未来收入预测误差、对江苏保千里公司股价和投资者损失的影响比例不超过 10%。换言之,银信资产评估公司实际上是强调其在虚假陈述损失因果关系的责任范围比例认定过程中不应当超过 10%。但是一审法院指出,虚增估值占比仅是一个因素。从造假合同的数量占比来看,评估依据的江苏保千里电子公司相关意向性合同一共有 28 份,其中有 9 份存在造假情况,占比近 30%;案涉虚假陈述行为的市场影响非常恶劣,造成了股票持续跌停。如前所述,证券中介服务机构的严格履行职责,对投资者的投资决策具有重要影响。综合考量银信资产评估公司行为的过错程度、虚增估值占比、对市场的影响及其与投资者所遭受损失的因果关系等因素,一审法院酌定认为的虚假陈述损失因果关系的责任范围比例应当是全部损失的30%。[1]

招商证券与李淮川、周向东证券虚假陈述责任纠纷案中，法院认为，现代证券市场中，信息披露的真实、准确、完整是维护证券市场有效运行的必要条件。市场投资者特别是中小投资者的投资决策高度依赖证券中介服务机构提供的专业意见。包括会计师事务所、评估机构、律师事务所、独立财务顾问等各类证券中介服务机构作为市场“守门人”对于维护整体市场的“公平、公正、公开”和有效运行发挥着关键性的作用。《证券法》对专业机构的勤勉义务包括对所依据的文件资料的真实性、准确性、完整性的核验义务作了要求。2003年《证券市场虚假陈述赔偿规定》对证券中介服务机构的义务和责任作出了进一步规定。中国证监会等监管机构根据不同业务分类，对证券中介服务机构的具体履职要求和注意义务作出了具体规定。同时，为了实现证券中介服务机构有效履职，应当考量其工作特点和审核成本，将其注意义务和责任范围界定在合理范围之内，明确其责任边界，实现各证券中介服务机构“各司其职、各负其责”，对各自专业相关的业务事项履行特别注意义务，对其他业务事项履行普通注意义务。关于证券中介服务机构是否勤勉尽责，应视其是否按照相关法律、行政法规、部门规章和行业执业规范等，对所依据的文件资料内容进行核查和验证。关于证券中介服务机构的责任范围，也应考量其行为性质、过错程度以及与投资者损失之间的原因力等因素予以综合认定。瑞华事务所系涉案重大资产重组的审计机构。中国证监会作出的《行政处罚决定书》中认定，中安消技术公司存在虚增评估值及营业收入的违法行为，而对中安消技术公司进行审计及盈利预测审核的机构正是瑞华事务所。虽瑞华事务所进行审计及审核所依据的均是中安消技术公司提供的相关财务资料，但瑞华事务所作为专业审计机构，应严格按照审计准则的要求、执行充分适当的审计程序对这些资料尽到审查义务。现经中国证监会查实中安消技术公司存在虚增评估值及营业收入

[1] 参见广东省高级人民法院(2020)粤民终1807号民事判决书。

的违法行为，瑞华事务所亦未能提供充分证据证明其对此不存在过错，故瑞华事务所在虚假陈述损失因果关系的责任范围比例应是100%。律师事务所在重大资产重组中发表法律意见，主要是对交易主体、步骤、程序等是否符合相关法律法规进行严格审查，并通过详尽的书面资料发表结论性的法律意见，以杜绝重大资产重组中的非法操作。《律师事务所从事证券法律业务管理办法》第14条和第15条规定了律师出具法律意见的依据和效力。从依据来说，律师在出具法律意见时，对与法律相关的业务事项应当履行法律专业人士特别的注意义务，对其他业务事项履行普通人一般的注意义务，其制作、出具的文件不得有虚假记载、误导性陈述或者重大遗漏。从法律意见书的效力来看，律师从国家机关、具有管理公共事务职能的组织、会计师事务所、资产评估机构、资信评级机构、公证机构（以下统称公共机构）直接取得的文书，可以作为出具法律意见的依据，但律师应当履行该办法第14条规定的注意义务并加以说明；对于不是从公共机构直接取得的文书，经核查和验证后方可作为出具法律意见的依据。该案中，华商律师事务所作为专业中介服务机构，为案涉重大资产重组出具《法律意见书》。从该意见书的内容来看，华商律师事务所虽对涉案重大资产重组作出了定价公允的结论，但该结论是基于评估机构对相关资产定价的评估来确定的，华商律师事务所并非专业的审计或评估机构，其仅是从合法性、合规性角度对该定价予以评价，故要求华商律师事务所对基于专业机构评定的资产价值的准确性、真实性、完整性负责，于理无据。[1] 因此，华商律师事务所的法律服务与投资者的损失之间不成立虚假陈述因果关系。

从上述案例可以看出，证券中介服务机构的虚假陈述因果关系，也是需要结合过错来综合认定。对于因果关系和过错的认定依据，是通过履职是否符合法律规定以及行业规则来判断的。值得注意的是，并不是所有的法院都按照“全有或全无”的方式来认定中介服务机构与投资者损失之间的虚假陈述因果关系。一般情况下，法院更倾向于认定虚假陈述因果关系成立，

---

〔1〕 参见上海市高级人民法院（2020）沪民终666号民事判决书。

并同时确定虚假陈述损失因果关系的责任范围比例。

二、不同投资者类型的虚假陈述因果关系认定

不同投资者类型，对证券市场信息的吸收能力和研究分析能力参差不齐，甚至差距很大。如果一概适用欺诈市场理论来认定虚假陈述因果关系，长此以往，就会导致普通投资者对证券市场信息的关注度逐渐降低甚至忽视，专业投资者对证券市场信息的研究与分析也会流于形式。

（一）普通投资者的虚假陈述因果关系认定

普通投资者可以适用欺诈市场理论来认定虚假陈述因果关系。占卫东、安徽新力金融公司证券虚假陈述责任纠纷案中，法院认为，对于普通投资者而言，仅通过阅看公告并不能清楚地判断出安徽新力金融公司实施了虚假陈述行为以及实施的究竟是诱多还是诱空性虚假陈述，股票价值是虚高还是畸低，也无法以此判断公司股票价格后续走势，客观上缺乏风险提示的指向性。[1] 徐一军与上海大智慧公司等证券虚假陈述责任纠纷案中，法院认为，2003 年《证券市场虚假陈述赔偿规定》对因果关系的推定，旨在减轻普通投资者在虚假陈述赔偿案件中的举证责任。投资者即使不是直接信赖虚假陈述而做出投资决策，也是受反映了虚假陈述的价格的影响而投资。换言之，投资者系基于对股票市场价格的信赖而作出投资决定，而非基于对特定信息的充分了解和分析，即使投资者不知晓虚假信息的存在，只要该虚假信息对股票的市场价格产生了影响，使其发生扭曲，即可认定相应虚假陈述行为与投资者损失间具有因果关系。[2] 虽然该案是基于传统欺诈市场理论中以有效市场为基础对普通投资者的认定，但是同样适用于修正欺诈市场理论下普通投资者的认定。

---

〔1〕 参见安徽省高级人民法院（2018）皖民终 525 号民事判决书。

〔2〕 参见上海市第一中级人民法院（2017）沪 01 民初 1285 号民事判决书。

（二）专业投资者的虚假陈述因果关系认定

专业投资者不宜适用欺诈市场理论来认定虚假陈述因果关系。目前已有部分法院对专业投资者的虚假陈述因果关系认定提出有别于普通投资者的要求。例如，大成基金案中，宁夏回族自治区高级人民法院认为基金公司属于专业投资机构，其具备证券市场投资的特别技能、知识、经验及专业分析研究能力，也有着严格的投资决策程序，因此基金公司不同于普通证券市场投资人。基金公司进行证券投资，不但要严格遵循其投资决策程序，而且必须对其专业分析研究能力、特别技能、知识和经验加以运用，否则如果其信赖一个不具备这些条件的普通投资可能合理信赖的虚假陈述，那么就是不合理的信赖。〔1〕该判决包含三个问题：其一是机构投资者是否限于金融类机构投资者，如银行、社保基金、券商等，是否区分一般公司或上市公司等普通机构投资者，这些机构投资者是否需要比普通投资者有更高的注意义务，这有待最高人民法院进一步明确。其二是机构投资者是否需要证明主观过错情况，举证有无程度上的要求。机构投资者如果证明其研究分析和决策，如提交投资研究报告，履行投资决策委员会审议决定程序，就可以证明履行了机构投资者应有的注意义务。其三是机构投资者如果违反注意义务是否不能适用交易上因果关系的推定。机构投资者在有限的时间里，依据相对充分的信息作出投资决策，因此存在若干不周延和瑕疵也是不可避免的事情，科以严苛的注意义务反而会使机构投资者在投资时畏首畏尾，过于保守和谨慎，不利于实现投资者的目的。只要机构投资者在投资决策时没有故意或重大过失，依旧适用交易上的因果关系成立的推定。最高人民法院支持该观点。〔2〕张芙蓉、安徽白兔湖动力公司等证券虚假陈述责任纠纷案中，法院认为，张芙蓉身为全国中小企业股份转让系统合格投资者，相

〔1〕参见樊健：《我国证券市场虚假陈述民事责任理论与实践的新发展》，法律出版社2021年版，第20页。

〔2〕参见樊健：《我国证券市场虚假陈述民事责任理论与实践的新发展》，法律出版社2021年版，第23页。

对普通投资者应当具备更高的风险识别能力和风险承受能力，其对所投资公司因自身经营不善、财务披露不实等因素导致的投资风险应尽到更高的审慎注意义务。[1] 浙江省高级人民法院审理的“祥源文化”案、山东省青岛市中级人民法院审理的“东方电子”案以及宁夏回族自治区高级人民法院审理的“银广夏”案等相关类案，认为专业投资机构在作出投资决定时没有尽到审慎投资的注意义务，不构成“合理信赖”，不应获得赔偿。[2] 相应的虚假陈述因果关系也不能成立。

但是，我国目前证券虚假陈述侵权案件中的主流裁判观点并未区分专业投资者与普通投资者。济南高新公司、万润明等证券虚假陈述责任纠纷案中，济南高新公司抗辩主张相关法律法规对专业投资者作出明确界定，并区别保护。《证券法》第 89 条首次明确划分了自然人投资者与专业投资者，并进行投资者适当性管理。北京天元公司作为证券市场专业的机构投资者，相对于普通投资者而言，应当负有更高的审慎注意义务，由于其未尽到审慎注意义务而造成的损失，与济南高新公司的虚假陈述行为没有因果关系，不应由济南高新公司承担赔偿责任。但是法院认为，在证券交易中，无论是机构投资者，还是普通投资者，均应认定为投资者。2003 年《证券市场虚假陈述赔偿规定》第 2 条规定，投资人是指在证券市场上从事证券认购和交易的自然人、法人或者其他组织。据此足以认定北京天元公司属于 2003 年《证券市场虚假陈述赔偿规定》中的投资人。并且，不应因投资人身份差别而认定注意义务的高低。注意义务的高低应根据交易市场和交易方式来确定。北京天元公司系通过证券交易所进行的证券交易，投资者均是根据上市公司披露的信息进行判断，而后进行投资交易，其交易场所和交易方式与自然人投资者并无不同。山东天业公司也未举证证明北京天元公司存在获知山东天业公司实际经营状况的其他渠道。因此，机构投资者和普通投资者的注意义务在该案中无法作出明显区分，山东省高级人民法院对济南

[1] 参见安徽省安庆市中级人民法院(2021)皖 08 民终 2272 号民事判决书。

[2] 参见湖南省高级人民法院(2021)湘民终 867 号民事判决书。

高新公司的抗辩不予支持。[1]

虽然司法实践中仍然对专业投资者一视同仁,与普通投资者一并适用欺诈市场理论来认定虚假陈述因果关系成立与否,但是专业投资者对于证券市场的研究、各方面信息的熟悉程度远高于普通投资者,对其适用传统侵权责任因果关系认定方式,有助于证券市场的稳定发展,提高证券市场的韧性,更为妥当。

第三节 不同层级市场的虚假陈述因果关系类型化研究

不同层级市场的虚假陈述因果关系来源于信息披露的要求和市场的规范性和发展程度。不同于市场有效性的经济学定义。英国对于股票发行阶段虚假陈述,持投资者可请求公司或相关责任人承担损害赔偿责任(推定过失)的观点。虽不要求原告证明交易信赖,但是原告必须证明虚假陈述与投资者损失之间的因果关系,那些招股说明书公开很久以后,已经不再对证券价格产生影响的情况下,原告从市场买入股票的投资者将不符合因果关系联系的条件。在交易市场,公司除非故意欺诈,否则不承担民事责任,原告须证明对虚假陈述信赖是合理的,不允许欺诈市场理论推定。欺诈的行政处罚更有效。[2] 在德国,对于发行阶段的虚假陈述,证券法的规定与美国1933年证券法第11条相同,公司赔偿总额限定在发行金额以内。对于二级市场虚假陈述,证券法没有规定民事责任。有些法院根据侵权法判决公司或董事在主观故意的情形下承担对外赔偿责任,原告同时需要证明因信赖而交易,拒绝引入欺诈市场理论认定因果关系成立。[3] 正如法院所强调的

---

〔1〕 参见山东省高级人民法院(2022)鲁民终913号民事判决书。

〔2〕 参见耿利航:《欺诈市场理论反思》,载《法学研究》2020年第6期。

〔3〕 参见耿利航:《欺诈市场理论反思》,载《法学研究》2020年第6期。

那样,美国证监会所制定的要求公众公司披露信息的规则应当得到遵守,投资者是这些规则和命令的受益者。按照规则要求,投资者应当有权信赖公司是遵守规定进行信息披露的,除非有相反的消息。这个义务要件必须满足。[1] 换言之,公众公司的虚假陈述交易因果关系首先应当得到满足。

一、公开市场的虚假陈述因果关系认定

(一)证券发行的虚假陈述因果关系认定需要信赖要件

证券发行阶段,如 IPO 发行、非公开发行、可转债发行,涉及的证券数量多、金额大,证券市场上的投资者一般应当阅读公开披露的相关发行文件,了解发行人的经营情况和财务情况,从而作出决策和实施相应的投资行为。发行阶段可以对信赖要件要求较高的证明责任。有学者提出两个问题:第一个问题是因果关系如何体现,是需要投资者实际阅读信息,还是其他间接方式亦可。第二个问题是因果关系的举证责任如何分配。[2] 证券市场的信息渠道和参与主体非常多,阅读的证明和认定会多种多样。举证责任的分配也会更多考虑证券市场的稳定和公平,更多考虑投资者利益保护。荷兰最高法院在司法裁判中要求招股说明书的误导行为和投资决策之间存在因果关联。然而,法院同时认为投资者事实上可能并没有查阅招股说明书。错误陈述对投资者的影响可能是间接的,通过市场上基于错误陈述的分析所提出的一些建议或者流行观点。法院要求发行人来证明投资者在购买证券时没有直接或间接地信赖虚假陈述的信息。[3] 德国法要求招股说明书的虚假陈述与投资决策之间存在因果关联,除非证券并不是基于招股说明书所购买或者投资者在购买证券时明知招股说明书的内容存在欺诈。这种

---

[1] Donald C. Langevoort, *Disasters and Disclosures: Securities Fraud Liability in the Shadow of a Corporate Catastrophe*, 107 The Georgetown Law Journal 967, 994 (2019).

[2] Bas J. Jong, *Liability for Misrepresentation – European Lessons on Causation from the Netherlands*, 8 Electronic Code of Federal Regulations 352, 355 – 356 (2011).

[3] Bas J. Jong, *Liability for Misrepresentation – European Lessons on Causation from the Netherlands*, 8 Electronic Code of Federal Regulations 352, 356 (2011).

因果关系所基于的信赖可能不是一个法律形式，而是一个心理形式，即招股说明书的发布让投资者产生一种证券可以购买的心理状态。[1]

有学者认为，无论是在证券发行市场还是在证券交易市场，只要被告的虚假陈述行为所涉及的事实属于重大事实，就可以直接推定原告的损害与被告的虚假陈述行为之间具有事实因果关系，除非被告举证推翻这种推定。具体原告需要证明的事项有：原告就重大事实进行了虚假陈述；原告投资标的物证券是该虚假陈述直接关联的证券；原告以该证券为标的物的交易时间（买入或卖出）必须在虚假陈述实施日之后，真相公布日（包括虚假陈述揭露日或更正日）之前。[2]

（二）持续信息披露的虚假陈述因果关系认定需要重大性要件

证券市场发行人及其他主体，在持续经营管理期间，需要按照证券法律法规和交易所交易规则要求，履行持续性信息披露义务，如临时报告、定期报告以及诉讼仲裁报告等重大事项信息披露。投资者在发行人持续经营管理期间的投资决策和投资行为需要更多关注信息的重大性要件。

首发市场和二级市场也会有区别。首发市场的虚假陈述产生的价值增加到了公司总价值中，但是二级市场中的虚假陈述产生的价值是在不同投资者之间发生转移，因为二级市场中如果存在因信赖虚假陈述而卖出股票的投资者，那么必然同时存在买入股票的投资者，其中一方投资者受到损失，但是另一方投资者获得收益，而不是收益归于虚假陈述的公司或者其他主体。欺诈会影响投资者管理他们的资本。公司在首发市场销售证券时披露很多信息是为了吸引投资者。如果披露的是虚假陈述信息，投资者将会以虚高的价格购买证券，公司投资的项目定价也名不副实。

有学者认为，二级市场中，即使欺诈事实成立，认定虚假陈述因果关系

---

〔1〕 Bas J. Jong, *Liability for Misrepresentation – European Lessons on Causation from the Netherlands*, 8 Electronic Code of Federal Regulations 352, 359 (2011).

〔2〕 参见郭峰主编：《虚假陈述证券侵权赔偿》，法律出版社2003年版，第299–300页。

成立并要求公司巨额赔偿的正当性也存疑。因为与发行阶段欺诈不同，在二级市场上，公司并非交易主体，不仅没有动力造假，本身也是内部人虚假陈述的受害者。公司对外赔偿实际上是投资者之间的自我支付，即曾为公司股东的原告和现有公司股东这两类投资者群体之间的财富循环游戏。[1] 理论上，解决投资者自我支付和威慑失灵问题的对策是不追究公司责任，而要求认定公司背后的董事、高级管理人员等真正欺诈责任人与投资者损失之间成立虚假陈述因果关系并承担全部或者大部分对外赔偿责任。[2]

二、不完全公开交易市场的虚假陈述因果关系认定

（一）适用虚假陈述因果关系认定标准的法律依据

2022 年《证券市场虚假陈述侵权规定》第 1 条规定的适用范围包括两个层面：第一个层面是适用于证券交易所发行、交易证券过程中的虚假陈述侵权民事赔偿案件；第二个层面是可以参照适用于按照国务院规定设立的区域性股权市场中发生的虚假陈述侵权民事赔偿案件。司法解释明确规定了区域性股权市场可以参照适用 2022 年《证券市场虚假陈述侵权规定》规定。早在 2022 年《证券市场虚假陈述侵权规定》之前，法院就已经开始了探索扩大证券市场的范围。在上海德骏公司与山东新绿食品（新三板）、海通证券虚假陈述责任纠纷案中，法院认为，根据 2003 年《证券市场虚假陈述赔偿规定》第 2 条第 2 款的规定，该规定所称证券市场，是指发行人向社会公开募集股份的发行市场，通过证券交易所报价系统进行证券交易的市场，证券公司代办股份转让市场以及国家批准设立的其他证券市场。可见 2003 年《证券市场虚假陈述赔偿规定》并未排除适用于新三板市场。而且，虽新三板市场开始运营的时间晚于 2003 年《证券市场虚假陈述赔偿规定》公布实施日期，但根据《国务院关于全国中小企业股份转让系统有关问题的决定》（国发〔2013〕49 号，以下简称《新三板市场问题的规定》）的规定，全国中

〔1〕 参见耿利航：《欺诈市场理论反思》，载《法学研究》2020 年第 6 期。

〔2〕 参见耿利航：《欺诈市场理论反思》，载《法学研究》2020 年第 6 期。

小企业股份转让系统是经国务院批准，依据《证券法》设立的全国性证券交易场所，故新三板市场与其他主板市场法律属性具有共性，亦属于国家批准设立的公开证券交易场所。此外，现阶段的新三板市场，仍以《证券法》及相关法律法规内容作为适用依据。《新三板市场问题的规定》表明，中国证监会应当比照《证券法》关于市场主体法律责任的相关规定，实施行政处罚。中国证监会审议通过的《非上市公众公司监督管理办法》也规定，公司及其他信息披露义务人应当按照法律、行政法规和中国证监会的规定，真实、准确、完整、及时地披露信息，不得有虚假记载、误导性陈述或者重大遗漏。公司及其他信息披露义务人未按照规定披露信息，或者披露的信息有虚假记载、误导性陈述或者重大遗漏的，依照《证券法》的有关规定进行处罚。可见，虽新三板市场在流动性及定价机制与主板市场之间存在差异，但新三板市场在信息披露规则、法律适用依据等方面的特征与主板市场具有共性，新三板市场属于“国家批准设立的其他证券市场”，难以因新三板市场流动性与主板市场存在差异等问题否定其系全国性证券交易场所之属性。故新三板市场应当属于2003年《证券市场虚假陈述赔偿规定》所称的证券市场，新三板市场发生的虚假陈述责任纠纷案件可以适用2003年《证券市场虚假陈述赔偿规定》。[1]

（二）适用虚假陈述因果关系认定标准的价值考量

在虚假陈述侵权案件中，法院会充分考虑证券市场稳定发展的经济需要和保护投资者利益的制度要求。法院在北京同德普惠投资管理中心、江亭河等证券虚假陈述责任纠纷一案审理中提出，该案涉及新三板市场证券虚假陈述行为，法院在依法保护投资者合法权益，严格落实信息披露制度基础上，主要考虑了新三板市场的特点，兼顾了证券市场各方利益，根据责权利相统一原则，对该案各方当事人的民事利益进行了平衡，旨在对新三板市场依法规范，又鼓励其发展。该案各方当事人及相关市场主体，亦应依法规

〔1〕 参见上海金融法院(2018)沪74民初125号民事判决书。

范市场行为,共同维护证券市场健康有序发展。[1]

(三)适用虚假陈述因果关系认定标准的反对意见

不完全公开市场包括市场发展尚不健全的证券交易市场(如新三板市场)和公开性较弱的区域股权市场,这里的证券交易涉及的投资者人数较少,资金量不大,但是信息披露的规定和要求相对健全,因此不宜简单套用证券市场的虚假陈述因果关系认定标准,不宜直接适用欺诈市场理论。如山东省高级人民法院在北京同德普惠投资管理中心、江亭河等证券虚假陈述责任纠纷案的二审中直接认定,新三板市场并非有效市场。[2] 该案的认定也引发了对于新三板市场不同层级的思考。例如,对于创新层可以适用虚假陈述因果关系认定标准,但是对于基础层暂不适用虚假陈述因果关系认定标准。

第四节 不同证券种类的虚假陈述因果关系类型化研究

不同证券类别对信息的反馈是有差别的。股票价格对于一些需要较高成本才能获得或者分析的信息反映会相对慢一些。换言之,市场对于获得成本比较高的信息来说是有效率地缺乏效率。债券相比股权证券来说,对不利消息的反应会小一些。因为有些债券类型属于可转换债券,在任何时间都可以转换为公司股票,[3] 或者债券一般会有相应的资产担保或者其他主体的保证担保。这些都会给债券持有人更多的保障,他们受到市场信息影响的程度就会比较小。不同证券种类的虚假陈述因果关系认定,实际

[1] 参见山东省高级人民法院(2020)鲁民终3132号民事判决书。
[2] 参见山东省高级人民法院(2020)鲁民终3132号民事判决书。
[3] Jonathan R. Macey & Geoffrey P. Miller, *Good Finance, Bad Economics: An Analysis of the Fraud-on-the-market Theory*, 42 Stanford Law Review 1059, 1085 (1990).

上与信息对证券价值的影响密切相关。不同于股票等无担保高风险证券，证券市场中存在大量的有担保债券、资产管理计划、信托基金等证券产品。这些证券都有基础资产作为担保，风险较低，不宜适用欺诈市场理论认定虚假陈述因果关系，而是应当优先适用《民法典》的担保相关制度，通过民事诉讼而非证券诉讼方式进行解决。

一、无担保证券的虚假陈述因果关系认定

无担保证券可以适用欺诈市场理论认定虚假陈述因果关系，无担保证券主要包括没有资产担保的股票（大宗交易和协议转让的例外情形）、信用债券、存托凭证、资产管理计划等证券品种。司法实践中，2001 年至 2022 年的证券虚假陈述侵权案件的判决书近 2 万件，绝大部分是关于股票的虚假陈述侵权案件，其中九成以上涉及因果关系的认定；只有 3000 件左右的证券虚假陈述侵权案件判决书是关于债券的，这些判决绝大多数涉及因果关系的认定。

另外，无担保证券的协议转让不适用欺诈市场理论认定虚假陈述因果关系也已经得到了法院的支持。陈辉、安徽白兔湖动力公司等证券虚假陈述责任纠纷一案中，法院认为，根据 2003 年《证券市场虚假陈述赔偿规定》第 3 条第 2 项规定，在国家批准设立的证券市场上通过协议转让方式进行的交易发生的民事诉讼，不适用该解释。原告与被告白兔湖公司签订了《股份认购合同》，该合同系当事人双方真实意思表示，且合同约定的内容不违反法律法规效力性强制性规定，合同合法有效，对双方当事人具有法律约束力。被告白兔湖公司系新三板挂牌企业，而新三板市场与上市公司公开募集资金的方式显然不同，原告与被告白兔湖公司是通过协议转让方式进行股票交易的，原告并无证据证明其与被告白兔湖公司就转让方式进行了变更，故法院认定原告通过协议转让方式认购了被告白兔湖公司的股票。根据 2003 年《证券市场虚假陈述赔偿规定》的规定，该案不适用该规定，据此，法院驳回了原告的诉讼请求。[1] 然而，2022 年《证券市场虚假陈述侵权规

[1] 参见安徽省桐城市中级人民法院（2021）皖 0881 民初 964 号民事判决书。

定》删除了关于不适用协议转让的规定，目前针对2022年《证券市场虚假陈述侵权规定》是否使用协议转让，还没有统一的观点。

二、有担保证券的虚假陈述因果关系认定

有担保证券是指有资产担保的公司债券、资产管理计划等证券品种，其不应适用欺诈市场理论认定虚假陈述因果关系，而应当优先通过《民法典》关于担保制度的民事诉讼方式解决。美国司法实践中，2006年美国纽约南区法院认为欺诈市场理论不适用于有抵押支持的证券。养老基金同样也难以证明是在一个有效市场进行交易。[1] 公司股票与公司债券在价格影响因素、是否存在增信或信用担保机制等方面存在不小的差别，因此欺诈市场理论是否能够适用到交易所公开交易的公司债券上，要做仔细的甄别。科菲（Coffee）教授认为，公司债券市场没有效率，因此欺诈市场理论不能适用到公司债券虚假陈述侵权案件中。[2]

2014年3月4日，上海超日公司宣布发行10亿元人民币“11超日债”无法全额兑付到期利息。债券投资者因虚假陈述提起民事侵权诉讼，案件中，被告认为公司债券不属于2003年《证券市场虚假陈述赔偿规定》所规范的对象，因此2003年《证券市场虚假陈述赔偿规定》不能直接用于该案进行裁判。对此法院简单认定公司债券属于《证券法》规定的证券范围，以及在深圳证券交易所交易的事实，从而认定适用2003年《证券市场虚假陈述赔偿规定》。法院并没有严格区分公司股票和公司债券的性质和区别，没有充分全面分析公司债券的特点是否属于2003年《证券市场虚假陈述赔偿规定》所规定的范畴，如分析师数量、成交数量和频率、信用评级等因素，法院

---

〔1〕 Matthew L. Mustokoff, *Fraud Not on the Market: Rebutting the Presumption of Classwide Reliance Twenty Years after Basic Inc. v. Levinson*, 4 Hastings Business Law Journal 225, 228 - 229 (2008).

〔2〕 参见樊健：《我国证券市场虚假陈述民事责任理论与实践的新发展》，法律出版社2021年版，第33页。

没有进行实质性论证。[1] 中信证券与东兴证券、吉林粮食集团收储经销有限公司、吉林粮食集团有限公司证券虚假陈述责任纠纷案中，法院也作出了同样的认定，法院认为，吉粮收储主张依据《证券法》第3条规定，对于证券的发行、交易活动，必须实行公开、公平、公正的原则。案涉债券为私募债券，并非公开发行，不应适用证券法的有关规定。依据《证券法》第2条第1款规定，只有在中华人民共和国境内的股票、公司债券和国务院依法认定的其他证券的发行和交易，才应当适用《证券法》；《证券法》未规定的，适用《公司法》和其他法律、行政法规的规定。《证券法》第10条同时规定，公开发行证券，必须符合法律、行政法规规定的条件，并依法报经国务院证券监督管理机构或者国务院授权的部门核准；未经依法核准，任何单位和个人不得公开发行证券。公开发行所需具备的条件包括：第一，需向不特定对象发行证券；第二，需向特定对象发行证券累计超过200人；第三，法律、行政法规规定的其他发行行为。并规定对于非公开发行证券，不得采用广告、公开劝诱和变相公开方式。证券按发行方式分为公开发行证券和非公开发行证券，而证券按性质又分为股票、公司债券和国务院依法认定的其他证券等，故非公开发行的公司债券属于证券法调整的对象。《公司债券发行与交易管理办法》第65条规定，对于非公开发行公司债券，发行人及其他信息披露义务人承担责任的情况包括未按规定披露信息，以及所披露的信息存在虚假记载、误导性陈述或者重大遗漏的情形。上述情形中，中国证券监督管理委员会有权对发行人、其他信息披露义务人及其直接负责的主管人员和其他直接责任人员可以采取该办法第58条规定的相关监管措施；情节严重的，处以警告、罚款。上述规定虽系中国证券监督管理委员会公布实施于2015年1月15日，并不适用于案涉"14吉粮债"，但由该规定可知非公开发行的公司债券虚假陈述所导致的侵权案件亦适用证券法关于虚假陈述的相

[1] 参见樊健：《我国证券市场虚假陈述民事责任理论与实践的新发展》，法律出版社2021年版，第26页。

关规定。[1]

目前证券虚假陈述侵权案件的司法实践中,对于有担保的证券,主要是公司债券,都纳入了欺诈市场理论的因果关系认定,这是不妥当的。不仅过度保护了证券市场投资者,而且也架空了《民法典》的担保制度。或许是因为目前有担保债券的证券虚假陈述侵权案件判决书只占到了涉及债券的判决书的 1/10 左右,而且法院几乎毫无例外地回避了债券担保责任的处理问题,才使目前对于有担保债券的虚假陈述因果关系认定问题没有大面积爆发。

〔1〕 参见吉林省高级人民法院(2019)吉民终 457 号民事判决书。

第七章　我国证券虚假陈述因果关系认定规则的完善

证券市场与其他市场在交易对象、交易金额等方面存在明显差异。如果单纯从惩罚违法违规行为或者保护投资者利益角度,都会对证券市场造成一定的不利影响。任何市场都不是完美的,也不会是一荣俱荣、一损俱损的。就证券虚假陈述侵权因果关系的认定而言,应在吸收传统侵权法领域的因果关系理论的基础上,合理修正从美国证券集团诉讼领域借鉴的欺诈市场理论,并结合我国证券市场发展现状和成长环境,通过法律规定和政策导向来完善虚假陈述因果关系的认定机制。对于虚假陈述民事诉讼的目标,耿利航教授总结美国学者的观点认为,应定位于有效威慑公司背后的意图欺诈者。美国学者的改革方案大致分为三类:其一是修改实体法,区分责任并规定赔偿限额。对于欺诈市场理论成立和司法适用的争议无关宗旨,交易因果关系要件都可以取消。关键改革是,即使二级市场交易中的公司要承担责任,也应当设置一个赔偿上限。公司高级管理人员不能脱责,但是为了避免过度威慑,应当根据其在虚假陈述中的作用、获益情况等承担限额赔偿责任。其二是重归普通法,要求投资者证明交易信赖。打击欺诈的正确方向是加强公共执法,因为公共执法的目标非盈利,会根据市场情况随时调整优先执法的目标和对象,也有动力区分处罚,而私人执法者无从监督。其三是考虑到公共执法预算和人员匮乏“瓶颈”,民事诉讼是公共执法的补充,诉讼、和解、律师费等应受到监管机关监视或批准。[1] 我国的2022年《证券市场虚假陈述侵权规定》相比2003年《证券市场虚假陈述赔偿规定》也明显进步,目前对于理论和司法实践中的问题和障碍,考虑到证券市场的特征以及我国的国情,需要继续进行修改和完善,但也不宜拔苗助长。

第一节 修补虚假陈述因果关系的侵权法理论基础

一、以条件说和法规目的说认定交易因果关系

条件说(“若无,则不”规则,即 but for 规则)可以有效认定单一信息和单一投资情形下的虚假陈述因果关系。法规目的说可以较好地认定混合信息和多元投资情形下的虚假陈述因果关系。

早期美国证券欺诈案件中,并没有采用近因因果关系分析方式,而是通过传统的信赖要素以及“若无,则不”原则来认定,即如果没有被告的不当行为,原告就不会实施这笔交易。[2] 关于特定情形下的损失因果关系,需要注意区分个人信赖案件中损失因果关系传统认定和欺诈市场理论或者开放市场案件中集团购买者基于某种程度上对于市场价格的依赖从而推定信赖和损失。[3]

我国司法实践中,法院无时无刻不在贯彻着法规目的说理论。刘剑、欣泰电气、兴业证券虚假陈述责任纠纷一案中,法院认为,2015年12月10日,

---

〔1〕 参见耿利航:《欺诈市场理论反思》,载《法学研究》2020年第6期。

〔2〕 Ann Morales Olazabal, *Loss Causation in Fraud - on - the - Market Cases Post - Dura Pharmaceuticals*,3 Berkeley Business Law Journal 337,343(2006).

〔3〕 Ann Morales Olazabal, *Loss Causation in Fraud - on - the - Market Cases Post - Dura Pharmaceuticals*,3 Berkeley Business Law Journal 337,346(2006).

欣泰电气再次发布《关于2015年半年度财务报告会计差错更正的公告》,首次对外说明了公司2015年上半年度财务报告会计差错并自行予以更正,该更正公告所揭露的虚假陈述内容虽不是欣泰电气在兴业证券保荐其上市过程中所作出的,而且中国证监会在此后作出的《行政处罚决定书》所认定的违法事实也未包含此项,但兴业证券在《关于设立欣泰电气欺诈发行先行赔付专项基金的公告》中同意增加该日为第二个更正日,而且设定第二个更正日可扩大赔付范围,更有利于保护投资者的利益,故法院确认该日为第二个更正日。[1] 上海大智慧公司、立信会计师事务所与孙进证券虚假陈述责任纠纷一案中,法院根据当时市场具体情况,遵循保护投资者利益的原则,酌情认定该案扣除证券市场系统风险因素为15%。[2] 延安必康公司、吴燕芬证券欺诈责任纠纷一案中,法院从保护投资者合法权益,规范证券市场行为,遏制证券虚假陈述,维护资本市场的公平、公开、公正角度出发,对延安必康主张股价下跌受公司业绩下滑、大股东质押平仓、重组失败等非系统风险因素的抗辩理由不予采信。[3]

由此可见,法院在证券虚假陈述交易因果关系认定中,涉及混合信息和多元投资的情形下,难以从传统侵权"若无,则不"规则来认定因果关系。法院倾向于从法规目的在于保护证券市场保护投资者利益的角度来进行价值衡量,认定因果关系成立。

二、以相当因果关系说和原因力理论认定损失因果关系

虚假陈述信息披露时的证券价格与其真实价值之间的计算方式和计算方法,还没有形成统一的结论。以相当因果关系说为基础来认定虚假陈述损失因果关系,较为妥当。其中单一信息和单一投资情形,可以采用事件研究法相对准确的认定损失因果关系及损失金额;混合信息和多元投资情形,

---

〔1〕 参见福建省高级人民法院(2019)闽民终1342号民事判决书。

〔2〕 参见上海市高级人民法院(2018)沪民终120号民事判决书。

〔3〕 参见陕西省西安市中级人民法院(2021)陕01民初310号民事判决书。

可以采用原因力理论和价值衡量来认定损失因果关系及损失金额。

在证券虚假陈述侵权案件中，目前部分美国法院使用侵权法中的“out of pocket”（净损失规则）认定一般规则，即原告支付的价格与证券的真实价值之间的差额。这种认定方法具有明显的正当性和合理性。有学者认为虚假陈述案件中，被告需要赔偿原告两方面的损失：一方面是让被告停止欺诈的赔偿，另一方面是避免欺诈损害结果的赔偿。[1] 但是，目前证券欺诈诉讼中的净损失（out of pocket losses）并不简单地等同于原告本应支付的股票的真实价值。真实价值需要通过投资者实际买入股票的价格与其买入时该股票本该具有的真实价值来衡量。原告本应支付的假设数量以及接受的真实价值，应当通过专家意见和事件研究法来提供。专家通过事件研究法来确定真实价值。事件研究法可以确定集团诉讼中欺诈行为期间股票价格的变化。美国联邦地区法院常常依靠专家证据来计算损失。[2] 这种通过专家意见和事件研究法来认定的方法，本质上也是对原因力的分析。

我国司法实践中，法院也逐渐重视原因力的认定和裁判。吴则江、金亚科技公司证券虚假陈述责任纠纷案中，法院根据该期间创业板指数的累计下跌幅度与金亚科技公司股票价格累计下跌幅度之比，确定系统风险对金亚科技公司股票价格下跌的原因力，并加以扣除，并未背离股票市场运行原理。法院综合考虑虚假陈述原因与创业板的系统风险较高等因素，根据公平原则，从直接比例法、相对比例法中酌情选择了相对比例法作为系统风险的扣除方法，认定应扣除系统风险为87.71%，属其自由裁量权的范畴。[3] 银信资产评估公司、江苏保千里有限公司等证券虚假陈述责任纠纷案中，法院认为，要确定银信公司承担连带责任的范围，应当综合考量案涉虚假陈述

---

〔1〕 A. C. Pritchard, *Halliburton* Ⅱ: *A Loser's Story*, 10 Duke Journal of Constitutional Law & Public Policy 27, 34 - 35 (2015).

〔2〕 Michael J. Kaufman & John M. Wunderlich, *Regressing*: *The Troubling Dispositive Role of Event Studies in Securities Fraud Litigation*, 15 Stanford Journal of Law, Business & Finance 183, 198 - 199 (2009).

〔3〕 参见四川省高级人民法院(2020)川民终890号民事判决书。

行为中各责任主体的过错程度及侵权行为原因力。在对损害结果所发挥的原因力上,导致案涉损害结果的原因主要是江苏保千里电子公司所提供的意向性协议造假。银信资产评估公司未对相关意向性协议适当关注并实施有效的评估程序,未能有效发挥“看门人”作用,阻止资本市场不当行为,但其行为产生损害必须以庄敏等第一责任人的侵权行为为前提,对损害结果的产生所起到的作用是第二位的。[1] 结合上述案例可以看出,原因力更侧重于动态衡量的过程,以及价值因素的考量。

第二节　完善虚假陈述因果关系认定规则

一、区分不同信息类型的重大性认定

虚假陈述侵权行为中的核心是信息欺诈。但是,2022 年《证券市场虚假陈述侵权规定》并未将信息重大性的认定依据作为证券法律法规及监管部门规章和规范性文件中的重大信息规定直接确定,而是规定了可推翻的重大性,即虚假陈述没有导致相关证券交易价格或者交易量明显变化的,则虚假陈述不具有重大性,即使其违反了证券法律法规及监管部门规章和规范性文件的规定。应当直接依据证券法律法规及监管部门规章和规范性文件对重大信息、重大事件的相关规定,认定虚假陈述信息的重大性,并进行分类,从而有效规范和约束证券虚假陈述侵权行为的发生。

有学者认为,我国现行《证券法》中认定事实是否具有重大性的标准是二元标准:其一,“投资者决策标准”,这一标准与美国采用的判断标准大体相同,都是以投资者作为判断事实是否具有重大性的中心,用于初始信息披露阶段。其二,“价格重大影响”标准,即以该事实对于上市公司的证券价格是否会产生重大影响作为判定事实是否具有重大性的标准,用于持续信息

---

〔1〕 参见广东省高级人民法院(2020)粤民终 1807 号民事判决书。

披露阶段。[1]

美国证券法中,信息分为自愿性披露的信息与依据证监会法规要求披露的信息。当涉及自愿性披露的信息是否构成欺诈并造成损失时,法院往往只关注该信息是否具有误导性,而不关注该信息是否是基于义务或者要求披露。[2] 一般认为投资者对于信息的渴求远超过法规要求披露的信息范围,尤其是关于预测性信息。任何金融资产的价值都依赖于其未来期望产生的资金流,而过去只是一个基础线。证券分析师们为了满足机构客户的要求,以及从销售角度包含阅读他们报告的公众投资者的需求,广泛搜集关于发行人未来预测信息的数据和项目。这些证券分析师们在 SEC 法规限制的范围中,寻找机会接触管理层信息,包括与管理层通电话或者参加管理层的私人会议。管理层的信息披露压力,还来源于金融媒体、股票交易所、立法者以及社会上和投资者中的积极分子,总的来说,这是不太自在的公共性需求中的一部分。[3]

从信息本身的特性来看,委婉语、夸大语,或者尽管容易误导但是技术上正确的语言信息是相当有害的。心理学上的证据表明,披露信息的人倾向于相信“摇摆不定”的信息会比直接虚假陈述的危害要轻一些。相比半真半假的信息,要求我们不要说谎的内在规则显得十分脆弱。因此,相较于一个低级的谎言,个人更容易被“摇摆不定”的信息欺诈。如果语言的重要性值得关注,法院应当特别警告那些在重大危机事件时利用上述手段的尝试,不能让他们肆意妄为。[4] 换言之,这是关于如何正确地信赖、认定虚假陈述信息对投资者进行证券交易的客观而真实的影响,而不应当是简单的“若无,则不”的因果关系。这个观点把欺诈市场理论假设看作了一种“法律上

---

〔1〕 参见郭峰主编:《虚假陈述证券侵权赔偿》,法律出版社 2003 年版,第 304 – 305 页。

〔2〕 Donald C. Langevoort, *Disasters and Disclosures: Securities Fraud Liability in the Shadow of a Corporate Catastrophe*, 107 The Georgetown Law Journal 967,979(2019).

〔3〕 Donald C. Langevoort, *Disasters and Disclosures: Securities Fraud Liability in the Shadow of a Corporate Catastrophe*, 107 The Georgetown Law Journal 967,980(2019).

〔4〕 Donald C. Langevoort, *Disasters and Disclosures: Securities Fraud Liability in the Shadow of a Corporate Catastrophe*, 107 The Georgetown Law Journal 967,985 (2019).

的恩惠”。美国联邦最高法院在 Basic 和 Halliburton Ⅱ 案中认定投资者对市场价格稳定性的信赖,并不是因为聪明的投资者幼稚地信赖管理层的正直,而是在面对风险时它可以促进社会上有价值的投资行为。[1] 传统的欺诈市场理论集中在价格影响,包括基于披露信息或者隐瞒信息情况下的价格维持和价格波动。价格结构是基于发行人持续的管理活动和投资者多样化组合的情形下的一个理性的复杂的交流,可信度不断变化并且在我们看到的情形中起到至关重要的作用。从信息披露角度,修正的欺诈市场理论与传统的欺诈市场理论对于信息披露的标准并没有实质区别。参与者从发行人众多的信息量中读取含义。法院应当使用合作原则作为理解规则的假设基础,一般来说,软语言和词组应当可以被解读为有助于引导投资者对价值和风险作出正确的判断,而不是作为一个令人怀疑的真人游戏。[2] 根据半真半假规则,没有披露的信息越是坏消息,投机取巧使用文字上的真话进行揭露,就越不公平,特别是这个问题已经受到了投资者的关注。[3] 令人惊讶的是,简单按照证券法律法规中的这些列举清单式信息披露要求,仍然存在大量是没有披露义务的潜在的具有重大性的信息。当前的信息披露规则很少要求发行人披露与公司密切相关的信息,特别是对于一些持续性的问题,如知识产权和人力资本。作为替代的是,信息披露大部分是短期的和中期的信息,即使很多长期投资者和持续性的支持者想要的是长期的前景。更多关注已经发生的事情,而不是将要发生的事情。SEC 长期坚持一个政策,将信息披露限制在历史的、回顾的事实,而不是预测性的信息,即使后者对投资者来说更有关联价值。虽然这个观点逐渐淡化,但至今仍然能够感受到。还有一个难以让人接受的就是很多预测性事件中包含了公司的商业

---

[1] Donald C. Langevoort, *Disasters and Disclosures: Securities Fraud Liability in the Shadow of a Corporate Catastrophe*, 107 The Georgetown Law Journal 967, 986 (2019).

[2] Donald C. Langevoort, *Disasters and Disclosures: Securities Fraud Liability in the Shadow of a Corporate Catastrophe*, 107 The Georgetown Law Journal 967, 987(2019).

[3] Donald C. Langevoort, *Disasters and Disclosures: Securities Fraud Liability in the Shadow of a Corporate Catastrophe*, 107 The Georgetown Law Journal 967, 988(2019).

秘密，一旦公开，将会使公司难以实施战略性投资或者产品的溢价就会消失。不幸的是，限于指导清单的义务的影响就是提供了保密区域，不管是基于什么好的原因。投资者想要知道更多的自愿信息披露的压力就来源于这些限制。[1]

对于一个令人怀疑的观点即理性投资者是否会被任何类型的软性灾前积极信息误导的最普遍的司法解释是，投资者是一个非常精明，火眼金睛的人，不会轻易被欺骗。当然，法官知道一般投资者并没有那么老练，但是在欺诈市场理论的案件中，法官会认为老练的机构投资者会操纵证券价格，因此会对他们如何以及何时可能受到欺诈提高审查标准。对于一般性的夸大宣传，以及采取"提示注意原则"的预测性信息来说，一般不会被法院认定构成欺诈。[2] 非公开的政府调查信息的重大性有大量的司法案例。重大性认定的基础在于发行人的暗示以及罚款、商业损失或者取消资格等影响的放大。这些很难简单进行计算。[3] 义务成为一个关键的障碍，没有人会强制自己去披露非法行为，不管这个行为多么重大。[4]

如今，越来越多的投资者将他们的投资对象限制在具备社会责任或环境责任的公司或者其他紧密关注生态环境的公司。这些不是欺诈市场理论中假定的价格操控者，而是自己做决策的积极投资者。这些成为理想的"选择—退出"原告，希望放弃信赖推定，换作获取其他优势的能力，包括解除的权利，如果不是因为虚假陈述，他们就不会投资该公司的股票。不难想象社会上有责任的投资者，为了支持这种情形调整他们的策略和程序，当真实的

---

〔1〕 Donald C. Langevoort, *Disasters and Disclosures: Securities Fraud Liability in the Shadow of a Corporate Catastrophe*, 107 The Georgetown Law Journal 967, 991 (2019).

〔2〕 Donald C. Langevoort, *Disasters and Disclosures: Securities Fraud Liability in the Shadow of a Corporate Catastrophe*, 107 The Georgetown Law Journal 967, 981 - 982 (2019).

〔3〕 Donald C. Langevoort, *Disasters and Disclosures: Securities Fraud Liability in the Shadow of a Corporate Catastrophe*, 107 The Georgetown Law Journal 967, 996 (2019).

〔4〕 Donald C. Langevoort, *Disasters and Disclosures: Securities Fraud Liability in the Shadow of a Corporate Catastrophe*, 107 The Georgetown Law Journal 967, 999 (2019).

信赖能够被体现,个人证券诉讼的威慑价值就很可能大大提高。[1] 美国学者提出,欺诈市场理论诉讼并没有想象的那么有效,如通过强制信息披露,或者促使管理层关注可能导致公司灾难的紧急风险。通过游戏策略或者一味沉默,公司能够隐藏太多的风险和错误行为。[2] 证券法规努力让股票价格准确,但是努力的结果必然是不完美的。事实上,证券法规基于政策原因允许大量重大信息不需要披露,导致即使是半强式有效市场常常也是不准确的。因此在美国证监会和司法裁判没有规定的情形下,既定规则是没有义务去披露一些本身具有重大性的信息。[3]

基于上述分析,有必要结合证券市场实际情况对重大性的信息进行归类和完善,并将重大性的信息进行分类,如按照不同证券市场区分为发行市场的信息和二级市场的信息;按照信息的性质区分为积极的信息和消极的信息;按照是否具有强制要求区分为强制披露的信息和自愿披露的信息。

二、构建一般投资人的信赖基础

美国对于理性投资者的定义或者界定是通过法院判例和学者分析所形成的,对我国有一定的参考价值。但是美国法院在司法裁判中,也会质疑专家证明的信赖基础,甚至驳回原告的诉请。如罗宾斯诉科格房地产公司案,法院认为,第一,损失因果关系中,为了证明损失,原告提供专家证言作为股价被高估的证据。为了证明损失的存在,专家证人先假设,若审计一开始就改正科格公司财务报告中现金流量的错误,那么公司就会减少股息分派。随后,专家指出 1990 年股息下调以后股票价格也随之平均每股下降 10.05

---

〔1〕 Donald C. Langevoort, *Disasters and Disclosures*: *Securities Fraud Liability in the Shadow of a Corporate Catastrophe*, 107 The Georgetown Law Journal 967, 999 (2019).

〔2〕 Donald C. Langevoort, *Disasters and Disclosures*: *Securities Fraud Liability in the Shadow of a Corporate Catastrophe*, 107 The Georgetown Law Journal 967, 1015 (2019).

〔3〕 Donald C. Langevoort, *Basic at Twenty*: *Rethinking Fraud on the Market*, 2009 Wisconsin Law Review 151, 194 (2009).

美元，而这与科格公司在审计初股息下降会出现的股价下跌的数额相符。因此，根据专家证人的意见，原告多支付了每股 10.05 美元的股价。原告没有主张 1990 年 10 月 1 日股息下降是由于发现了任何财务报告的错误。第二，关于欺诈市场理论和信赖，为了表明他们信赖了德勤的虚假陈述，原告使用了欺诈市场理论来推定原告在购买科格公司股票的过程中信赖存在一个开放的、发展良好的和高效的市场。陪审团认定原告遭受的损失与德勤的重大错误陈述和或遗漏的重大信息之间具有因果关系，并确定损失为每股 10.05 美元。为了证明存在因果关系这一要件，原告必须同时证明交易上的因果关系和损失上的因果关系。交易因果关系是对信赖的一种表述，交易因果关系只要存在虚假陈述或者隐瞒行为导致原告从事相关有问题的交易即可满足。这样一来，交易因果关系类似于事实上的因果关系或者“but for”因果关系规则。损失的因果关系才是该案的争点。为了证明损失因果关系，原告必须表明这些错误合理地直接造成了他们的损失或者是他们损失的近因。换言之，原告必须证明虚假陈述与造成投资价值下降有关。这种折中的方法平衡了我们要考虑的两种利益，即赔偿那些因虚假陈述而遭受损失的投资者，与此同时防止 10b－5 规则沦为投资者投资损失的保险工具。损失因果关系应当根据个案分析予以适用。在该案中，原告也许为陪审团成员提供了充分的证据来得出德勤在审计期间虚假陈述人为地夸大了科格公司股价的结论。但是，这只能表明股价被高估，而没有办法证明构成损失因果关系。所有的先例都认为，在证明原告购买的股价是被人为夸大的情况下还需要足够的证据支撑损失因果关系的建立。有些法院认为，在对市场欺诈的案件中，原告只要证明购买股票时价格是因虚假陈述而被高估就可以满足损失因果关系。但是美国联邦最高法院清楚地表明，市场欺诈理论是用来支持信赖要件的，而且是可推翻的推定，而不是对损失因果关系的推定，因为大部分投资者都信赖公开的重大虚假陈述信息，而将获得的信息反映在股票价格上，因此，可以被用来推定符合 10b－5 规则下所要求的信赖要素。法官要求有明显的证据证明虚假陈述和后来的股价下跌有因果关系。原告没有证据证明德勤的虚假陈述与虚假陈述期间或者随后

1990 年科格公司的股价下跌有因果关系。原告的专家证人证明,如果市场事先知道科格公司的现金流量数据在经营期间是虚高的,那么科格公司的股价将会崩溃。法官认为,不能得出德勤的虚假陈述在某种程度上是直接造成原告损失或者需要对原告损失负责的近因。[1]

因此,如前文所述,我国证券市场不宜采用理性投资者的标准,而应采用一般投资人的标准。相应地,一般投资人的具体特征有必要通过法律法规或者司法解释进行明确规定。

三、围绕信息欺诈时的证券价值构建损失因果关系

长期以来,证券虚假陈述侵权案件中,按照投资者买入证券和卖出证券之间的价差损失来认定损失因果关系和损失赔偿金额,已经深入人心。但是这种方式不仅理论上因果关系不足,而且也极易导致责任的泛化。现在法院已经开始按照基准日价格作为计算依据,或者通过专业机构来计算具体损失。所以将虚假陈述实施日与揭露日之间买入、卖出证券与之后卖出、买入证券的价差损失调整为虚假陈述实施日和揭露日期间买入、卖出的证券交易价格与其实际价值之间的损失,更加具备可行性。

法院在贵州长征天成公司、王强证券虚假陈述责任纠纷案中,已经明确价差损失的计算公式。即投资差额损失的计算总公式为投资差额损失 =(平均买入价 - 平均卖出价)× 更正日至基准日期间卖出的可索赔股票的数量 +(平均买入价 - 基准价)× 基准日之后卖出或仍持有的可索赔股票的数量。其中,可索赔股票的总股数 = 实施日至更正日期间买入股票的总股数 - 实施日至更正日期间卖出股票的总股数;平均卖出价 = 更正日至基准日期间卖出的可索赔股票的总金额 ÷ 更正日至基准日期间卖出的可索赔股票的数量。在计算可索赔股票的平均买入价时,应按照先进先出的原则(即先买入的股票也先被卖出)确定可索赔的股票范围,再按照可索赔股票的实际买

[1] 参见施天涛、周伦军主编:《美国证券欺诈经典案例内幕交易与虚假陈述》,法律出版社 2015 年版,第 626 - 630 页。

入价格以加权平均的计算方法计算平均买入价。[1] 陈治雄、山东雅博科技公司等证券虚假陈述责任纠纷案中，法院确定的实际损失的计算公式应为投资实际损失 = 投资差额损失[持仓数量 ×（平均买入价 - 卖出价格或基准价）×（1 - 系统风险影响比例）]。上述平均买入价法院按照先进先出加权平均法计算，佣金损失、印花税损失各按投资差额损失的 1‰计算。[2]

锐奇控股公司与韩可豪、吴明厅证券虚假陈述责任纠纷一案中，法院认为关于投资差额损失的计算问题，锐奇控股公司主张以“实际成本法”计算股票买入均价，其计算过程不仅受到证券买入价格的影响，也受到证券卖出价格的影响，将投资者从实施日到揭露日的投资收益或亏损情况纳入考虑范围，不符合虚假陈述民事赔偿的原理。[3] 也有法院提出，如果能够确定投资者入股时的股票真实价值，亦可根据投资者买入价格与入股时的股票真实价值之差额计算投资者的实际损失。[4]

以信息欺诈为基础的虚假陈述因果关系认定，能够更好地确定欺诈行为与投资者交易之间的因果关系，能够避免上述现行司法实践中复杂不一的计算公式。不仅从投资者角度来说自主计算较为困难，即使从专业机构角度来说，计算的结果也不尽然一致。因此，按照虚假陈述实施日和揭露日期间投资者买入、卖出证券的价格与证券真实价值的差额来计算投资者损失，相对简单明了。诚然，对于虚假陈述实施日和揭露日期间的证券真实价值的确定或者计算，考虑到不同的计算方式或者评估方式，仍然会有一定的争议和不确定性。

---

〔1〕 参见贵州省高级人民法院（2019）黔民终 995 号民事判决书。
〔2〕 参见山东省济南市中级人民法院（2021）鲁 01 民初 1506 号民事判决书。
〔3〕 参见上海市高级人民法院（2020）沪民终 368 号民事判决书。
〔4〕 参见山东省高级人民法院（2020）鲁民终 3132 号民事判决书。

第三节　构建虚假陈述损失因果关系的时效机制

证券市场的特殊性并没有在诉讼时效中得以体现,《民法典》的 3 年诉讼时效的规定,对于证券市场来说,3 年时间早已产生翻天覆地的变化。如果此时再发生投资者追究证券市场发行人及其他主体的虚假陈述等侵权赔偿责任,不仅效率低下,也违背了证券市场发展规律。

一、明确采用事前观点认定虚假陈述损失因果关系

“事前观点”虽然计算方式和方法比较复杂,甚至说很难精确,但是其对于损失认定的客观性、公允性,是“事后观点”无法比拟的。而且“事后观点”虽然表面精确,但是内在包含的其他因果关联因素以及损失金额,事实上也同样难以计算。合理计算虚假陈述给在不同时点买入股票的投资者造成的损失是难题。按照美国通说,虚假陈述损失赔偿可采取“净损差额法”计算,即投资者买入价减去股票真实价值后之差额。因为没有办法确定投资者各买入时点的股票真实价格,理论上通常将股票揭示日价格作为这个时点的股票真实价格的替代(虚假陈述影响被剔除),然后使用公司估值模型,根据不同时点公司经营和分红等情况,并考虑同行业其他公司估值水平以及大盘指数变化等因素,倒算出不同时点的股票真实价格,形成一个真实的价格线,以此计算投资者买入时点股票价格与真实价格线对应点的价差。但是理论上可行性存疑,且没有公认的估价模型。[1]

我国有学者支持事前观点计算证券虚假陈述侵权案件项下的投资者损失,也建议法院在证券虚假陈述侵权案件中允许原告按照事前观点主张虚

---

〔1〕 参见耿利航:《欺诈市场理论反思》,载《法学研究》2020 年第 6 期。

假陈述时投资者多支付的价款以赔偿损失。[1]

二、确立重大性信息的时效性

《民法典》侵权责任的3年诉讼时效规定对瞬息万变的证券市场来说难以匹配。就像普通公路限速60公里/小时合理合规，但是高速公路如果同样限速60公里/小时，那么实在贻笑大方。因此，确立证券虚假陈述侵权案件中重大性信息的时效机制已迫在眉睫。《美国侵权法重述（第二次）》对于事实因果关系的规定中，合理地信赖欺诈性虚假陈述真实性的人，如果在决定造成其损失的过程中该信赖属于一项重大性因素，则欺诈性虚假陈述应对该人所受之财产损失承担赔偿责任。如何判断被告的行为是否属于造成损害的重大性因素，第433条提出以下参考因素：导致该损害的其他因素的数目及该其他因素所导致的效果的程度；是否行为人的行为形成一种力量或一连串力量，持续且积极运作直至损害发生时，或所形成的力量导致除非其他力量的作用，否则并不会导致发生损害的情事；时间的经过（时效）。[2]

美国1933年证券法第13条规定，对于依据第11条因虚假注册登记表引起的民事责任或者第12条通过邮递或者州际商业中的包含重大事实的不实陈述、重大遗漏的招股说明书或者口头交流发售或者销售证券构成欺诈产生的民事侵权责任，所提起的诉讼必须在发现或者在进行合理调查后应发现不实陈述或者遗漏后的1年内提出。同时规定了3年的除斥期限，即善意出售后满3年，不得再提起第11条项下诉讼；证券出售后满3年，不得再提起第12条虚假陈述的民事诉讼。[3]

因此，有必要确立证券虚假陈述侵权案件中重大性信息的时效机制，根

---

[1] 参见樊健：《我国证券市场虚假陈述民事责任理论与实践的新发展》，法律出版社2021年版，第69页。

[2] 参见郭峰主编：《虚假陈述证券侵权赔偿》，法律出版社2003年版，第308页。

[3] 参见中国证券监督管理委员会组织编译：《美国〈1933年证券法〉及相关证券交易委员会规则与规章》（中英文对照本），法律出版社2015年版，第61页。

据证据市场的特征和实践经验的总结，规定1年左右的时效期间为宜。

三、避免投资者利益过度保护

投资者利益保护制度一直贯穿于证券市场的产生和发展过程中。证券市场投资者数量庞大，交易金额难以预计，如何将投资者利益保护纳入合理范围，是理论界和实务界需要慎重考虑的问题。证券虚假陈述侵权案件中，如果沿用侵权法理论的因果关系认定和损害赔偿制度，那么即使再怎么价值衡量，最终裁判的赔偿金额也足以让任何一个证券市场主体陷入毁灭，这不是一个健康的证券市场应有的状态。

然而在普通面对面交易欺诈诉讼中，即使推定投资者交易信赖，被告的侵权责任也总是有限的。但在证券市场上，虚假信息理论上可以无限传播，欺诈市场理论实质上给予那些很可能对公司披露信息未有耳闻的普通投资者以特别权利，使所有在欺诈持续期间买入并持有至揭示日的投资者都有权获得差价赔偿。在美国，欺诈市场理论与集团诉讼相粘合，几乎所有的诉请被一次自动聚合。然后，这个被聚合的赔偿很可能大大超出了投资者的实际损失。在二级市场交易中，每一个高价买入股票的投资者，都会对应一个高价卖出股票的投资者，如果排除公司高管等偶发内幕交易之影响，投资者总体福祉几乎没有减损。当然资本市场效率、资源优化配置的损害除外。[1]

第四节　构建虚假陈述比例因果关系的认定规则

依据比例因果关系理论，因果关系应当依据被告行为发生损害的可能性认定，也就是说传统的“全有或全无”因果关系理论已经不再适用，直接依据因果关系可能性比例，判断因果关系，并根据可能性比例计算被告应当赔

---

〔1〕 参见耿利航：《欺诈市场理论反思》，载《法学研究》2020年第6期。

偿的数额。[1] 法国2012年《泰雷责任法草案》第10条第2款规定，造成损害的，只对其即时且直接的后果负责。[2] 虚假陈述损失因果关系中，可以按比例确定损失因果关系，从而有助于最终比例责任的认定和承担。

一、存在基础因果关系为前提

证券虚假陈述侵权案件中，比例因果关系的应用前提是成立基础因果关系，基础因果关系包括交易因果关系和损失因果关系。广东省深圳市中级人民法院审理的梁伟光与深圳国农科技公司证券虚假陈述责任纠纷案中，对于深圳国农科技公司应承担的责任比例问题，首先需要以成立因果关系前提。法院认为，投资者在虚假陈述（通常指诱多型虚假陈述行为）实施日及以后，至揭露日或者更正日之前买入深圳国农科技公司股票，且在虚假陈述揭露日或者更正日及以后至基准日前因卖出，或者至基准日因持续持有该证券而产生亏损，均应当认定与虚假陈述行为之间存在因果关系。但被告能够证明损失或者部分损失是由证券市场系统风险等其他因素所导致的除外。对于深圳国农科技公司辩称的涉及固定支出的《ATP专利授权使用协议》和保底销售相关专利产品《总经销协议》两份合同若先后分别披露，对深圳国农科技公司属于利好消息，故该案虚假陈述行为属于诱空型虚假陈述，并非诱多型虚假陈述，进而主张与原告的投资损失之间不存在因果关系。法院以两份合同签订时间存在先后，并且专利授权协议是确定的大额支出，但是经销协议的收入并不确定为由，认定被告该抗辩不能成立。深圳国农科技公司抗辩的相关年度报告均对专利授权使用协议及总经销协议所带来的成本和业绩情况向市场进行了揭示，足以消除2014年11月深圳国农科技公司虚假陈述行为对原告投资决策所造成的影响。法院以年报的数据均为当期数据，而非完整信息，不足以彻底消除对投资者决策的影响为由，认定被告该抗辩不能成立。深圳国农科技公司抗辩主张2017年6月15

---

[1] 参见陈聪富：《因果关系与损害赔偿》，北京大学出版社2006年版，第196页。
[2] 李世刚：《法国侵权责任法改革——基调与方向》，人民日报出版社2017年版，第183页。

日公司股票复牌后，市场的暴跌系因公司终止重组导致。法院认为，2017 年 6 月 15 日，深圳国农科技公司公告被立案调查的同时，亦发布了终止重组的公告。该公司股票下跌的原因除因虚假陈述被立案调查外，也不排除宣布终止重组消息叠加的原因。在多因一果的关系中，纵使终止重组原因所占比重更大，但依据深圳国农科技公司的当日公告，其被立案调查与终止重组之间也有一定的关联关系，仍不能排除深圳国农科技公司虚假陈述行为与投资者损失之间的因果关系。综上所述，深圳国农科技公司虚假陈述行为与投资者损失之间存在因果关系。[1]

湖南省高级人民法院审理的中兵红箭公司、朱元福证券虚假陈述责任纠纷案中，对于中兵红箭公司抗辩其重大资产重组的利好公告和军工板块大热才是诱导朱元福买入中兵红箭股票的主要原因，案涉虚假陈述行为并非朱元福买入股票的主要原因。法院认为，朱元福索赔投资损失的股票买入日期均在司法解释规定的范围之内，应推定其买入行为与案涉虚假陈述之间存在交易上的因果关系，朱元福不必举证证明自己系因信赖虚假陈述信息而作出投资决定。关于交易动机问题，法律和司法解释并未规定投资人买卖股票只需或只能根据单一信息作出决策，投资人受某类题材影响买入股票不需要知道公司的真实信息。基于证券市场的股票可能受多种因素的影响，投资人买入股票的动机复杂多样，司法解释并不要求投资人证实信赖虚假陈述是其作出投资决定的唯一原因，故即使投资人买入股票的动机受其他因素的影响，也不能排除其对中兵红箭公司发布的虚假陈述信息的信赖，从而排除交易因果关系。对于中兵红箭公司抗辩的朱元福在实施日前后及揭露日前后存在买入中兵红箭股票的行为，交易行为具有连续性。法院认为，投资人是否在实施日前后及揭露日前后买入案涉股票，均不影响因果关系的推定。无论是出于通过购买跌入低价位的股票以降低持仓成本的目的，还是出于短线抢反弹的目的，抑或出于长期投资的目标继续买入，均属投资人的合理选择，与投资人基于对案涉虚假陈述的信赖而进行的交

---

〔1〕 参见广东省深圳市中级人民法院(2018)粤03民初4485号民事判决书。

易并不冲突，且司法解释已将实施日前、揭露日后买入的股票排除在索赔范围之外，但不能据此认为实施日至揭露日前买入的股票也不具有交易因果关系。故中兵红箭公司关于朱元福购买中兵红箭股票的行为与案涉虚假陈述行为之间不具有交易因果关系的上诉理由不能成立。[1]

结合上述判例的因果关系认定规则，无论从因果关系理论角度，还是司法实践中关于因果关系认定角度，比例因果关系的确定均需建立在基础因果关系成立的前提之上。

二、建立在可预见规则基础上的原因力判断

司法实践中适用可预见规则对涉及虚假陈述的案件进行裁判的案例不多，而且集中在合同法方面。徐冉等与北京原始会投资管理有限公司居间合同纠纷一案中，法院认为，从可预见性规则角度出发，根据当时施行的《合同法》第 113 条第 1 款的规定，可预见损失的赔偿认定主要包括三个层面，第一个层面是当事人一方不履行合同义务或者履行合同义务不符合约定，给对方造成了损失；第二个层面是损失赔偿额应当相当于因违约所造成的损失，包括合同履行后可以获得的利益；第三个层面是损失不得超过违反合同一方订立合同时预见到或者应当预见到的因违反合同可能造成的损失。其中“不得超过违反合同一方订立合同时预见到或者应当预见到的因违反合同可能造成的损失”的规定，确定了我国《合同法》在确定损害赔偿范围时的限定性规则，即可预见性规则。该案中，原始会投资公司作为居间方从事的基本服务为媒介服务，对于该义务，原始会投资公司已基本履行。对于融资者，原始会投资公司收取一定比例报酬，对于投资者未收取居间报酬。其作为居间方，原始会投资公司在现有法律规章制度下，无法预见其因融资方存在虚假陈述的情况下应当赔偿投资者的全部投资损失，若能预见该后果，从一般理性人角度出发，居间人亦不会从事该媒介服务。[2]

---

〔1〕 参见湖南省高级人民法院(2021)湘民终 1058 号民事判决书。
〔2〕 参见北京市第三中级人民法院(2018)京 03 民终 5193 号民事判决书。

证券虚假陈述侵权案件中，还没有明确适用可预见规则进行裁判的案例。只有吴顺忠与上海岩石公司证券虚假陈述责任纠纷案中，法院认为原告应当充分预见相应的投资风险。法院在判决中指出，多家财经媒体质疑上海岩石公司的“三无式转型”，而且提及多伦股份曾多次遭到监管部门处罚，许多分析人士还对所谓转型发表了“空中楼阁”“一个笑话”等极为负面的看法，吴顺忠本应预见到相应的风险，包括上海岩石公司因客观条件无法转型甚至主观根本不想转型的风险，但投资者对这些警示视而不见，参与投资造成相应的损失，应反省自己的投资理念，以及非理性投资行为。[1]

关于原因力计算方法，司法实践中，法院认为包括直接比例法和相对比例法。直接比例法直接扣除参考指数的下跌幅度；相对比例法以参考指数的涨跌幅度与个股的涨跌幅度相比得出相应的比例，如参考指数下跌15%，个股下跌30%，则股市整体下跌的原因力比例为50%。与直接比例法相比，相对比例法更具科学性、合理性。[2] 有法院进一步提出，原因力比例大小的确定属于技术性问题。应当秉承公平原则，坚持在保护投资者投资利益和上市公司合法权益之间实现利益平衡，根据当事人的主张和具体案情以及被告公司等相关因素，决定对比参考指数。[3]

结合上述案例可见，原因力的判断建立在可预见规则的基础之上，才能有效认定损失因果关系以及确定损失赔偿金额。通过可预见规则可以发现，证券市场不同主体的可预见范围是有差别的，证券市场发行人及关联主体的预见范围是整个公司的价值和利益，但是证券市场中介服务机构的预见范围，实际上仅限于中介服务费用。原因力弱可以直接应向到赔偿范围，但不能认为较弱的原因力在任何情况下都不是原因，从而完全免除行为人的责任。[4] 因此，对于证券市场发行人及其关联主体等内部人的因果关系认定，在其虚假陈述与投资者交易损失之间成立因果关系的基础之上，从投

---

〔1〕 参见上海金融法院(2018)沪74民初721号民事判决书。

〔2〕 参见四川省成都市中级人民法院(2018)川01民初2824号民事判决书。

〔3〕 参见北京市第二中级人民法院(2019)京02民初805号民事判决书。

〔4〕 王利明:《侵权行为法研究》(上卷)，中国人民大学出版社2004年版，第405页。

资者交易损失的原因力来看，证券市场发行人及其关联主体应当预见到其给证券市场投资者造成的交易损失，所以原因力较强，可以在全部责任或者大部分责任范围进行因果关系认定。但是对于证券中介服务机构等外部人的因果关系认定，在其虚假陈述与投资者交易损失之间成立因果关系的基础之上，从投资者交易损失的原因力来看，外部董事、外部监事，以及证券中介服务机构等外部人不能预见到其给证券市场投资者造成的交易损失，其预见的范围应当从其从事的工作范围或者专业服务的勤勉尽责标准予以考量。在工作范围或者专业服务的标准基本符合国家或者行业标准的情形下，外部人的虚假陈述与投资者的交易损失之间不成立因果关系。

三、确定比例的方法和考虑的因素

广东省深圳市中级人民法院审理的梁伟光与深圳国农科技公司证券虚假陈述责任纠纷案中，对于成立因果关系前提下国农科技公司应承担的责任比例问题，法院认为，深圳国农科技公司虚假陈述行为与投资者损失之间存在因果关系，但考虑到该案虚假陈述实施日至揭露日时间跨度较长，深圳国农科技公司也确实在2014年至2016年的半年度报告、年度报告、审计报告等公开信息中披露了专利使用费的财务数据，无证据表明深圳国农科技公司存在隐瞒信息的主观恶意，结合深圳国农科技公司宣布重组前的股价表现，对投资者决策的影响及与损失之间的多因一果关系等全案情况，法院因此酌情认定国农科技公司应当对原告的损失承担30%的赔偿责任。[1]同时反映出法院对于该案的虚假陈述损失因果关系的责任范围比例确定为是30%。

湖南省高级人民法院审理的中兵红箭公司、朱元福证券虚假陈述责任纠纷案中，上海高金金融研究院出具的《意见书》核定朱元福的名义损失为20,408.81元，因案涉虚假陈述导致的投资差额损失为9211.21元，即中兵红箭公司应承担的赔偿责任比例为45%。但是长沙市中级人民法院一审判

〔1〕 参见广东省深圳市中级人民法院(2018)粤03民初4485号民事判决书。

决综合考量《意见书》的核定结果、市场行情、朱元福的交易情况，认定中兵红箭公司应当向朱元福赔偿 14, 974. 17 元，其中应赔偿的投资差额损失为 14, 898. 43 元、佣金及利息损失为 75. 74 元，即中兵红箭公司应承担的赔偿责任比例为 73%。湖南省高级人民法院认为，虽然一审判决的赔偿比例与《意见书》的核定结果有一定差异，但正如一审判决指出的，现在尚无确切证据证明某种系统风险扣除的计算方式是完全客观、科学、准确的，并已经得到司法实践的反复验证。鉴于证券市场系统风险等其他因素的复杂性和不确定性，目前司法实践中难以绝对精确地予以计算，司法解释亦未作出明确规定，实践中并无统一的方法，该案尚不能说只有《意见书》的方法和结果是唯一正确的。正是因为对于系统风险等因素比例应当以何种方式进行确定，尚没有绝对统一的计算标准，故《意见书》的核定结果仅能作为一种参考，欲判断该测算是否符合实际情况，还应该综合考量现行方法的利弊和司法解释的精神，根据具体案件情况进行具体分析。另外，对于投资人损失的计算，归根到底是法律问题而非单纯的数学问题。无论采用何种方法，用同样的方法测算同样的风险情况，结果应基本相同，如果出现明显差异，人民法院在裁判时，可以根据案件具体情况依法调整确定最终的扣除比例。[1]

通过上述两个案例可以看出，比例的确定没有一个固定可参考的标准，不同法院会有不同的考量和酌情标准。而且，值得注意的是，即使是鉴定机构作出的意见书中确定的比例，法院亦可能会结合案情进行调整。由此可见，比例的确定仍然需要通过司法实践的总结和理论的研究提炼，希冀能够确立一个可供参照的规范模式，避免司法实践中各种各样的自由裁量。例如，对于虚假陈述损失因果关系的认定，可以结合可预见规则和原因力理论，按照较小、中等、较大三个比例标准确定，原因力较小的情形下，按照 30% 以下确定损失因果关系的责任范围比例；原因力中等的情形下，按照 40% －60% 确定损失因果关系的责任范围比例；原因力较大的情形下，按照 70% 以上确定损失因果关系的责任范围比例。

〔1〕 参见湖南省高级人民法院（2021）湘民终 1058 号民事判决书。

结　语

证券市场的虚假陈述侵权案件正处于方兴未艾的阶段,其中对于因果关系理论的完善和认定十分重要。传统大陆法系和英美法系的侵权法因果关系理论与证券虚假陈述侵权责任因果关系理论既有区别,又有交织。完全脱离传统侵权法因果关系理论去推定或者认定证券虚假陈述侵权责任因果关系,并不可取。同样,也不宜笼统或者概然适用传统侵权法因果关系理论对证券虚假陈述侵权责任因果关系进行认定。

美国法院通过司法判例演化出的欺诈市场理论,对证券虚假陈述侵权责任因果关系的认定产生了积极的推动作用,通过交易因果关系的推定和损失因果关系的认定,有效维护了证券市场投资者的合法利益。但是,该理论所衍生的诸多问题也不得不引起重视。本书探索将传统欺诈市场理论的价格欺诈修正为信息欺诈,剥离有效资本市场假说的前提或者基础,以传统侵权法因果关系理论为基础,结合修正后的欺诈市场理论中的交易因果关系和损失因果关系认定规则,对我国证券虚假陈述因果关系的认定规则进行了一定完善。

由于理论基础和实践经验的不足,2022 年《证券市场虚假陈述侵权规定》虽然一定程度上完善了 2003 年《证券市场虚假陈述赔偿规定》中对于证券虚假陈述侵权责任因果关系等方面的规定，但是仍然存在一些需要解决的争议问题，主要表现在：

一、重大性与价格影响的逆向认定问题

2022 年《证券市场虚假陈述侵权规定》将导致证券价格或交易量发生重大变化作为认定虚假陈述构成重大性的情形之一，[1] 有欠妥当。将虚假陈述重大性的认定不应建立在导致价格发生重大变化的基础上，因为重大性是因，导致价格发生重大变化往往是虚假陈述的后果，以后果来确定原因，实属本末倒置之嫌。重大性的判断，应当独立于价格影响。

二、局限于单称因果关系的欺诈认定，不能适应现实证券市场的需要

侵权法中的单称因果关系的一般认定是“事件 A 造成了事件 B”，而且其内在属性是自然规律。[2] 在采用因果关系推定的情形下，证券虚假陈述侵权案件不应适用单称因果关系来认定，因为证券市场是一个复杂的市场，常常会出现一个事件的原因是多个事件连锁反应的结果，证券虚假陈述与投资者交易该证券之间并不能绝对关联和对应，投资者会基于其他的信息进行交易，也会基于自身的判断进行交易，而且这些交易都可能与虚假陈述没有任何交集，所以 2022 年《证券市场虚假陈述侵权规定》继续采用“某证券存在虚假陈述—投资者交易了该证券”这种单称因果关系的认定模式，[3] 不符合现实情况，明显泛责任化。

---

[1] 2022 年《证券市场虚假陈述侵权规定》第 10 条规定了法院认定虚假陈述内容具有重大性的三种情形，其中第 1 款第 3 项规定的第三种情形为“虚假陈述的实施、揭露或者更正导致相关证券的交易价格或者交易量产生明显的变化”。

[2] 参见冯珏：《英美侵权法中的因果关系》，中国社会科学出版社 2009 年版，第 35 - 36 页。

[3] 2022 年《证券市场虚假陈述侵权规定》第 11 条认定交易因果关系成立的情形包括：“（一）信息披露义务人实施了虚假陈述；（二）原告交易的是与虚假陈述直接关联的证券；（三）原告在虚假陈述实施日之后、揭露日或更正日之前实施了相应的交易行为，即在诱多型虚假陈述中买入了相关证券，或者在诱空型虚假陈述中卖出了相关证券。”

三、知情欺诈一概排除的合理性问题

投资者或者证券市场在知晓虚假陈述的情形下进行的交易是否成立因果关系，一直广泛存在争议。2022 年《证券市场虚假陈述侵权规定》继续坚持该种情形不成立因果关系，[1]是不合适的。现实证券市场的实践中，已经多次出现了投资者在知晓虚假陈述的情形下继续交易该证券的情况，而且投资者这种交易并非因为虚假陈述的信息本身，而是基于虚假陈述和其他事实基础上的自身判断或者其他证券市场分析的结果。换言之，一定情形下，投资者确实是信赖该虚假陈述而进行的交易。因此，不应将事先知晓虚假陈述作为不成立交易因果关系的情形。申言之，这实际上是混同了交易因果关系和损失因果关系的界限。

四、交易因果关系和损失因果关系缺乏系统构建

证券虚假陈述侵权责任的交易因果关系和损失因果关系具有因果关系认定具有二元性，交易因果关系的成立并不必然导致损失因果关系的成立，因此如果不进行清晰界定，就很容易导致因果关系混淆。损失因果关系既与交易因果关系关联，也具有责任范围认定的特殊性。2022 年《证券市场虚假陈述侵权规定》对“重大性及交易因果关系”直接列明规定，但是对于“损失因果关系”没有在交易因果关系后直接列明，而是将“损失因果关系”纳入损失认定条文中。[2] 诚然，损失因果关系与损失认定放在一起具有合理性，但是既然 2022 年《证券市场虚假陈述侵权规定》事实上已经接受了英美法系证券虚假陈述侵权案件中关于交易因果关系和损失因果关系的认定规

---

[1] 2022 年《证券市场虚假陈述侵权规定》第 12 条规定，在“原告在交易时知道或者应当知道存在虚假陈述，或者虚假陈述已经被证券市场广泛知悉”的情形下，人民法院应当认定交易因果关系不成立。

[2] 2022 年《证券市场虚假陈述侵权规定》第 31 条第 1 款规定：“人民法院应当查明虚假陈述与原告损失之间的因果关系，以及导致原告损失的其他原因等案件基本事实，确定赔偿责任范围。”

则，就不应在司法解释的具体条文中有所犹豫或回避，导致司法实践中争议不断。

2003 年《证券市场虚假陈述赔偿规定》第 18 条和 2022 年《证券市场虚假陈述侵权规定》第 11 条规定了交易上因果关系的成立情形，2003 年《证券市场虚假陈述赔偿规定》第 19 条和 2022 年《证券市场虚假陈述侵权规定》第 12 条也列举了基于被告的举证，法院可以认定交易因果关系不成立的情形，但是上述规定都是基于美国传统欺诈市场理论的基础而推定成立交易上因果关系。美国传统欺诈市场理论的基础在于有效资本市场假说，修正欺诈市场理论剥离了有效资本市场假说，从价格欺诈调整为信息欺诈，因此，认定交易上因果关系成立的规则和内容，以及损失认定的规则和内容，相应需要调整。

针对上述 2022 年《证券市场虚假陈述侵权规定》的争议问题，本书探索提出一定的修改完善建议。具体来说，基于价格影响是证券虚假陈述侵权行为的后果而不是原因，2022 年《证券市场虚假陈述侵权规定》第 10 条第 1 款第 3 项交易价格或者交易量产生明显变化的条款，以及第 2 款以重大事件或者重大事项未导致相关证券交易价格或者交易量明显变化而否定重大性的内容，建议删除。调整后的内容为："有下列情形之一的，人民法院应当认定虚假陈述的内容具有重大性：（一）虚假陈述的内容属于证券法第八十条第二款、第八十一条第二款规定的重大事件；（二）虚假陈述的内容属于监管部门制定的规章和规范性文件中要求披露的重大事件或者重要事项。"相应的，第 11 条第 1 款第 3 项建议修订为："原告在虚假陈述实施日和揭露日期间实施了相应的交易行为。"调整后的第 11 条规定的交易因果关系三个条件分别为：其一是信息披露义务人实施了虚假陈述；其二是原告交易的是与虚假陈述直接关联的证券；其三是原告在虚假陈述实施日之后、揭露日之前实施了交易。

另外，2022 年《证券市场虚假陈述侵权规定》第 26 条中基准日建议从事后修改为事前，即修改为虚假陈述实施日和揭露日期间交易时的证券价值，条款内容相应修订为："虚假陈述实施日和揭露日期间交易时的证券价值,即为损失计算的基准价值。”基准价值的确定,可以根据有专门知识的人的专业意见,参考证券市场通常的价值确定方法,确定基准价值。

第27条买入股票的损失计算方法、第28条卖出股票的损失计算方法,建议统一调整为投资者因虚假陈述受到损失的计算方法,具体为虚假陈述实施日和揭露日期间投资者买入证券的价格或者卖出证券的价格与证券价值之间的差额,即为投资者因虚假陈述受到的损失。

囿于理论和实践中争议尚未得到根本解决,上述对于2022年《证券市场虚假陈述侵权规定》的修改意见和建议可能不尽妥当,本书希望抛砖引玉,期待理论界和实务界的进一步检验、思考、完善。

参考文献

一、中文著作

[1][德]埃尔温·多伊奇、汉斯－于尔根·阿伦斯:《德国侵权法:侵权行为、损害赔偿及痛苦抚慰金》(第6版),叶名怡、温大军译,中国人民大学出版社2022年版。

[2]程啸:《侵权责任法》(第2版),法律出版社2015年版。

[3]陈聪富:《因果关系与损害赔偿》,北京大学出版社2006年版。

[4]冯珏:《英美侵权法中的因果关系》,中国社会科学出版社2009年版。

[5]樊健:《我国证券市场虚假陈述民事责任理论与实践的新发展》,法律出版社2021年版。

[6]郭峰主编:《虚假陈述证券侵权赔偿》,法律出版社2003年版。

[7]韩强:《法律因果关系理论研究——以学说史为素材》,北京大学出版社2008年版。

[8]黄文煌:《阿奎流斯法——大陆法系侵权法的罗马法基础》,中国政法大学出版社2015年版。

[9][美]H. L. A. 哈特、托尼·奥诺尔:《法律中的因果关系》(第2版),张绍谦、孙战国译,中国政法大学出版社2005年版。

[10][奥地利]海尔姆特·库奇奥主编:《侵权责任法的基本问题(第二卷)比较法的视角》,张家勇、昝强龙、周奥杰译,北京大学出版社2020年版。

[11][奥地利]海尔姆特·库奇奥:《侵权责任法的基本问题(第一卷)德语国家的视角》,朱岩译,北京大学出版社 2017 年版。

[12][荷]胡果·格劳秀斯:《格劳秀斯私法导论》,法律出版社 2015 年版。

[13][荷]J. 施皮尔主编:《侵权法的统一:因果关系》,易继明等译,法律出版社 2009 年版。

[14][日]吉村良一:《日本侵权行为法》(第 4 版),张挺译,中国人民大学出版社 2013 年版。

[15][德]克雷斯蒂安·冯·巴尔:《欧洲比较侵权行为法》(下卷),焦美华译,法律出版社 2001 年版。

[16]赖英照:《股市游戏规则——最新证券交易法解析》,中国政法大学出版社 2006 年版。

[17]李双元、温世扬主编:《比较民法学》,武汉大学出版社 2016 年版。

[18]刘信平:《侵权法因果关系理论之研究》,法律出版社 2008 年版。

[19]李国光主编,最高人民法院民事审判第二庭编著:《最高人民法院关于审理证券市场虚假陈述案件司法解释的理解与适用》,人民法院出版社 2015 年版。

[20]李世刚:《法国侵权责任法改革——基调与方向》,人民日报出版社 2017 年版。

[21][美]路易斯·罗斯、乔尔·塞利格曼:《美国证券监管法基础》,张路等译,法律出版社 2008 年版。

[22][美]马丁·斯通:《侵害与受害的意义》,载[美]格瑞尔德·J. 波斯特马主编:《哲学与侵权行为法》,陈敏、云建芳译,北京大学出版社 2005 年版。

[23]施天涛、周伦军主编:《美国证券欺诈经典案例内幕交易与虚假陈述》,法律出版社 2015 年版。

[24]王泽鉴:《侵权行为》(第 3 版),北京大学出版社 2016 年版。

[25]王利明:《侵权行为法研究》(上卷),中国人民大学出版社 2004 年版。

[26][美]文森特·R. 约翰逊:《美国侵权法》(第 5 版),赵秀文等译,中国人民大学出版社 2017 年版。

[27]晏景:《侵权责任中的因果关系认定》,人民法院出版社 2014 年版。

[28]袁康等:《证券侵权民事赔偿标准研究》,法律出版社 2022 年版。

[29]於兴中:《侵权法与经验》,载金福海主编:《侵权法的比较与发展》,北京大学出

版社 2013 年版。

[30]朱锦清:《证券法学》(第 4 版),北京大学出版社 2019 年版。

[31]朱大明译:《日本金融商品交易法》,法律出版社 2015 年版。

[32]最高人民法院民事审判第二庭编著:《〈全国法院民商事审判工作会议纪要〉理解与适用》,人民法院出版社 2019 年版。

[33]曾世雄:《损害赔偿法原理》,中国政法大学出版社 2001 年版。

[34]曾洋:《证券法学》,南京大学出版社 2008 年版。

[35]周友苏主编:《证券法新论》,法律出版社 2020 年版。

二、中文论文

[1]鲍彩慧:《证券市场虚假陈述民事赔偿因果关系的规则再述——基于 806 份判决书的实证分析》,载《证券法苑》2017 年第 5 期。

[2]贝金欣:《反思操纵证券市场结果及因果关系之构成要件地位——新修订〈证券法〉第 55 条"意图影响"要件之解释》,载《证券法苑》2020 年第 3 期。

[3]白彦、伏军:《虚假陈述侵权的赔偿责任》,载《中国法学》2003 年第 2 期。

[4]陈向民、陈斌:《确定"虚假陈述行为"的赔偿标准——事件研究法的司法运用》,载《证券市场导报》2002 年第 7 期。

[5]曹兴权、洪喜琪:《证券市场虚假陈述中监事民事责任研究——兼论〈证券法〉第 85 条的适用》,载《北方法学》2021 年第 5 期。

[6]陈洁:《证券民事赔偿诉讼取消前置程序的司法应对——以虚假陈述民事赔偿为视角》,载《证券市场导报》2021 年第 5 期。

[7]陈洁:《证券市场虚假陈述中审验机构连带责任的厘清与修正》,载《中国法学》2021 年第 6 期。

[8]陈洁:《虚假陈述民事赔偿制度的新发展理念及其规范实现》,载《法律适用》2022 年第 3 期。

[9]曹明哲:《债券虚假陈述民事赔偿诉讼制度应"内外兼修"》,载《金融市场研究》2022 年第 2 期。

[10]陈舒筠:《证券市场虚假陈述侵权行为因果关系的认定——基于三个时间点的认定为核心》,载《东南大学学报(哲学社会科学版)》2018 年第 2 期。

[11]曹胜亮、涂忠亮:《证券市场虚假陈述侵权之因果关系的立法不足与完善》,载《南昌航空大学学报(社会科学版)》2015 年第 2 期。
[12]陈伟:《疫学因果关系及其证明》,载《法学研究》2015 年第 4 期。
[13]丁宇翔:《证券市场虚假陈述前置程序取消的辐散效应及其处理》,载《财经法学》2021 年第 5 期。
[14]丁宇翔:《证券发行中介机构虚假陈述的责任分析——以因果关系和过错为视角》,载《环球法律评论》2021 年第 6 期。
[15]戴铭昇:《美国证券诈欺损失因果关系要件之研究》,载《法令月刊》2012 年第 7 期。
[16]范利平:《侵权法上因果关系研究》,载《现代法学》2004 年第 3 期。
[17]樊健:《我国证券市场虚假陈述交易上因果关系的新问题》,载《中外法学》2016 年第 6 期。
[18]樊健:《欺诈市场理论在公司债券虚假陈述纠纷中的适用》,载《财经法学》2020 年第 2 期。
[19]樊健:《证券市场虚假陈述重大性要件的再厘清:基于司法实践的批判性思考》,载《深圳社会科学》2021 年第 6 期。
[20]冯果、王怡丞:《证券市场虚假陈述中责任人员类型划分的制度逻辑》,载《法律适用》2020 年第 21 期。
[21]方明:《论我国侵权法因果关系理论的构建》,载《山东社会科学》2011 年第 12 期。
[22]耿利航:《欺诈市场理论反思》,载《法学研究》2020 年第 6 期。
[23]郭雳:《证券欺诈法律责任的边界——新近美国最高法院虚假陈述判例研究》,载《中外法学》2010 年第 4 期。
[24]郭雳:《证券集团诉讼的功用与借鉴—— 一个基于现实的批判性解读》,载《证券法苑》2010 年第 1 期。
[25]郭雳、吴韵凯:《虚假陈述案件中证券服务机构民事责任承担再审视》,载《法律适用》2022 年第 8 期。
[26]洪国盛:《义务范围理论下证券服务机构过失虚假陈述赔偿责任》,载《法学研究》2022 年第 5 期。

[27]焦津洪:《"欺诈市场理论"研究》,载《中国法学》2003 年第 2 期。
[28][美]吉尔·E. 费希、约拿·B. 格尔巴赫、乔纳森·克利克:《证券欺诈诉讼中事件研究法应用的逻辑与界限》,钟俊杰译,载《证券法苑》2020 年第 1 期。
[29]李中原:《论侵权法上因果关系与过错的竞合及其解决路径》,载《法律科学(西北政法大学学报)》2013 年第 6 期。
[30]李有星、潘政:《瑞幸咖啡虚假陈述案法律适用探讨——以中美证券法比较为视角》,载《法律适用》2020 年第 9 期。
[31]林晓镍、单素华、朱颖琦:《全国首例证券群体性纠纷示范判决解析——投资者诉方正科技公司证券市场虚假陈述责任纠纷案》,载《证券法苑》2020 年第 1 期。
[32]林文学、付金联、周伦军:《〈关于审理证券市场虚假陈述侵权民事赔偿案件的若干规定〉的理解与适用》,载《人民司法》2022 年第 7 期。
[33]罗斌:《美国证券诉讼因果关系证明责任探析》,载《法律适用》2010 年第 12 期。
[34]龙非:《美国证券欺诈案件中"损失因果关系"的证明责任》,载《证券法律评论》2020 年第 1 期。
[35]林志辉:《论我国证券侵权中因果关系的认定》,载《内蒙古师范大学学报(哲学社会科学版)》2014 年第 4 期。
[36]廖升:《操纵证券市场侵权责任之因果关系》,载《法学评论》2017 年第 1 期。
[37]刘磊:《虚假陈述连带赔偿责任分配的价值基础和实现标准》,载《证券法苑》2020 年第 3 期。
[38]李海龙:《证券市场虚假陈述民事赔偿诉讼前置程序研究——公共执行与私人执行关系变迁的考察视角》,载《中国政法大学学报》2021 年第 2 期。
[39]李潇洋:《民法典中缔约信赖保护的规范路径》,载《法学》2021 年第 6 期。
[40]梁爽:《日本证券市场虚假陈述责任法律适用对我国的启示》,载《法学》2011 年第 1 期。
[41]刘敏:《论内幕交易侵权责任因果关系的认定》,载《法学评论》2017 年第 5 期。
[42]马其家:《美国证券法上虚假陈述民事赔偿因果关系的认定及启示》,载《法律适用》2006 年第 3 期。
[43]缪因知:《证券市场虚假陈述与投资者损失因果关系否定的司法路径》,载《证券法苑》2020 年第 3 期。

[44]缪因知:《精算抑或斟酌:证券市场虚假陈述赔偿责任中的系统风险因素适用》,载《东南大学学报(哲学社会科学版)》2020年第5期。
[45]缪因知:《证券市场虚假陈述赔偿中审计人责任构成要件与责任限缩》,载《财经法学》2021年第2期。
[46]邵庆平:《证券团体诉讼中因果关系构成要件的比较研究——兼论投保中心制度的改革方向》,载《台北大学法学论丛》2016年第99期。
[47]孙光焰:《董事证券市场虚假陈述职务侵权责任制度的重构——以公司治理为视角》,载《法商研究》2010年第4期。
[48]盛焕炜、朱川:《证券市场虚假陈述民事赔偿因果关系论》,载《法学》2003年第6期。
[49]石一峰:《违反信息披露义务责任中的交易因果关系认定》,载《政治与法律》2015年第9期。
[50]汤欣、张然然:《虚假陈述民事诉讼中宜对信息披露"重大性"作细分审查》,载《证券法苑》2020年第1期。
[51]汤欣、李卓卓:《新修虚假陈述民事赔偿司法解释评析》,载《法律适用》2022年第3期。
[52]吴弘、吕志强:《债券承销商虚假陈述侵权行为认定机制探析》,载《证券法苑》2021年第2期。
[53]吴胤:《我国证券市场虚假陈述因果关系认定的制度完善》,载《金融法苑》2016年第1期。
[54]吴国喆:《事实因果关系不明侵权中比例因果关系的确定》,载《法学家》2020年第2期。
[55]王磊:《侵权法中相当因果关系的再定位》,载《南京大学法律评论》2019年第2期。
[56]徐文鸣、莫丹:《证券市场虚假陈述投资者损失的理论模型与实证研究——基于有效市场假说》,载《广东财经大学学报》2019年第6期。
[57]谢贵春、邹露、武俊桥:《也论虚假陈述民事案件系统风险的认定与扣减——以因果关系证明的回归为讨论中心》,载《证券法苑》2019年第3期。
[58]湘财证券课题组:《IPO注册制下发行人与中介机构虚假陈述民事责任研究》,载

《证券市场导报》2021 年第 4 期。

[59]许德风:《欺诈的民法规制》,载《政法论坛》2020 年第 2 期。

[60]邢会强:《证券市场虚假陈述中的勤勉尽责标准与抗辩》,载《清华法学》2021 年第 5 期。

[61]邢会强:《银行间债券市场虚假陈述民事责任纠纷的法律适用》,载《多层次资本市场研究》2022 年第 2 期。

[62]叶金强:《论过错程度对侵权构成及效果的影响》,载《法商研究》2009 年第 3 期。

[63]于莹、潘林:《证券市场虚假陈述侵权责任中信赖推定之证成——欺诈市场理论局限性的克服》,载《法制与社会发展》2011 年第 2 期。

[64]叶林:《债券虚假陈述赔偿中的因果关系认定》,载《债券》2022 年第 6 期。

[65]杨城:《论我国虚假陈述民事责任主体的困境与创新》,载《证券市场导报》2017 年第 7 期。

[66]闫海、彭晨:《证券市场虚假陈述民事责任中的因果关系辨析——基于中、美比较视角》,载《南京财经大学学报》2012 年第 2 期。

[67]叶承芳:《证券市场虚假陈述侵权责任因果关系的认定》,载《北京青年政治学院学报》2010 年第 4 期。

[68]杨婷、王琦:《"参照"规则视角下的证券市场虚假陈述侵权适用范围之辨》,载《财经法学》2022 年第 5 期。

[69]严加武、陆文川:《虚假陈述重大性的司法认定》,载《金融法苑》2021 年第 3 期。

[70]杨立新、梁清:《原因力的因果关系理论基础及其具体应用》,载《法学家》2006 年第 6 期。

[71]朱岩:《当代德国侵权法上因果关系理论和实务中的主要问题》,载《法学家》2004 年第 6 期。

[72]庄永丞:《由美国 Dura v. Broudo 案反思证券投资人之损害因果关系》,载《东吴法律学报》2011 年第 4 期。

[73]赵克祥:《论侵权法上因果关系的事实性》,载《私法》2010 年第 1 期。

[74]周成:《独立董事的虚假陈述责任》,载《人民司法(应用)》2019 年第 9 期。

[75]曾洋:《内幕交易侵权责任的因果关系》,载《中国法学》2014 年第 6 期。

[76]赵旭东:《论虚假陈述董事责任的过错认定——兼〈虚假陈述侵权赔偿若干规定〉

评析》,载《国家检察官学院学报》2022 年第 2 期。

[77]章武生:《我国证券集团诉讼的模式选择与制度重构》,载《中国法学》2017 年第 2 期。

[78]左传卫:《质疑侵权法中因果关系的二分法》,载《法学》2007 年第 4 期。

[79]张新宝、张小义:《英美侵权法中的因果关系——法律传统和法律政策视角下的考察》2013 年第 1 期。

三、中文学位论文

[1]陈韦利:《证券市场虚假陈述纠纷案件程序问题研究》,中国政法大学 2011 年博士学位论文。

[2]葛其明:《证券市场差异化信息披露法律制度比较研究》,上海交通大学 2018 年博士学位论文。

[3]葛洪涛:《论侵权法中的因果关系》,山东大学 2008 年博士学位论文。

[4]廖升:《虚假陈述侵权责任法律适用研究》,中南财经政法大学 2018 年博士学位论文。

[5]周彬彬:《美国侵权法中因果关系不确定的解决进路研究》,山东大学 2015 年博士学位论文。

四、英文著作

[1]Marc I. Steinberg, *Understanding Securities Law*, seventh edition, Carolina academic press,2018.

[2]Merritt B. Fox, Lawrence R. Glosten, and Gabriel V. Rauterberg, *The New Stock Market Law*, *Economics*, *and Policy*, Columbia university press,2019.

五、英文论文

[1]Ann Morales Olazabal, *Loss Causation in Fraud – on – the – Market Cases Post – Dura Pharmaceuticals*, 3 Berkeley Business Law Journal 337(2006).

[2] Allen Ferrell, Andrew Roper, *Price Impact. Materiality. and Halliburton Ⅱ*, 93 Washington University Law Review 553(2015).

[3]A. C. Pritchard, *Halliburton Ⅱ: A Loser's Story*, 10 Duke Journal of Constitutional Law & Public Policy 27(2015).

[4]Charles R. Korsmo, *Market Efficiency and Fraud on the market: The Danger of Halliburton*, 18 Lewis & Clark Law Review 827(2014).

[5]Charles W. Murdock, *Halliburton, Basic, and Fraud on the market: The need for a New Paradigm*, 60 Villanova Law Review 203(2015).

[6]Charles W. Murdock, *The Significance and Impact of Price Distortion in the Fraud-on-the-market Theory after Halliburton Ⅱ*, 46 Loyola University Chicago Law Journal 551(2015).

[7]Charles W. Murdock, *The Future of Insider Trading after Salman: Perpetuation of a Flawed Analysis or a Return to Basics*, 70 Hastings Business Law Journal 1547(2019).

[8]Donald C. Langevoort, *Basic at Twenty: Rethinking Fraud on the Market*, 2009 Wisconsin Law Review 151(2009).

[9]Donald C. Langevoort, *Judgment Day for Fraud-on-the-Market: Reflections on Amgen and the Second Coming of Halliburton*, 57 Arizona Law Review 37(2015).

[10]Donald C. Langevoort, *Disasters and Disclosures: Securities Fraud Liability in the Shadow of a Corporate Catastrophe*, 107 The Georgetown Law Journal 967 (2019).

[11]Henry Cooney, *Misleading Conduct, Reliance and Market-Based Causation*, 48 University of Western Australia law review 431(2021).

[12]Jonathan R. Macey & Geoffrey P. Miller, *Good Finance, Bad Economics: An Analysis of the Fraud-on-the-market Theory*, 42 Stanford Law Review 1059(1990).

[13]Jill E. Fisch, *The Trouble with Basic: Price Distortion after Halliburton*, 90 Washington University Law Review 895(2013).

[14]James D. Cox, *Understanding Causation in Private Securities Lawsuits: Building on Amgen*, 66 Vanderbilt Law Review 1719(2013).

[15]Jill E. Fisch, *The Future of Price Distortion in Federal Securities Fraud Litigation*, 10 Duke Journal of Constitutional Law & Public Policy 87(2015).

[16]Jill E. Fisch, *Federal Securities Fraud Litigation as a Lawmaking Paternship*, 93

Washington University Law Review 453(2015).

[17]John C. Coffee Jr., *Causation by Presumption - Why The Supreme Court Should Reject Phantom Losses and Reverse Broude*, 60 Business Law 533(2015).

[18]James Cameron Spindler, *We Have a Consensus of Fraud on the Market - And It's Wrong*, 7 Harvard Business Law Review 67(2017).

[19]Jill E. Fisch, Jonah B. Gelbach & Jonathan Klick, *The Logic and Limits of Event Studies in Securities Fraud Litigation*, 96 Texas Law Review 553 (2018).

[20]Merritt B. Fox, *After Dura: Causation in Fraud - on - the - market Actions*, 31 Journal of Corporation Law 829(2006).

[21] Matthew L. Mustokoff, *Fraud Not on the Market: Rebutting the Presumption of Classwide Reliance Twenty Years after Basic Inc. v. Levinson*, 4 Hastings Business Law Journal 225(2008).

[22]Michael J. Kaufman & John M. Wunderlich, *Regressing: The Troubling Dispositive Role of Event Studies in Securities Fraud Litigation*, 15 Stanford Journal of Law, Business & Finance 183(2009).

[23]Merritt B. Fox, *Halliburton Ⅱ: It All Depends on What Defendants Need to Show to Establish No Impact on Price*, 70 Business Law 437(2015).

[24]Marc I. Steinberg & James Ames, *From the Regulatory Abyss: The Weakened Gate-keeping Incentives under the Uniform Securities Act*, 35 Yale Law & Policy Review 1 (2016).

[25]Mark A. Perry & Kellam M. Conover, *The Interrelationship between Price Impact and Loss Causation after Halliburton I & II*, 71 New York University Annual Survey of American Law 189 (2016).

[26]Myriam Gilles & Gary Friedman, *Rediscovering the Issue Class in Mass Tort MDLS*, 53 Georgia Law Review 1305 (2019).

[27]Nicholas L. Georgakopoulos, *Frauds, Markets, and Fraud - on - the - market: The Tortured Transition of Justifiable Reliance from Deceit to Securities Fraud*, 49 The University of Miami Law Review 671(1995).

[28]Noah Weingarten, *Halliburton II at Four: Has It Changed the Outcome of Class*

Certification Decisions?, 25 Fordham Journal of Corporate and Financial Law 459 (2020).

[29] Riaz Tejani, *Moral Convergence: The Rules of Professional Responsibility Should Apply to Lawyers in Business Ethics*, 35 Georgetown Journal of Legal Ethics 33 (2022).

[30] Ron Joshua Havas et al., *Securities Fraud*, 54 American Criminal Law Review 1787 (2017).

[31] Sergio J. Campos, *The Commonality of Causation*, 46 Ohio Northern University Law Review 229 (2020).

后　记 Postscript

不容易。回首2018年入学至今,已五年有余,弹指一挥间。中年求学之路,何其艰辛,只有懂的都懂。但是为了心中梦想,为了学有所成,一切付出都是值得的。

感谢我的导师曾洋老师。在我求学期间,不仅对我的学习思路和研究方法悉心指导,也对我的论文不厌其烦地审阅和提出修改意见。这些谆谆教导和宝贵意见对我未来的研究和工作都有着非常重要的意义,我会认真努力吸收,继续不断进取。

感谢南京大学法学院的李友根老师、解亘老师、徐棣枫老师、宋亚辉老师、吴英姿老师、方小敏老师、吴建斌老师,感谢东南大学的肖冰老师、杨春福老师,感谢南京师范大学的李力老师、李浩老师,感谢南京航空航天大学的王炳老师,感谢南京理工大学的朱显国老师。各位老师在我的求学期间,通过教学、开题、预答辩、答辩等方式,给我的学习和研究提出了诸多宝贵的意见。有幸受教,心怀感恩。感谢孙景梅老师、赵风老师、姜冲老师、郭俊义老师在教学事务和论文答辩相关工作中对我的支持和帮助。

感谢同门姚婧、丁鸫文、朱冲、陈琦、杨鹿君、张国琪、李静，还有很多南京大学法学院的同学，在与大家的学习和交流过程中，我受益匪浅。

最后，感谢家人的支持和鼓励。没有你们背后的付出，我将一事无成。